国家文化产业资金支持媒体融合重大项目

职业教育教学改革融合创新型教材 · 会计类

Chuna Shiwu

出纳实务

宁 健 主 审 | 安红梅 主 编 | 刘文丽 施海丽 副主编

东北财经大学出版社
Dongbei University of Finance & Economics Press
大连

图书在版编目（CIP）数据

出纳实务/安红梅主编.—大连：东北财经大学出版社，2018.8（2021.8 重印）
（职业教育教学改革融合创新型教材·会计类）
ISBN 978-7-5654-3209-5

Ⅰ.出…　Ⅱ.安…　Ⅲ.出纳-会计实务-职业教育-教材　Ⅳ.F231.7

中国版本图书馆 CIP 数据核字（2018）第 133302 号

东北财经大学出版社出版
（大连市黑石礁尖山街 217 号　邮政编码 116025）
网　　址：http：//www.dufep.cn
读者信箱：dufep @ dufe.edu.cn
大连天骄彩色印刷有限公司印刷　东北财经大学出版社发行

幅面尺寸：185mm×260mm　字数：290 千字　印张：13　插页：1
2018 年 8 月第 1 版　2021 年 8 月第 4 次印刷

责任编辑：张旭凤　责任校对：王娟　何荔
封面设计：冀贵收　版式设计：钟福建

定价：48.00 元

教学支持　售后服务　联系电话：（0411）84710309

如有印装质量问题，请联系营销部：（0411）84710711

富媒体智能型教材出版说明

“财经高等职业教育富媒体智能型教材开发系统工程”入选国家新闻出版广电总局新闻出版改革发展项目库，并获得文化产业专项资金支持，是“国家文化产业资金支持媒体融合重大项目”。项目以“融通”“融合”“共建”“共享”为特色，是东北财经大学出版社积极落实国家推动传统媒体与新媒体融合发展的重要举措之一。

“财济学院”智能教学互动平台是该工程项目建设成果之一。该平台通过系统、合理的架构设计，将教学资源与教学应用集成于一体，具有教学内容多元呈现、课堂教学实时交互、测试考评个性设置、用户学情高效分析等核心功能，是高校开展信息化教学的有力支撑和应用保障。

富媒体智能型教材是该工程项目建设成果之二。该类教材是我社供给侧改革探索性策划的创新型产品，是一种新形态立体化教材。富媒体智能型教材秉持严谨的教学设计思想和先进的教材设计理念，为财经职业教育教与学、课程与教材的融通奠定了基础，较好地避免了传统教学模式和单一纸质教材容易出现的“两层皮”现象，有助于教学质量的提高和教学效果的提升。

从教材资源的呈现形式来说，富媒体智能型教材实现了传统纸质教材与数字技术的融合，通过二维码建立链接，将VR、微课、视频、动画、音频、图文和试题库等富媒体资源丰富地呈现给用户；从教材内容的选取整合来说，其实现了职业教育与产业发展的融合，不仅注重专业教学内容与职业能力培养的有效对接，而且很好地解决了部分专业课程学与训、训与评的难题；从教材的教学使用过程来说，其实现了线下自主与线上互动的融合，学生可以在有网络支持的任何地方自主完成预习、巩固、复习等，教师可以在教学中灵活使用随堂点名、作业布置及批改、自测及组卷考试、成绩统计分析等平台辅助教学工具。

富媒体智能型教材设计新颖，一书一码，使用便捷。使用富媒体智能型教材的师生首先下载“财济学院”APP或者进入“财济学院”（www.idufep.com）平台完成注册，然后登录“财济学院”输入教材封四学习卡中的激活码建立或找到班级和课程对应教材，就可以开启个性化教与学之旅。

“重塑教学空间，回归教学本源！”“财济学院”平台不仅仅是出版社提供教学资源和服务的平台，更是出版社为作者和广大院校创设的一个教学空间，作者和院校师生既是这个空间的使用者和消费者，也是这个空间的创造者和建设者，在这里，出版社、作者、院校共建资源，共享回报，共创未来。

最后，感谢各位作者为支持项目建设所付出的辛劳和智慧，也欢迎广大院校在教学中积极使用富媒体智能型教材和“财济学院”平台，东北财经大学出版社愿意也必将陪伴广大职业教育工作者走向更加光明而美好的职教发展新阶段。

东北财经大学出版社

前言

“出纳实务”是会计职业岗位群中操作性和政策性较强的专业技能课程，学习这门课程有利于将理论知识与实践操作结合起来，实现从理论向实践的过渡；同时，对会计职业能力培养、会计职业素质养成、会计综合能力提升等方面都具有明显的支撑和促进作用。

本书以出纳职业能力培养为主线，以出纳工作过程为导向，以出纳工作任务为载体，从出纳认知到出纳工作交接，由点到面逐步展开。通过仿真会计凭证、典型任务案例设计业务流程，同时每个项目都配有“能力充电宝”和“职业判断与职业能力测试”，融“教、学、做”为一体，前后连贯，一脉相承。

本书主要有以下三个特色：

1. 理实一体，学做结合，自主实训。

本书以出纳工作任务为主线，具体划分为六大项目，每个项目再分解成 2 ~ 10 个任务，在学中做、在做中学、以学促做、知行合一，将专业的理论知识转化为职业技能，使出纳岗位职业能力逐步增强。

项目二和项目四中的“任务案例”（ ）是学生出纳业务学习的重中之重，为此，本书专门配备了在线演练，学生可以根据教材中列示的步骤在在线实训平台上逐步操作，直至掌握。

项目二至项目五的“职业能力测一测”（ ）部分，学生可以通过登录在线实训平台进行自主学习，反复演练，直到切实掌握各项业务的处理技能。

以上在线实训内容的学习，请首先使用浏览器打开“财济学院”“出纳实务”课程门户（http://www.idufep.com/course/8450），然后选择“加入课程”，最后填入封底所附学习卡中的激活码进行激活。如果没有“财济学院”平台账号，请在 http://www.idufep.com 上自行注册后再登录。（Tip：在线实训部分仅支持电脑端学习）

2. 资料仿真，操作性强，无缝对接。

本书紧扣出纳岗位业务，结构清晰，案例真实，证、账、表、单高度仿真，对出纳岗位上发生的每一笔经济业务，都注明实际操作步骤，在学习中既有业务阐释又有感性认知，为今后胜任出纳工作奠定了良好的基础。

3. 随堂检测，教学互动，考评到位。

通过扫描本书各项目“职业判断测一测”二维码，学生可以实现手机在线做题、核对答案、查看解析，教师可以即时掌握学生的学习效果，并根据反馈及时给予有针对性的讲解和训练，既有助于提高教学效率，又可以将此作为学习过程考核的依据。

本书由山西财贸职业技术学院安红梅任主编，山西财贸职业技术学院刘文丽、丽水职业技术学院施海丽任副主编。项目一、二、四由安红梅编写，项目三、六由刘文丽编写，项目五由施海丽编写，全书由安红梅负责总体设计和总纂，并由宁健教授进行了最后的审定。

本书可作为高职高专院校财经类会计专业的教材，也可作为各类成人院校及企业职工培训教材或自学用书。

由于编者水平有限，书中难免有疏漏和不足之处，敬请广大读者批评指正。

编 者

2018 年 7 月

目录

二维码资源目录

项目一 出纳认知

任务目标

- 出纳认知
  - 出纳工作认知
    - 出纳工作的含义
    - 出纳工作的职能
    - 出纳工作的特点
    - 出纳工作的范围和内容
  - 出纳人员认知
    - 出纳人员的含义
    - 出纳人员的任职条件
    - 出纳人员的职责与权限
  - 出纳与会计关系认知
    - 总账会计、明细账会计与出纳的关系
    - 出纳工作的特殊性
  - 出纳工作组织与核算方法认知
    - 出纳机构设置与人员配备
    - 出纳核算方法
    - 出纳账务处理的基本程序

知识目标

- 了解出纳工作的含义、职能及特点
- 熟悉出纳工作的范围及内容
- 明确出纳人员的任职条件及职责与权限
- 明确出纳与会计的关系并领悟出纳工作的特殊性
- 明确出纳机构设置与人员配备
- 掌握出纳的核算方法及出纳账务处理的程序

能力目标

- 能理解出纳的含义并认知“出纳”
- 能了解出纳机构设置及人员配置
- 能正确认识出纳人员的职责和权限
- 能领会并正确处理好出纳与会计的关系
- 能写出“出纳”的工作方法及工作流程

晓慧当出纳

会计专业毕业生李晓慧在求职网上看到一则招聘启事：

[北京]北京宏达科技有限公司

发布时间：2018-03-01　　工作地点：北京

职位类型：全职　　岗位类别：出纳员

任职资格：

1. 大专及以上学历，会计、财务等相关专业；
2. 为人正直，办事公道，原则性强，工作主动，执行力强；
3. 熟练操作财务软件和Excel、Word等办公软件；
4. 具有良好的学习能力、独立工作能力和扎实的财务知识；
5. 具有较强的组织、协调、沟通能力和团队意识；
6. 严格遵守企业保密条例，对企业忠诚；
7. 持有会计专业技术资格证书的优先考虑。

岗位职责：

1. 负责日常现金、银行存款的收付、保管及费用报销；
2. 划转、核算内部往来款项，及时登记库存现金、银行存款日记账；
3. 现金、银行凭证的填制、装订、保管；
4. 办理与银行之间的所有相关业务；
5. 会计凭证的装订、保存及相关财务资料归档；
6. 完成公司交办的其他事务性工作。

李晓慧结合自身情况对上述内容进行了对照，发现自己基本符合该公司的聘任条件，经过深思熟虑后决定应聘该岗位。她对出纳工作的相关知识进行了认真的回顾与总结。

她能应聘成功吗？

任务 1.1 出纳工作认知

出纳，作为会计名词，运用在不同场合有着不同的含义。从这个角度讲，“出纳”一词至少有出纳工作、出纳人员两种含义。

1. 出纳工作的含义

出纳，顾名思义，出即支出，纳即收入。出纳工作是管理货币资金、票据、有价证券进和出的一项工作。具体地说，出纳是按照有关规定和制度，办理本单位的现金收付、银行结算及有关账务，保管库存现金、有价证券、财务印章及有关票据等工作的总称。

从广义上讲，只要是票据、货币资金和有价证券的收付、保管、核算，就都属于出纳工作。主要包括各单位会计部门专设出纳机构的各项票据、货币资金、有价证券收付业务处理，票据、货币资金、有价证券的整理和保管，各单位业务部门的货币资金收付、保管等方面的工作。

狭义的出纳工作则仅指各单位会计部门专设出纳岗位或人员的各项工作。

2. 出纳工作的职能

出纳工作，是财会工作的一个重要组成部分，从总的方面来讲，其职能可概括为收付、反映、监督、管理四个方面。

1）收付职能

收付职能是出纳的最基本职能，企业经营活动少不了货物价款的收付、往来款项的收付，也少不了各种有价证券以及金融业务往来的办理，这些业务往来的现金、票据和金融证券的收付和办理，以及银行存款收付业务的办理，都必须经过出纳人员之手。

2）反映职能

出纳要利用统一的货币计量单位，通过库存现金日记账、银行存款日记账、有价证券的各种明细分类账，对本单位的货币资金和有价证券进行详细地记录与核算，以便为经济管理和投资决策提供所需的完整、系统的经济信息。

3）监督职能

出纳不仅要对本单位的货币资金和有价证券进行详细的记录与核算，还要对企业的各种经济业务，特别是货币资金收付业务的合法性、合理性和有效性进行全过程的监督。

4）管理职能

出纳还有一个重要的职能是管理职能。对货币资金和有价证券进行保管，对银行存款和各种票据进行管理，对企业资金使用效益进行分析研究，为企业投资决策提供金融信息，甚至直接参与企业的方案评估、投资效益预测分析等，都是出纳的职责所在。

3. 出纳工作的特点

任何工作都有自身的特点和工作规律，出纳是会计工作的组成部分，具有一般会计工作的本质属性，但它又是一个专门的岗位，一项专门的技术。因此，具有自己特有的工作特点。

1）社会性

出纳工作担负着一个单位货币资金的收付、存取活动，而这些活动是置身于整个社会经济活动的大环境之中的，是和整个社会的经济运转相联系的。只要这个单位发生经济活动，就必然要求出纳人员与之发生经济关系，如出纳人员要经常和银行打交道等。出纳人员要了解国家有关的财会政策法规，定期参加这方面的学习和培训。

2）专业性

出纳作为会计工作的一个重要岗位，有着专门的操作技术和工作规则。凭证如何填，出纳账怎样记，就连保险柜的使用与管理也是很讲究的。因此，要做好出纳工作，一方面要经过一定的职业教育或培训；另一方面也需要在实践中不断积累经验，掌握其工作要领，熟练使用现代化办公工具，做一名合格的出纳人员。

3）政策性

出纳工作是一项政策性很强的工作，其工作的每个环节都必须依照国家规定进行。如办理现金收付要按照国家的现金管理相关规定进行，办理银行结算业务要根据国家的银行结算办法进行。《中华人民共和国会计法》（以下简称《会计法》）和《会计基础工作规范》等法规都把出纳工作并入会计工作中来，并对出纳工作做出了具体规定和要求。出纳人员不掌握这些政策法规，就做不好出纳工作；不按这些政策法规办事，就违反了财经纪律。

4）时间性

出纳工作具有很强的时间性，何时发放职工工资，何时核对银行对账单等，都有严格的时间要求，一天都不能延误。因此，出纳人员心里应有个时间表，及时办理各项工作，保证出纳工作质量。

4. 出纳工作的范围和内容

出纳的日常工作包括货币资金核算、往来结算、工资核算三个方面，具体内容如下：

1）货币资金核算

（1）办理现金收付，严格收付手续。出纳人员应按中国人民银行有关的现金管理办法办理现金收支。对于一般支出，要根据稽核人员审核签章的收付款凭证进行复核，办理款项收付。对于重大的开支项目，必须经过会计主管人员、总会计师或单位领导审核签章，方可办理。收付以后，须在收款和付款凭证上签章并加盖“现金收讫”“现金付讫”的戳记。

（2）办理银行结算，规范使用支票。出纳人员应妥善保管空白支票和印鉴，按规定填写支票，遇支票填写错误，应加盖“作废”戳记，与存根一起保存；支票遗失应立即向银行办理报失手续。要遵守银行结算制度，不准将账户出租、出借给其他单位和个人使用。

（3）逐笔登记账簿，保证日清月结。出纳人员应根据办理完毕业务的收付款凭证，逐日逐笔登记库存现金日记账和银行存款日记账，并做到日清月结，对库存现金日记账，要逐日核对其余额；对银行存款日记账每月应至少核对一次余额，并于月末编制银行存款余款调节表，对未达账项进行调整，及时了解其动态。要随时掌握银行存款余额，不准签发空头支票。

（4）保管库存现金，保管有价证券。出纳人员对于现金和各种有价证券，要确保其安全和完整无缺。库存现金不得超过银行核定的限额，超过部分要及时存入银行。不得以“白条”充抵现金，更不得任意挪用现金。如果发现库存现金有短缺或盈余，应查明原因，根据情况分别处理，不得私自取走或补足。如有短缺，要负赔偿责任。保险柜密码要保密，保管好钥匙，不得随意转交他人。

（5）保管有关印章，登记注销支票。出纳人员必须妥善保管印章，严格按照规定用途使用（但签发支票的各种印章，不得全部交由出纳一人保管）。对于空白收据和空白支票必须严格管理，专设登记簿登记，认真办理领用、注销手续。

（6）复核收入凭证，办理销售结算。认真审查销售业务的有关凭证，严格按照销售合同和银行结算制度办理销售款项结算，催收销货款。发生销售纠纷货款被拒付时，要及时通知有关部门进行处理。

2）往来结算

（1）办理往来结算，建立清算制度。往来结算主要是指除购销业务以外的其他往来项目，主要包括企业内部核算单位和职工之间的款项结算，企业与外部单位不能办理转账手续和个人之间的款项结算。实行定额备用金制度的企业，要按规定办理报销和核销手续，加强管理；对于非定额备用金，出纳人员要督促及时办理报销手续。在对往来结算款项进行管理的过程中，要按照单位和个人分户设置明细账。同时，建立清算手续制度，加强管理。

（2）核算其他往来，防止坏账损失。对购销业务以外的各项往来款项，要按照单位和个人分户设置明细账，根据审核后的记账凭证逐笔登记，并经常核对余额。年终要抄列清单，并向领导或有关部门报告。对确实无法收回的应收账款和无法偿还的应付账款，应查明原因，按照规定报经批准后处理。

3）工资核算

（1）执行工资计划，监督工资使用。根据批准的工资计划，会同人事部门，严格按照规定掌握工资和奖金的支付，分析工资计划的执行情况。对于违反工资政策，滥发津贴、奖金的，要予以制止或向领导和有关部门反映。

（2）审核工资单据，发放工资、奖金。根据职工人数、工资级别、工资标准，审核工资、奖金计算表，办理代扣款项（包括个人所得税、住房公积金、社会保险等），计算实发工资。按照车间和部门归类，编制工资、奖金汇总表，经审核后，会同有关人员提取现金，组织发放或通过银行代发。发放的工资和奖金，必须由领款人签名或盖章。发放完毕后，要及时将工资和奖金计算表附在记账凭证后或单独装订成册，并注明记账凭证编号，妥善保管。

（3）负责工资核算，提供工资数据。按照工资总额的组成和工资的领取对象，进行明细核算。根据管理部门的要求，编制有关工资总额报表。

小提示

报税业务究竟是属于会计的工作还是出纳的工作？

实际工作中好多企业的出纳人员还担负着企业的报税业务。从原则上说，报税业务是属于会计的工作，但是在实际工作中并不是所有的工作都分工明确，尤其是小微企业，企业的人员少，出纳人员大多会兼办报税业务。出纳人员既要具备相关的税务知识，又要树立正确的工作态度，摒弃过于计较的心态，多干事会促进自己能力的提升，对个人发展而言是有好处的。

任务 1.2 出纳人员认知

1. 出纳人员的含义

出纳人员，从广义上讲，既包括会计部门的出纳工作人员，也包括业务部门的各类收款员（收银员）。收款员（收银员），从其工作内容、方法、要求，以及他们本身应具备的素质等方面看，与会计部门的专职出纳人员有很多相同之处。收款员的主要工作是办理货币资金和各种票据的收入，保证自己经手的货币资金和票据的安全与完整，同时也要填制和审核许多原始凭证。直接与货币资金打交道，除了要有过硬的出纳业务知识以外，还必须具备良好的财经法纪素养和职业道德修养。所不同的是，收款员一般工作在经济活动的第一线，各种票据和货币资金的收入，特别是货币资金的收入，通常是由他们转交给专职出纳的。另外，收款员的工作过程是收入、保管、核对与上交，一般不专门设置账户进行核算。所以，也可以说，收款员（收银员）是出纳（会计）机构的派出人员，他们是各单位出纳队伍中的一员，他们的工作是整个出纳工作的一部分。出纳业务的管理和出纳人员的教育与培训，应从广义角度综合考虑。狭义的出纳人员仅指会计部门的出纳人员。

2. 出纳人员的任职条件

出纳人员是会计人员的重要组成部分，由于出纳工作涉及范围广泛，业务繁杂，因此出纳人员职业素质要求与其他会计岗位不尽一致，出纳人员应具备的基本素质及任职条件如下：

1）专业能力

《会计法》第三十八条规定：会计人员应当具备从事会计工作所需要的专业能力。专业能力既是用人单位的要求，也是对用人单位利益的保证。会计人员每年要参加继续教育培训，了解和掌握会计政策、专业知识的变化，提高业务水平，满足企业经营管理的需要。

2）政策水平

没有规矩，不成方圆。出纳工作涉及的“规矩”很多，如《会计法》及企业会计制度、现金管理制度及银行结算制度、《会计基础工作规范》、成本管理条例及费用报销额度、税收管理制度及发票管理办法、本单位财务管理规定等。这些法规、制度如果不熟悉、不掌握，是绝对做不好出纳工作的。

3）业务技能

“台上一分钟，台下十年功。”这对出纳工作来说是十分适用的。出纳工作需要很强的业务操作技能。点钞票、用电脑、填票据等，都需要深厚的基本功。作为专职出纳人员，不但要具备处理一般会计事务的财会专业基本知识，还要具备较高的处理出纳事务的出纳专业知识水平和较强的数字运算能力。出纳的数字运算往往在结算过程中进行，要按计算结果当场开出票据或收付现金，速度要快，又不能出错，这和事后的账目计算有着很大的区别。在快和准的关系上，作为出纳员，要把准确放在第一位，要准中求快。

4）工作作风

要做好出纳工作首先要热爱出纳工作，要有严谨细致的工作作风和职业习惯。作风的培养在成就事业方面至关重要。出纳每天和金钱打交道，稍有不慎就会造成意想不到的损失，出纳员必须养成与出纳职业相符合的工作作风，概括起来就是：精力集中，有条不紊，严谨细致，沉着冷静。

5）安全意识

对于现金、有价证券、票据、各种印鉴，会计人员和出纳人员既要有内部的保管分工，各负其责，又要相互牵制。要有对外的安保措施，从办公用房的建造，门、屉、柜的锁具配置，到保险柜密码的管理，都要符合安全要求。出纳人员既要密切配合保安部门的工作，更要增强自身的安全意识，学习安全知识，把保证自身分管的公共财产和物资的安全、完整作为自己的首要任务来完成。

6）道德修养

出纳人员必须具备良好的职业道德修养，要热爱本职工作，敬业并精业。要科学理财，充分发挥资金的作用效率；要遵纪守法，严格监督，并且以身作则；要洁身自好，不贪、不占企业便宜；要实事求是，真实、客观地反映经济活动的本来面目；要注意保守机密；要围绕本企业的中心工作，竭力为企业的总体利益以及全体员工服务。

7）亲属回避

回避制度是指为了保证执法和执业的公正性，对由于某种原因可能影响其公正执法或执业的人员实行任职回避的一种制度。《会计基础工作规范》规定：“国家机关、国有企业、事业单位任用会计人员实行回避制度。会计机构负责人、会计主管人员的直系亲属不得在本单位会计机构中担任出纳工作。”

3. 出纳人员的职责与权限

1）出纳人员的职责

出纳是会计工作的重要环节，涉及的是现金收付、银行结算等活动，而这些又直接关系到职工个人、单位乃至国家的经济利益，工作出了差错，就会造成不可挽回的损失。

因此，明确出纳人员的职责和权限，是做好出纳工作的起码条件。

（1）按照国家有关现金管理和银行结算制度的规定，办理现金收付和银行结算业务。出纳员应严格遵守现金开支范围，非现金结算范围不得用现金收付；遵守库存现金限额，超限额的现金按规定及时送存银行；现金管理要做到日清月结，账面余额与库存现金每日下班前应核对，发现问题，及时查对；银行存款日记账与银行对账单也要及时核对，如有不符，应立即进行调整。

（2）根据会计制度的规定，严格审核有关原始凭证。在办理现金和银行存款收付业务时，要严格审核有关原始凭证，对会计编制的收付款凭证经过审核后，据此逐笔、顺序登记库存现金日记账和银行存款日记账，并结出余额。

（3）按照国家外汇管理的规定及有关批件，办理外汇出纳业务。外汇出纳业务是政策性很强的工作，随着国际经济交往日益频繁，外汇出纳也越来越重要。出纳人员应熟悉国家外汇管理制度，及时办理结汇、购汇、付汇，避免给国家造成外汇损失。

（4）掌握银行存款余额，不准签发空头支票，不准出租、出借银行账户为其他单位办理结算。这是出纳员必须遵守的一条规则，也是防止经济犯罪、维护经济秩序的重要方面。出纳员应严格支票和银行账户的使用和管理，从出纳这个岗位上堵防结算漏洞。

（5）保证库存现金和各种有价证券的安全和完整。建立适合本单位情况的现金和有价证券保管责任制，如发生短缺，属于出纳员责任的要进行赔偿。

（6）保管有关印章、空白收据和空白支票。印章、空白票据的安全保管十分重要，在实际工作中，因丢失印章和空白票据给单位带来经济损失的不乏其例。对此，出纳员必须高度重视，建立严格的管理办法。通常，单位财务公章和出纳员名章要实行分管，交由出纳员保管的出纳印章要严格按规定用途使用，各种票据要办理领用和注销手续。

2）出纳人员权限

（1）维护财经纪律，执行财会制度，抵制不合法的收支和弄虚作假行为。《会计法》是我国会计工作的根本大法，是会计人员必须遵守的重要法律。《会计法》中对会计人员如何维护财经纪律有具体规定。这些规定为出纳员实行会计监督、维护财经纪律提供了法律保障。出纳员应认真学习、领会、贯彻这些法规，充分发挥出纳工作的“关卡”“前哨”作用，为维护财经纪律、抵制不正之风做出贡献。

（2）参与货币资金计划定额管理的权力。现金管理制度和银行结算制度是出纳员开展工作必须遵照执行的法规，而执行这些法规，实际上是赋予了出纳员对货币资金管理的职权。如加强现金管理，要求各单位的库存现金必须限制在一定的范围内，多余的要按规定送存银行，这便为银行利用社会资金进行有计划放款提供了资金基础。因此，出纳工作不是简单的货币资金的收付，不是无足轻重的点点钞票，其工作的意义只有和许多方面的工作联系起来才能体会到。

（3）管好用好货币资金的权力。出纳工作每天和货币资金打交道，单位的一切货币资金往来都与出纳工作紧密相连，货币资金的来龙去脉，周转速度的快慢，出纳员都清清楚楚。因此，提出合理安排利用资金的意见和建议，及时提供货币资金使用与周转信息，也是出纳员义不容辞的责任。出纳员应抛弃被动工作观念，树立主动参与意识，把出纳工作放到整个会计工作、经济管理工作的大范围内，这样，既能增强出纳员自身的职业荣誉感，又为出纳工作开拓了新的视野。

任务 1.3　出纳与会计关系认知

出纳和会计都属于财务人员，二者的工作既有区别，也存在着许多必然的联系。

从人员关系上来讲，出纳人员和会计人员都属于独立核算单位的财务工作者，都处于重要工作岗位，他们的地位是相等的。企业领导者在选择出纳人员时，除了看其是否忠诚可靠外，还要看其是否具有现代经营意识，是否具有社会活动能力，这也就是通常所说的公关能力。

从业务关系上来说，出纳和会计都属于一个单位的财会岗位，工作中应相互协助，密切合作，共同处理好企业的日常核算业务，做好本职工作。但是他们之间又有着明确分工，工作上各有侧重，即“出纳管钱，会计管账”。

会计工作岗位设置详见图 1-1。

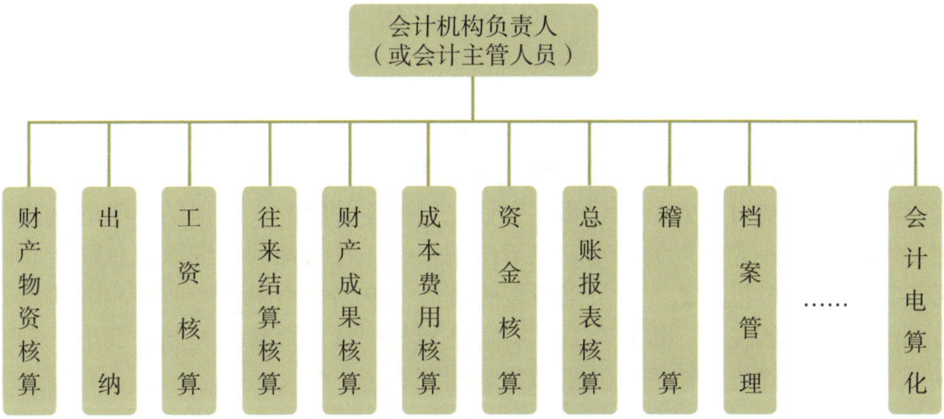

图 1-1　会计工作岗位设置

从其所分管的账簿来看，财务人员可分为总账会计、明细账会计和出纳。三者既相互区别又互有联系，是分工与协作的关系。

1. 总账会计、明细账会计与出纳的关系

1）三者各有各的分工

总账会计负责企业经济业务的总括核算，为企业经济管理和经营决策提供总括的、全面的核算资料；明细分类账会计分管企业的明细账，为企业经济管理和经营决策提供明细分类核算资料；出纳则分管企业票据、货币资金，以及有价证券等的收付、保管、核算工作，为企业经济管理和经营决策提供各种金融信息。从总体上讲，必须实行钱账分管，出纳人员不得兼管稽核和会计档案保管，不得负责收入、费用、债权债务等账目的登记工作。总账会计和明细账会计则不得管钱管物。

2）三者既互相依赖又互相牵制

出纳、明细账会计、总账会计之间，有着很强的互相依赖性。它们核算的依据是相同的，都是会计原始凭证和会计记账凭证。这些作为记账凭据的会计凭证必须在出纳、明细账会计、总账会计之间按照一定的顺序传递，他们三者相互利用对方的核算资料，共同完成会计任务，不可或缺。同时，他们之间又互相牵制与控制。出纳的现金和银行存款日记账与总账会计的现金和银行存款总分类账、总账会计的总分类账与明细账会计的明细分类账、明细账会计中的有价证券账与出纳中的有价证券账等，有金额上的等量关系。这样，出纳、明细账会计、总账会计三者之间就构成了相互牵制与控制的关系，三者之间必须相互核对，保持一致。

2. 出纳工作的特殊性

1）出纳核算是一种特殊的明细核算

出纳核算要求分别按照库存现金和银行存款设置日记账，银行存款还要按照存入的不同户头分别设置日记账，逐笔、序时地进行明细核算。库存现金日记账要每天结出余额，并与实际数进行核对；银行存款日记账也要在月内多次结出余额，与开户银行进行核对。月末都必须按规定进行结账。月内还要多次出具报告单，报告核算结果，并与现金和银行存款总分类账进行核对。

2）出纳工作是一种账实兼管的工作

出纳工作，主要是现金、银行存款和各种有价证券的收支与结存核算，以及现金、有价证券的保管和银行存款账户的管理工作。在这一点上和其他财会工作有着显著的区别。除了出纳，其他财会人员是管账不管钱，管账不管物的。对出纳工作的这种分工，并不违背财务“钱账分管”的原则，由于出纳账是一种特殊的明细账，总账会计还要设置“库存现金”“银行存款”“长期股权投资”“交易性金融资产”等相应的总分类账对出纳保管和核算的现金、银行存款、有价证券等进行总金额的控制。其中，有价证券还应有出纳核算以外的其他形式的明细分类核算。

3）出纳工作直接参与经济活动过程

货物的购销，必须经过两个过程，即货物移交和货款的结算，其中货款结算，即货物价款的收入与支付就必须通过出纳工作来完成。往来款项的收付、各种有价证券的经营以及其他金融业务的办理，更是离不开出纳人员的参与。这也是出纳工作的一个显著特点，其他财务工作，一般不直接参与经济活动过程，而只对其进行反映和监督。

任务 1.4 出纳工作组织与核算方法认知

出纳工作的组织是指出纳机构与人员设置、出纳工作交接、出纳工作原则等。由于各单位实际情况不同，出纳工作的组织内容也不可能完全一致，无论如何其组织形式必须符合国家财务会计法律法规规定。因此说，出纳工作的组织也是一项政策性很强的工作。

1. 出纳机构设置与人员配备

1）机构设置

出纳机构，一般设置在会计机构内部，如各企事业单位财会科、财会处内部设置专门处理出纳业务的出纳组、出纳室。《会计法》第三十六条规定："各单位应当根据会计业务的需要，设置会计机构，或者在有关机构中设置会计人员并指定会计主管人员；不具备设置条件的，应当委托经批准设立从事会计代理记账业务的中介机构代理记账。"《会计法》对各单位会计、出纳机构与人员的设置没有做出硬性规定，只是要求各单位根据业务需要来设定。各单位可根据单位规模大小和货币资金管理的要求，结合出纳工作的繁简程度来设置出纳机构。以工业企业为例，大型企业可在财务处下设出纳科；中型企业可在财务科下设出纳室；小型企业可在财务组下配备专职出纳员。有些集团公司，为了资金的有效管理和总体利用效益，把若干分公司的出纳业务（或部分出纳业务）集中办理，成立专门的内部"结算中心"，这种"结算中心"，实际上也是出纳机构。

2）人员配备

一般来讲，实行独立核算的企业单位，在银行开户的行政、事业单位，有经常性现金收入和支出业务的企业、行政事业单位都应配备专职或兼职出纳，负责本单位的出纳工作。出纳人员数量的多少，主要取决于本单位出纳业务量的大小和繁简程度，要以业务需要为原则，既要满足出纳工作量的需要，又要避免徒具形式、人浮于事的现象。一般可采用一人一岗、一人多岗、一岗多人等几种形式：

（1）一人一岗：规模不大的单位，出纳工作量不大，可设专职出纳员一名。

（2）一人多岗：规模较小的单位，出纳工作量较小，可设兼职出纳员一名。无条件单独设置会计机构的单位，至少要在有关机构（如单位的办公室、后勤部门等）中配备兼职出纳员一名。但兼职出纳人员不得兼管收入、费用、债权、债务账簿的登记工作、稽核工作、会计档案保管工作。

（3）一岗多人：规模较大的单位，出纳工作量较大，可设多名出纳员，如分设管理收付的出纳员和管账的出纳员，或分设现金出纳员和银行结算出纳员等。

3）内部分工

规模较大、业务复杂、出纳人员有两名以上的单位，要在出纳部门内部实行岗位责任制，要对出纳人员的工作进行明确的分工，使每一项出纳工作都有出纳人员负责，每一个出纳人员都有明确的职责。出纳人员的具体分工，要从管理的要求和工作便利等方面综合考虑。通常可按现金与银行存款、银行存款的不同户头、票据与有价证券的办理等工作性质上的差异进行分工，也可以将整个出纳工作划分为不同的阶段和步骤，按工作阶段和步骤进行分工。对于公司内部"结算中心"式的出纳机构中的人员分工，还可以按不同分公司定岗定人。

2. 出纳核算方法

出纳核算方法是完成出纳任务的手段，与整个会计核算方法基本相同，主要包括设置账户、复式记账、审核与填制凭证、登记账簿、财产清查、编制报表，以及对出纳核算资料进行分析和利用等方法。

1）设置账户

设置账户是对核算对象的具体内容进行分类反映和监督的一种专门方法。就出纳核算而言，要分现金、每一种银行存款、每一种有价证券设置账户进行记录和核算。出纳常设账户有“库存现金”、“银行存款——结算户存款”、“银行存款——××专户存款”、“长期股权投资——股票投资（××股票）”和“交易性金融资产”等。

2）复式记账

复式记账是对每一项经济业务通过两个或两个以上有关账户相互联系起来进行登记的一种专门方法。目前企业出纳记账采用借贷复式记账的方法。

3）审核与填制凭证

审核并填制凭证，是为了保证会计核算质量而审查经济活动的合理性、合法性采用的一种专门方法。出纳人员对经济业务进行账务处理，在过账前，要复核有关原始凭证与记账凭证。出纳人员对原始凭证的复核与专管费用报销人员对原始凭证的审核是两个不同的过程，出纳人员的复核是一种复查性的，是保证会计核算质量的重要的和必不可少的一种手段，是出纳工作的一个步骤，而费用报销的审核则是一项专门的财务管理工作。出纳人员不得兼管费用报销等审核工作。

4）登记账簿

登记账簿是根据记账凭证，在账簿上连续、系统、全面地记录经济业务的一种专门方法。按照记账的正规方法和程序登记账簿，并定期进行对账、结账，可以提供完整的、系统的核算资料。出纳日记账要逐笔、序时进行登记，定期结出借贷发生额与余额，出具出纳报告单与总账会计进行核对。其中库存现金日记账还要每日结出余额，并与库存现金核对。

5）财产清查

财产清查是对各项财产物资进行实物盘点、账面核对以及对各项往来款项进行查询、核对，以保证账账相符、账实相符的一种专门方法。通过财产清查，可以查明各项财产物资、债权债务、所有者权益等情况，有利于加强物资管理，保持账存与实存的一致性，为编制报表提供可靠的资料。出纳人员要每天清点并核对库存现金，经常性地与银行进行账目核对，适时清点和核对库存各种有价证券和结算票据。

6）编制报表

编制报表是以表格形式定期总括地反映经济活动和财务收支情况的一种专门方法。出纳部门主要是报告本单位现金收支与结存情况、现金收支计划的实现情况、资金利用情况、资金使用效益等情况。

7）会计分析

对核算资料进行分析利用，是对核算资料所反映的各项经济指标进行对比分析，以便挖掘收入潜力，找出降低成本的办法，扩大经营成果。

上述专门方法构成了一个完整的总体，它们是相互联系、紧密结合的，必须一环紧扣一环。缺少哪一环或在哪一个环节上出了问题，都将影响整体核算质量。

3. 出纳账务处理的基本程序

账务处理程序，也称会计核算组织程序，是指会计数据的记录、归类、汇总、呈报的步骤和方法，也就是从原始凭证的整理、汇总，记账凭证的填制、汇总，日记账、明细分类账、总分类账的登记，到会计报表编制的步骤和方法。科学地组织账务处理程序，对提高会计核算质量和会计工作效率，充分发挥会计的职能，具有十分重要的意义。

目前，我国企业、事业单位、机关等单位常用的会计账务处理程序主要有三种：记账凭证账务处理程序；汇总记账凭证账务处理程序；科目汇总表账务处理程序。各种账务处理程序的主要区别在于对汇总凭证、登记总分类账的依据和办法的要求不同。在各种程序下，对出纳人员来说，业务处理的步骤和方法基本相同。其基本程序见图 1–2。

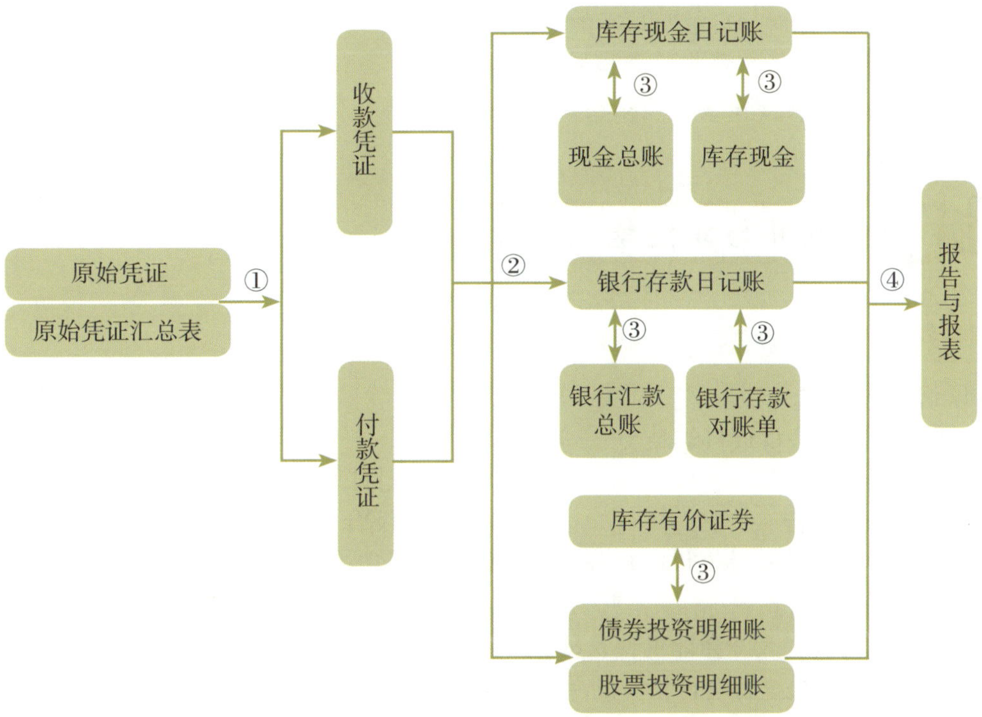

图 1–2 出纳账务处理程序图

在图 1–2 中：

① 将原始凭证或原始凭证汇总表交会计编制收款凭证、付款凭证，对于转账投资有价证券业务，还要直接根据原始凭证登记有价证券明细分类账。

② 根据收款凭证、付款凭证逐笔登记库存现金日记账、银行存款日记账，有有价证券投资的企业还要根据收款凭证、付款凭证详细登记债券投资明细账、股票投资明细账。

③ 库存现金日记账的余额与库存现金每天进行核对，与现金总账定期进行核对；

银行存款日记账的余额与银行存款总账定期进行核对，银行存款日记账的全部记录与开户行出具的银行存款对账单进行核对；债券投资明细账、股票投资明细账与库存有价证券进行核对。

④ 根据日记账和明细账的记录、计算情况，按照管理者的要求定期或不定期地报告出纳核算信息。

能力充电宝

大学毕业生李晓慧通过了北京宏达科技有限公司出纳岗位聘任的前期审核，笔试成绩也进入前十名。公司通知她进行面试。如果主考官提出如下问题：

（1）请谈谈你对“出纳”二字的认识与理解。

（2）出纳人员具有哪些职责和权限？

请问：如果你是李晓慧，能给出正确答案吗？

职业判断与职业能力测试

职业判断测一测

◆ 单项选择题

1. 下列不属于会计资料的是（　　）。

A. 会计凭证　　　　B. 会计账簿

C. 财务会计报告　　　　D. 经济合同

2.（　　）是单位对外提供的财务会计报告的责任主体。

A. 单位负责人　　　　B. 主管会计工作的负责人

C. 会计机构负责人（会计主管人员）　　　　D. 总会计师

3. 用电子计算机进行会计核算的单位，使用的会计软件必须符合（　　）的规定。

A. 各地方相关法规　　　　B. 企业会计工作规范

C. 国家统一的会计制度　　　　D. 各项具体会计准则

4. 企业不违背《内部会计控制规范》“确保办理货币资金业务的不相容岗位相互分离、制约和监督”的原则的是（　　）。

A. 由出纳人员兼任收入总账和明细账的登记工作

B. 由出纳人员兼任会计档案保管工作

C. 由出纳人员保管签发支票所需全部印章

D. 由出纳人员兼任固定资产明细账及其总账的登记工作

5. 下列各项中，符合出纳岗位设置的是（　　）。

A. 会计主管兼任出纳　　　　B. 会计岗位兼任出纳

C. 出纳设置专门岗位或指定专人负责　　D. 会计档案保管岗位兼任出纳

◆ 多项选择题

1. 出纳工作具有（　　）的特点。

A. 专业性　　B. 政策性

C. 时间性　　D. 繁杂性

2. 出纳工作包括（　　）。

A. 现金的收付与保管　　B. 财务印章的保管

C. 银行存款的收付与管理　　D. 有关单据的整理和保管

3. 在我国会计法规体系中，《会计法》是（　　）。

A. 指导会计工作的最高准则

B. 调整我国经济生活中会计关系的法律总称

C. 制定其他会计法规的依据

D. 会计法律制度中层次最高的法律规范

4. 企业出纳岗位应根据企业的实际情况设置，可以是（　　）。

A. 一人一岗　　B. 一岗多人

C. 多岗多人　　D. 混岗

5. 一名合格的出纳人员应具备的基本素质要求为（　　）。

A. 要有良好的职业道德　　B. 要有良好的工作态度

C. 要有较强的政策水平　　D. 要有熟练的专业技能

◆ 判断题

1. 各单位应当根据会计业务的需要设置会计机构；不具备单独设置会计机构条件的，应当在有关机构中配备会计人员。（　　）

2. 在会计上，出纳有两层含义：一是指出纳业务，二是指出纳人员。（　　）

3. 公司每天收入的现款、票据必须与单据相符，字迹清晰，不得涂改。库存现金要日清月结，不得以白条抵库私自挪用。（　　）

4. 收银员应具备一定的基本素养，比如自觉遵守财经纪律和财务制度；按照工作流程有序开展工作；不得向无关人员泄露公司的营业收入情况、资料及数据；对于违反财务制度和财经纪律的要敢于制止和揭发，发挥监督作用。（　　）

5. 会计人员如收银员、会计核算人员、出纳、记账人员等的工作岗位应当有计划地进行轮换。（　　）

6. 会计凭证、会计账簿、会计报表和其他会计资料的内容和要求必须符合国家统一会计制度的规定，不得伪造、变造会计凭证和会计账簿，不得设置账外账，不得报送虚假会计报表。（　　）

7. 根据业务量的多少，会计工作可以酌情安排，比如，收银员可以将几天的销售款集中清点入库；会计主管可以集中在月底进行凭证登记、账务处理、财务分析等工作，即突击完成相关会计工作。（　　）

8. 狭义的出纳工作仅指各单位会计部门专设出纳岗位或人员的各项工作。（　　）

9. 根据《会计基础工作规范》规定，会计工作岗位，可以一人一岗、一人多岗或者

一岗多人，但出纳人员不得兼管审核、会计档案保管和收入、费用、债权债务账目的登记工作。（　）

10. 出纳可以既保管现金又登记日记账。（　）

学习效果评价

出纳认知学习评价参考表见表 1–1。

表 1–1　出纳认知学习评价参考表

项目	评价标准	小组评价（30%）	小组互评（30%）	教师评价（40%）	小计
素养培养（30 分）	良好的职业道德、严谨的职业态度，较强的敬业精神及执行能力				
	正确的学习态度、良好的自主学习能力和创新能力				
	扎实的专业知识、熟练的职业技能和良好的团队精神				
能力提升（30 分）	能理解出纳的含义				
	能正确认识出纳人员的职责和权限				
	能理解出纳的核算方法及账务处理程序				
知识应用（40 分）	明确出纳工作的含义、特点及职能				
	明确出纳工作的范围与内容				
	明确出纳人员任职资格及其职责与权限				
	明确出纳与会计的关系及出纳核算方法				
合计					

注：每组可将实训成果拍摄成图片，并将图片转发到班级讨论群，一方面同学之间可相互借鉴学习，另一方面可作为小组互评的依据。

项目二 现金结算业务办理

任务目标

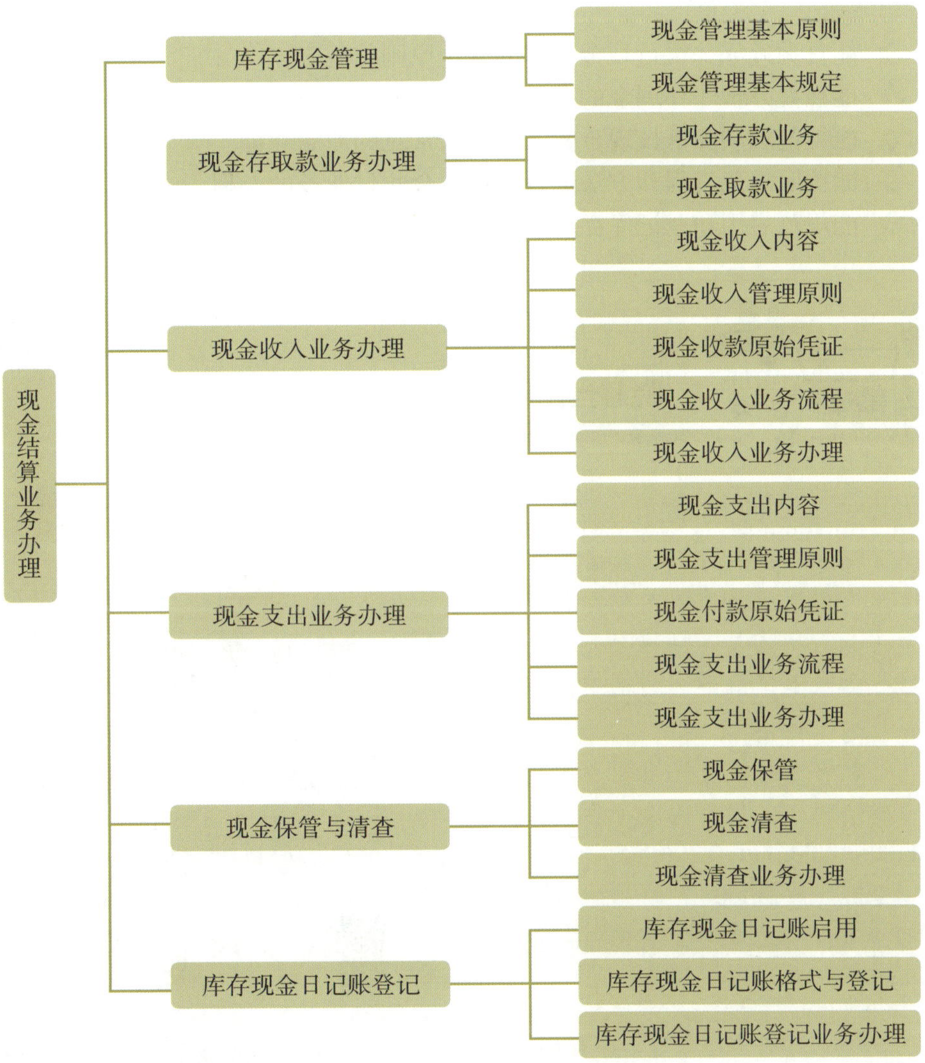

知识目标

- 熟悉现金管理的基本原则与规定
- 掌握现金存取款业务办理流程及内容
- 熟悉现金收入与支出的内容及原始凭证
- 掌握现金收入与支出业务办理
- 熟悉现金保管与清查的内容
- 掌握库存现金日记账的登记

能力目标

- 能自觉遵守并执行现金管理的基本原则与规定
- 能独立办理库存现金的存款及取款业务
- 能规范填制和审核现金收入与付出常见的原始凭证
- 能按照规范流程和方法进行库存现金收付业务的办理
- 能规范启用和登记库存现金日记账

晓慧当出纳

李晓慧通过层层选拔与考核最终被北京宏达科技有限公司录用，成为一名出纳人员，主要负责现金结算业务。她了解到公司的基本资料如下：

北京宏达科技有限公司为增值税一般纳税人，适用《企业会计准则》，独立核算，自负盈亏。

公司营业执照、开户许可证、预留签章卡见图 2-1、图 2-2、图 2-3。

营业执照

统一社会信用代码 9114010074602685X3

名　　称　北京宏达科技有限公司
类　　型　有限责任公司
住　　所　北京市昌平区东大街369号
法定代表人　赵明轩
注册资本　人民币壹仟万元整
成立日期　2012年02月15日
营业期限　2012年02月15日至2032年02月15日
经营范围　行车记录仪、移动电源、小家电控制板的研发、生产及销售。经营范围中涉及许可审批经营项目的，应在取得有关部门的许可后方可经营。

登记机关

2012年02月15日

图 2-1　营业执照

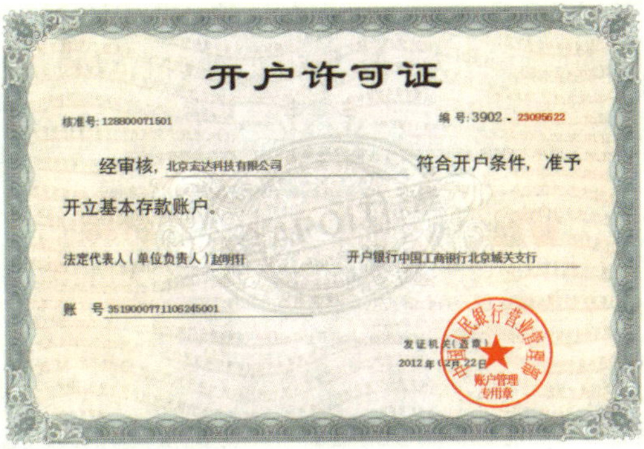

开户许可证

核准号：12880007150l　　　　编号：3902－23095622

经审核，北京宏达科技有限公司 符合开户条件，准予开立基本存款账户。

法定代表人（单位负责人）赵明轩　　开户银行 中国工商银行北京城关支行

账　号 35190007711062450O1

发证机关（盖章）
2012年02月22日

图 2-2　开户许可证

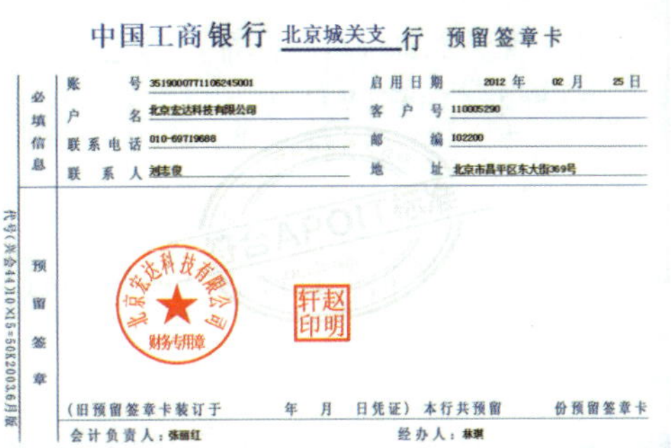

中国工商银行 北京城关支 行　预留签章卡

必填信息	账　号 3519000771106245001		启用日期 2012 年 02 月 25 日
	户　名 北京宏达科技有限公司		客户号 110005290
	联系电话 010-69719688		邮　编 102200
	联系人 刘志俊		地　址 北京市昌平区东大街369号
预留签章			
	（旧预留签章卡装订于　年　月　日凭证）本行共预留　份预留签章卡		
	会计负责人：张丽红		经办人：林琪

代号（米会44）10×15=50K2003.6月版

图 2-3　预留签章卡

企业与财务工作紧密相关的主要人员情况见表 2-1。

表 2-1　北京宏达科技有限公司主要人员基本情况表

序　号	部　门	职　务	姓　名
1	总经办	法人代表	赵明轩
2	财务部	会计主管	刘志俊
3	财务部	出　　纳	李晓慧
4	财务部	制单会计	周　明
5	财务部	稽　　核	王敏杰

企业库存现金资料如下：

库存现金日记账 2018 年 5 月份期初余额：4 889.00 元。

李晓慧做了认真的准备，她能顺利完成该公司库存现金的相关业务吗？

任务 2.1　库存现金管理

库存现金，是指通常存放于企业财会部门、由出纳人员经管的货币。它包括库存的人民币和各种外币。库存现金是流动性最大的一种货币资金，它可以随时用以购买所需物资，支付日常零星开支，偿还债务等。

“库存现金”一词，依国际惯例解释，是指随时可作为流通与支付手段的票证，不论是法定货币还是信用票据，只要具有购买或支付能力，均可视为现金。所以，现金从理论上讲有广义与狭义之分。狭义现金是指企业所拥有的硬币、纸币，即由企业出纳员保管的作为零星业务开支之用的库存现款。广义现金则包括库存现款和视同现金的各种银行存款、流通证券等。我国所采用的是狭义的库存现金概念。

1. 现金管理基本原则

根据《现金管理暂行条例》规定，现金管理应遵循以下四大原则：收付合法、钱账分管、收付两清、日清月结。

1）收付合法

各单位在收付现金时必须符合国家的有关方针、政策和规章制度。这里的合法有以下两层含义：其一，现金的来源和使用必须合法；其二，现金收付必须在合法的范围内进行。

2）钱账分管

钱账分管即管钱的不管账，管账的不管钱。为保证现金的安全，会计工作岗位要有明确的分工，在财会部门内部建立相互制约和相互监督的机制。企业应配备专职出纳人员负责办理现金收付业务和现金保管业务，任何非出纳人员均不得经管现金，这样便于相互核对账务，防止贪污盗窃和错账差款的发生。经管现金的出纳人员不得兼管收入、支出、债权债务账簿的登记工作、稽核工作和会计档案保管工作。

3）收付两清

为了避免在现金收付过程中发生差错，防止发生长、短款，现金收付时要做到复核。不论工作是否繁忙、金额大小或对象，出纳人员对收付的现金都要做到收付款当面点清，对来财务部门办理现金收付的人员，要督促他们当面点清，如有差错及时当面解决，以保证收付两清。

4）日清月结

出纳人员必须对每天发生的现金收付业务进行清理，全部记入库存现金日记账，并结出当天的库存现金账面余额，并与库存现金实有数额相互核对，保证账实相符。库存现金日记账至少每月结一次账，业务多的可几天或半月定期结一次账，并与其他相关账进行核对，以保证账实相符。

2. 现金管理基本规定

1）严格遵守库存现金限额

库存现金限额是国家规定的由开户银行给各单位核定的一个保留现金的最高额度。

为了保证现金的安全，规范现金管理，同时又能保证开户单位的现金正常使用，按照《现金管理暂行条例》及实施细则规定，库存现金限额由开户银行和开户单位根据具体情况商定，凡在银行开户的单位，银行根据实际需要核定3～5天的日常零星开支数额作为该单位的库存现金限额。边远地区和交通不便地区的开户单位，其库存现金限额的核定天数可以适当放宽到5天以上，但最多不得超过15天的日常零星开支的需要量。

库存现金限额每年核定一次，经核定的库存现金限额，开户单位必须严格遵守。其核定具体程序为：

（1）开户单位与开户银行协商核定库存现金限额

库存现金限额 = 每日零星支出额 × 核定天数

每日零星支出额 = 月（或季）平均现金支出额 / 月（或季）平均天数

式中，月（或季）平均现金支出额不包括定期性的大额现金支出和不定期的大额现金支出。

（2）开户单位填制“库存现金限额核定表”

库存现金限额核定表见图 2–4。

现金限额核定表

单位名称：

开户银行：　　　　　　　　　　　　　　　　　　　职工人数：

账　　号：　　　　　　　　　　　　　　　　　　　单　　位：元

<table>
<tr><th rowspan="2">限额
部门</th><th colspan="2">库存限额</th><th colspan="2">找零备用金定额</th><th rowspan="2">简要说明</th></tr>
<tr><th>申请数</th><th>核定数</th><th>申请数</th><th>核定数</th></tr>
<tr><td>1.财务出纳部门</td><td></td><td></td><td></td><td></td><td rowspan="6">财务部门每天零星开支的平均金额为______元。</td></tr>
<tr><td>2.各附属单位</td><td></td><td></td><td></td><td></td></tr>
<tr><td>（1）</td><td></td><td></td><td></td><td></td></tr>
<tr><td>（2）</td><td></td><td></td><td></td><td></td></tr>
<tr><td></td><td></td><td></td><td></td><td></td></tr>
<tr><td></td><td></td><td></td><td></td><td></td></tr>
<tr><td colspan="2">核准单位盖章

年　月　日</td><td colspan="2">开户银行意见

年　月　日</td><td colspan="2">申请单位盖章

年　月　日</td></tr>
</table>

图 2-4　现金限额核定表

（3）开户单位将申请批准书报送单位主管部门，经主管部门签署意见，再报开户银行审查批准，开户单位以开户银行批准的限额作为库存现金限额。

各单位经银行核定了库存现金限额后，必须严格将库存现金控制在核定的限额内，超出库存限额的现金必须及时送存银行，如库存现金不足限额的，可向银行提取现金，不得在未经开户银行准许的情况下坐支现金。

2）严禁私设“小金库”和用“白条”抵库

（1）“小金库”，是指不在本单位财会部门列支列收，私自在单位库存之外保存的现金和银行存款。私设“小金库”是侵占、截留、隐瞒国家和单位收入的一种违法行为，会扰乱各单位正常的现金收支业务，更严重的是，“小金库”还为各种违法乱纪活动提供了“温床”，危害极大。因此，国务院历来强调严禁各单位私设“小金库”。

（2）“白条”抵库，是指用不符合财务制度规定和审批手续的字条或单据，顶抵库存现金的做法。“白条”抵库会使实际库存现金减少，造成正常业务开支所需的现金不足，各种现金收付业务得不到及时的账务处理，很容易导致财务管理出现混乱。“白条”未经合法手续审批，用“白条”随意支取现金会产生挪用、挥霍和贪污公款等，给不法分子以可乘之机。“白条”一旦丢失，无据可查，会给单位或个人造成不该有的损失。

3）实行收支两条线，不准“坐支”现金

“坐支”现金，是指企事业单位、机关团体、部队将本单位的现金收入直接用于现金支出。各单位现金收入应于当日送存银行，如当日确有困难，由开户单位确定送存时间，如遇特殊情况需要“坐支”现金，应该在库存现金日记账上如实反映坐支情况，并同时报告开户银行，便于银行对坐支金额进行监督和管理。

4）遵循现金管理“八不准”

按照《现金管理暂行条例》及其实施细则规定，企事业单位和机关团体、部队现金管理应遵循“八不准”：

（1）不准用不符合财务制度的凭证顶替库存现金；

（2）不准单位之间互相借用现金；

（3）不准谎报用途套取现金；

（4）不准利用银行账户代其他单位和个人存入或支取现金；

（5）不准将单位收入的现金以个人名义存入银行；

（6）不准保留账外公款；

（7）不准发行变相货币；

（8）不准以任何票券代替人民币在市场上流通。

任务 2.2 现金存取款业务办理

1. 现金存款业务

1）现金存款业务流程

各单位在日常现金收支业务中，除了按规定可以坐支的现金和非业务性零星收入收取的现金可以用于补足库存现金限额的不足外，其他业务活动取得的现金以及超过库存现金限额的现金都必须按规定于当日送存银行。当日送存银行确有困难的，由开户银行确定送存时间。送存现金的基本程序有以下几点：

（1）整理现金。缴款前应将送存款清点整理，按币别、币种分开。纸币打开铺平，然后按币别每 100 张为一把，用纸条在腰中捆扎好，不够 100 张的，从大额到小额顺放；将同额硬币放在一起，1 元、5 角、1 角硬币，按每 50 枚用纸卷成一卷，不足一卷的一般不送存银行，留作找零用。残缺破损的纸币和已经穿孔、裂口、破缺、变形以及正面的国徽、背面的数字模糊不清的铸币，应单独剔出，另行包装，整理方法同前。

（2）填写现金存款凭条。款项清点整齐核对无误后，由出纳人员根据整点好的存款金额填写现金存款凭条。现金存款凭条一式二联：第一联为银行核对联，由收款人开户银行代凭证；第二联为客户核对联，由银行盖章后作为送款单位的记账依据。基本格式见图 2–5。

在填写现金存款凭条时，要按格式规定如实填写有关内容，包括收款单位名称应填写全称、款项来源如实填写、交款日期必须填写缴款当日、交款金额的大小写及各券别的数量书写要标准等。

ICBC 中国工商银行　　　　现金存款凭条

年　　月　　日

存款人	全称			
	账号		款项来源	
	开户行		交款人	
金额（大写）			千 百 十 万 千 百 十 元 角 分	

票面	张数	十	万	千	百	十	元	角	分	票面	张数	千	百	十	元	角	分	备注
壹佰元										伍角								
伍拾元										贰角								
贰拾元										壹角								
拾元										伍分								
伍元										贰分								
贰元										壹分								
壹元										其他								

第二联 客户核对联

190mm×100mm

注：此联不作为入账依据

图 2-5　现金存款凭条（空白）

（3）送存交款。出纳员将整理好的现金连同“现金存款凭条”一起送交银行柜台收款员。在交款时，送款人必须同银行柜台收款员当面交接清点。经柜台收款员清点无误后，银行按规定在“现金存款凭条”上加盖印章，并将第二联客户核对联退还给送款人，送款人在接到后应当即进行检查，确认为本单位交款回单且银行有关手续已经办妥后即可离开柜台。

（4）编制记账凭证。出纳人员将现金送存银行并取回“现金存款凭条”第二联后，将其交给财务部门制单会计填制现金付款凭证，并交由审核会计进行审核后再交给出纳人员，以备登记银行存款和库存现金日记账。

（5）登记账簿。出纳人员对现金付款凭证审核后加盖名章，并据以登记银行存款日记账和库存现金日记账。

2）现金存款业务办理

【任务案例 2-1】2018 年 5 月 14 日，李晓慧将零星销货款 1 867 元交存银行。其中面额 100 元 11 张、50 元 9 张、20 元 8 张、10 元 12 张、5 元 6 张、1 元 5 张、5 角 4 枚。

李晓慧做了如下工作：

（1）将销货款按券别进行清点整理。

（2）根据整理情况填制现金存款凭条。

（3）将“现金存款凭条”第二联（见图 2-6）交制单会计周明编制现金付款凭证（见图 2-7）。

（4）根据审核后的现金付款凭证登记库存现金日记账（见图 2-45）。

2. 现金取款业务

1）现金取款业务流程

单位要支付现金必须具有一定的库存现金才能开展业务。当各单位需要用现金支付，而库存现金小于库存现金定额需要补足现金时，按规定可以从银行提取现金。提取现金的基本程序如下。

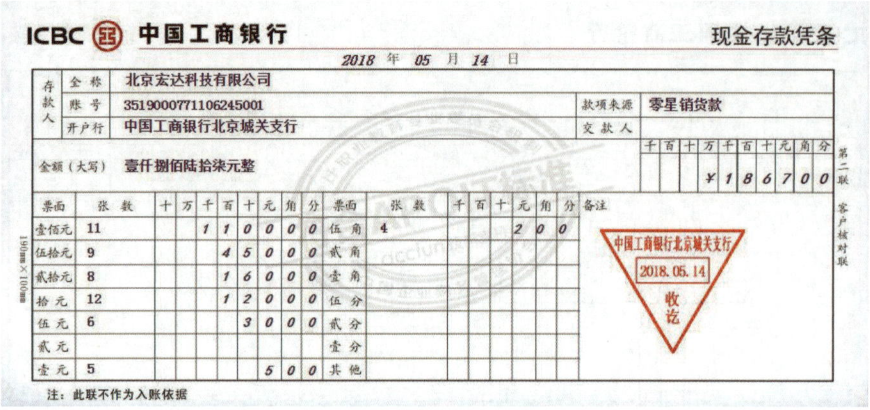

ICBC 中国工商银行 现金存款凭条

2018 年 05 月 14 日

存款人	全称	北京宏达科技有限公司		
	账号	3519000771106245001	款项来源	零星销货款
	开户行	中国工商银行北京城关支行	交款人	
金额（大写）	壹仟捌佰陆拾柒元整		千百十万千百十元角分	￥186700

票面	张数	金额	票面	张数	金额	备注
壹佰元	11	110000	伍角	4	200	
伍拾元	9	45000	贰角			
贰拾元	8	16000	壹角			
拾元	12	12000	伍分			
伍元	6	3000	贰分			
贰元			壹分			
壹元	5	500	其他			

注：此联不作为入账依据

图 2-6 现金存款凭条

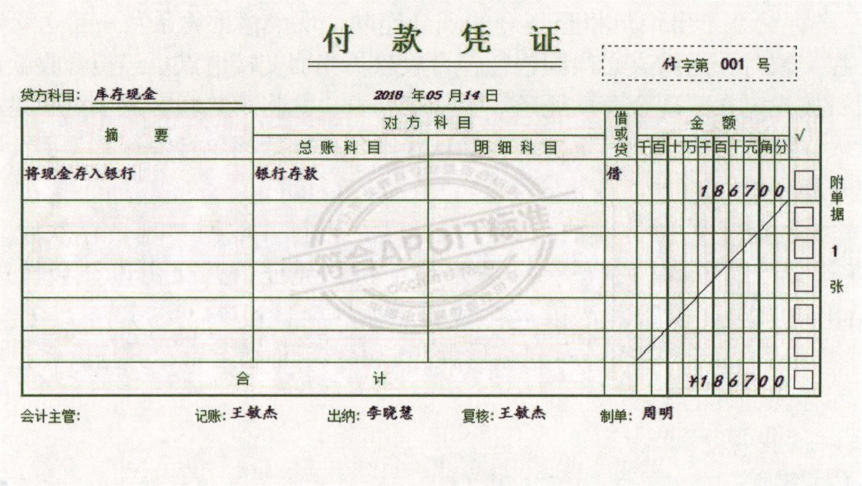

付 款 凭 证

付字第 001 号

贷方科目：库存现金

2018 年 05 月 14 日

摘要	总账科目	明细科目	借或贷	金额	√
将现金存入银行	银行存款		借	186700	
合计				￥186700	

附单据 1 张

会计主管： 记账：王敏杰 出纳：李晓慧 复核：王敏杰 制单：周明

图 2-7 付款凭证

（1）出票。出纳签发现金支票，现金支票由正联和存根组成，正联加盖银行预留印鉴后作银行提现依据，存根撕下由制单会计作入账依据，基本格式见图 2-8 和图 2-9。

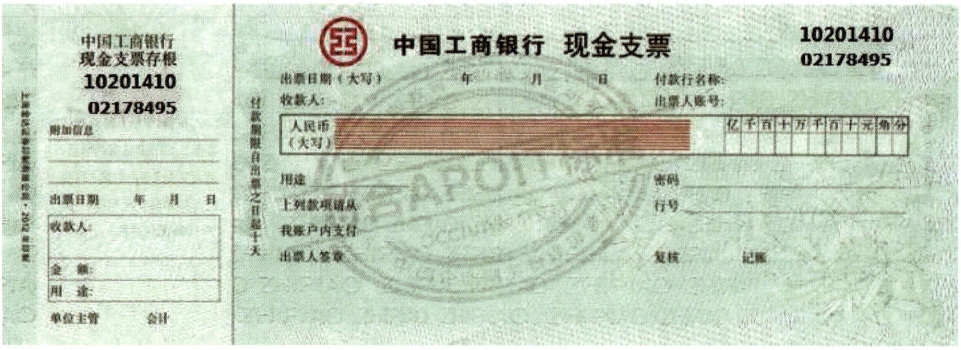

图 2-8 现金支票正面

图 2-9　现金支票背面

（2）提示付款。当收款人持现金支票到出票人开户行提示付款时，应在现金支票背面“收款人签章”处签章，持票人为个人的，还需交验本人身份证件，并在现金支票背面注明证件名称、号码及发证机关。

（3）领取现金。当收款人收到银行出纳人员付给的现金时，应根据取款数额同时采用银行验钞机清点和手工清点两种方法认真清点核对，并辨别真伪，确认无误后方可离开。之后，应将取回的现金及时存入保险柜。

（4）挂失止付。现金支票丢失，失票人需要挂失止付的，应填写挂失止付通知书并签章，挂失止付通知书由银行提供。

（5）编制记账凭证。出纳人员应将现金支票存根交制单会计编制银行存款付款凭证，审核会计进行审核后应将其再交给出纳人员，以备登记库存现金和银行存款日记账。

（6）登记账簿。出纳人员对银行存款付款凭证审核后加盖名章，据以登记库存现金日记账和银行存款日记账。

2）支票填写规定

（1）出票日期（大写）。数字必须大写。大写数字的写法为：零、壹、贰、叁、肆、伍、陆、柒、捌、玖、拾。如支票的出票日期为 2018 年 4 月 5 日，其大写数字写法为贰零壹捌年零肆月零伍日。

在填写月、日时，月为壹至玖和壹拾的，日为壹至玖和壹拾、贰拾和叁拾的，应在其前加“零”；日为拾壹至拾玖的，应在其前面加“壹”。例如：5 月 12 日，应写成零伍月壹拾贰日；10 月 20 日，应写成零壹拾月零贰拾日。

（2）收款人。现金支票收款人可写本单位名称，此时现金支票背面“被背书人”栏内加盖本单位的财务专用章和法人章，之后收款人可凭现金支票直接到开户银行提取现金。由于有的银行各营业点是联网的，所以也可到联网营业点取款。

现金支票收款人也可写收款人个人姓名，此时现金支票背面不盖任何章，收款人在现金支票背面填上身份证号码和发证机关名称，凭身份证和现金支票签字领款。

转账支票收款人应填写对方单位名称。转账支票背面本单位不盖章。收款单位取得转账支票后，在支票背面被背书栏内加盖收款单位财务专用章和法人章，填写好银行进账单后连同该支票交给收款单位的开户银行，委托其收款。

（3）付款行名称、出票人账号。付款行名称、出票人账号即本单位开户银行名称及账号，账号应小写。

（4）人民币（大写）。数字大写写法为：零、壹、贰、叁、肆、伍、陆、柒、捌、玖、拾、佰、仟、万、亿。

（5）人民币小写。最高金额的前一位空白格填写“¥”字头，数字填写要求完整、清楚。

（6）用途。现金支票有一定限制，一般填写“备用金”“差旅费”“工资”“劳务费”等；转账支票没有具体规定，可填写如“货款”“代理费”等。

（7）支付密码。采用密码器自动产生密码，会计人员在密码器上输入支票编号等信息后，密码器自动产生密码，银行核对相符后方可办理支付业务。

（8）盖章。支票正面盖财务专用章和法人章，缺一不可，印泥应为红色，印章必须清晰，印章模糊应将本张支票作废，换一张重新填写并重新盖章。

（9）支票正面不能有涂改痕迹，否则本支票作废。收票人如果发现支票填写不全，可以补记，但不能涂改。支票的有效期为10天，日期首尾算一天，节假日顺延。

3）现金取款业务办理

【任务案例 2-2】2018年5月16日，北京宏达科技有限公司会计主管刘志俊让李晓慧去银行提取现金3 500元备用。

李晓慧做了如下工作：

（1）填写现金支票（假定支付密码器生成的支付密码为2872 3353 1118 4188），交印鉴管理员加盖预留银行印鉴（见图2-10、图2-11）。

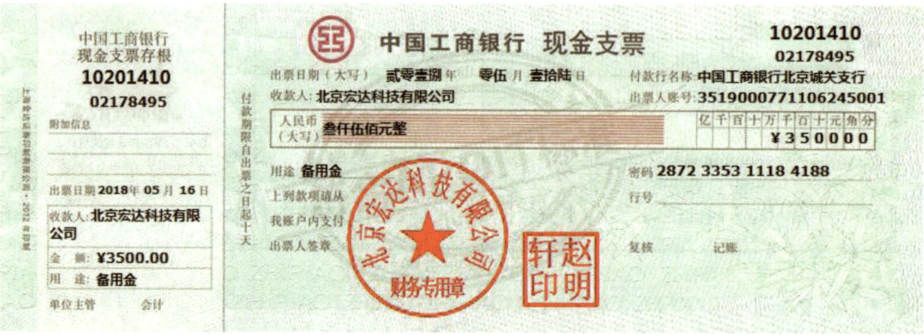

图 2-10 现金支票正面

图 2-11 现金支票背面

（2）将现金支票撕开，向开户银行提交现金支票正联，办理提现手续。

（3）收取现金后，根据取款数额当场清点，确认无误后离开柜台。

（4）将取回的现金及时放入出纳专用保险柜。

（5）将现金支票存根交制单会计周明编制银行存款付款凭证（见图 2–12）。

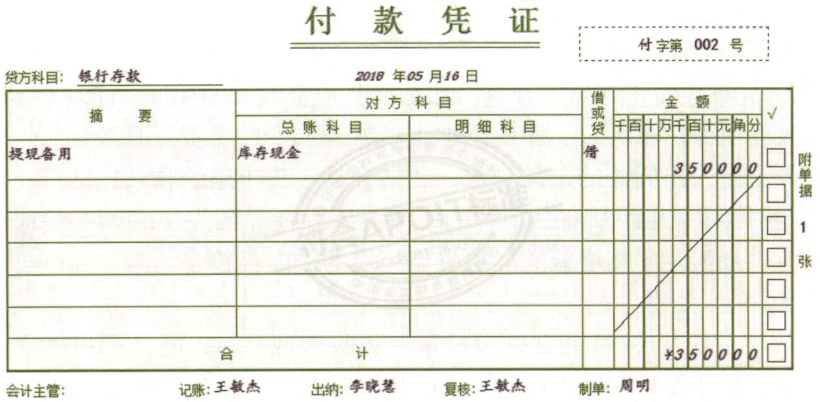

付款凭证

付字第 002 号

贷方科目：银行存款　　2018 年05 月16 日

摘要	对方科目：总账科目	对方科目：明细科目	借或贷	金额（千百十万千百十元角分）	√
提现备用	库存现金		借	350000	
合计				¥350000	

附单据 1 张

会计主管：　记账：王敏杰　出纳：李晓慧　复核：王敏杰　制单：周明

图 2-12　付款凭证

（6）根据审核无误的记账凭证登记库存现金日记账（见图 2–45 ）。

任务 2.3　现金收入业务办理

1. 现金收入内容

现金收入是指各单位在其所开展的生产经营和非生产经营业务中取得的现金。它包括发生销售商品、提供劳务等业务时的现金收入，机关团体、企事业单位提供非经营服务而取得的现金收入，单位内部的现金收入，出差人员退回的差旅费多借款项，向单位职工收取的违反制度罚款，执法单位取得的罚没收入等。各单位收入的现金按性质可分为以下几种，具体见图 2-13。

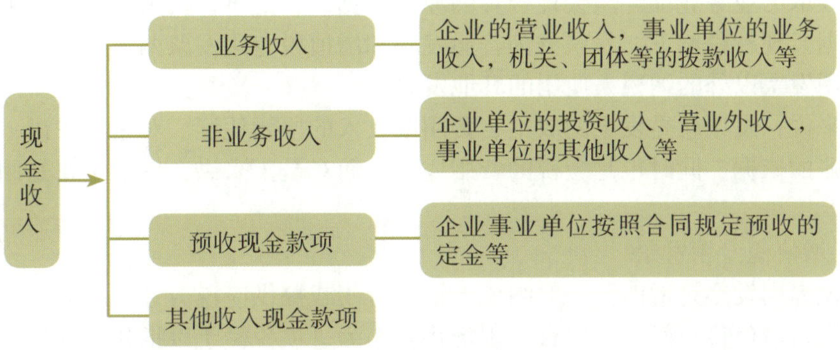

图 2-13　现金收入内容

2. 现金收入管理原则

出纳人员在进行现金收入管理时，应掌握一定的方法，按照基本的规定办理现金收款业务，主要内容如下：

1）不得瞒报、多报、少报、误报收入

（1）实行部门经理负责制。销售收入或劳务收入由业务部负责人统一监控，非经营性收入由各部门负责人监控。

（2）收入凭证由专人保管、开具。凡是涉及现金收入的凭证，如发票、内部收据、财务专用章及发票专用章等，一律由出纳人员或专人专门负责开具及保管，定期盘点核对时，保证收款与开出凭证的金额一致，严禁开具大头小尾的收入凭证。

（3）账实核对。凡涉及商品销售的，所有库存商品的发出必须与相应的收入或其他用途相对应；凡涉及实物增减的，也应与相应的去向相符合。

2）严格办理收入手续

（1）审查收入的合法性。在处理日常业务收入现金时，必须严格遵守国家现金收入范围的规定，不得在出售商品的金额超过结算起点时，拒收银行结算凭证而收取现金，或按一定比例搭配收取现金等。

（2）现金收入要一笔一清。收取现金时，要清点完一笔之后再清点另一笔，几笔收款不能混在一起办理，以免互相混淆或调换。一笔款项未办理妥当，出纳员不得离开座位；收款过程应在同一时间内完成，不准收款后过一段时间再开发票或收据；对已完成收款的收据应加盖“现金收讫”字样。出纳员与付款人当面点清后，应再询问一次付款人金额是否正确，如无异议，即可将发票或收据交给付款人，至此收入手续才算结束。

（3）现金收入要及时送存银行。出纳人员应严格控制收款日期和收款金额，保证本单位应得的收入及时收取，不缺、不溢并及时送存银行。

3. 现金收款原始凭证

在办理现金收款业务时，不同的单位会涉及多种原始凭证，原始凭证主要包括以下三种：发票、收据、内部收据。

1）发票

发票是指一切单位和个人在购销商品、提供或接受服务以及从事其他经营活动中，所开具和收取的业务凭证，是会计核算的原始依据，也是审计机关、税务机关执法检查的重要依据。现行税制下，发票分为普通发票和增值税专用发票两大类。普通发票是指增值税专用发票以外的纳税人使用的其他发票。

简单来说，发票就是发生的成本、费用或收入的原始凭证。对企业来讲，发票主要是企业做账的依据，同时也是缴税的费用凭证；而对员工来讲，发票主要是用来报销的凭据。

（1）增值税专用发票

增值税专用发票是增值税一般纳税人销售货物或提供应税劳务、服务开具的发票，是购买方支付增值税税额并按照有关规定将其作为进项税额予以抵扣当期的销项税额的凭证。该发票是由国家税务总局监制、设计、印制的，只限于增值税一般纳税人领购、

使用，既可作为纳税人反映经济活动的重要会计凭证，又是销售方纳税义务和购买方进项税额的合法证明，是增值税计算和管理中重要的、决定性的、合法的专用发票。

增值税专用发票原则上仅限于一般纳税人领购和使用，小规模纳税人可以由基层税务机关为其代开增值税专用发票，但其增值税税率按小规模纳税人的税率执行。目前住宿业和建筑业的小规模纳税人也可以自开增值税专用发票。

增值税专用发票一式三联，第一联为记账联，销售方作为销售的记账凭证，基本格式见图 2-14。

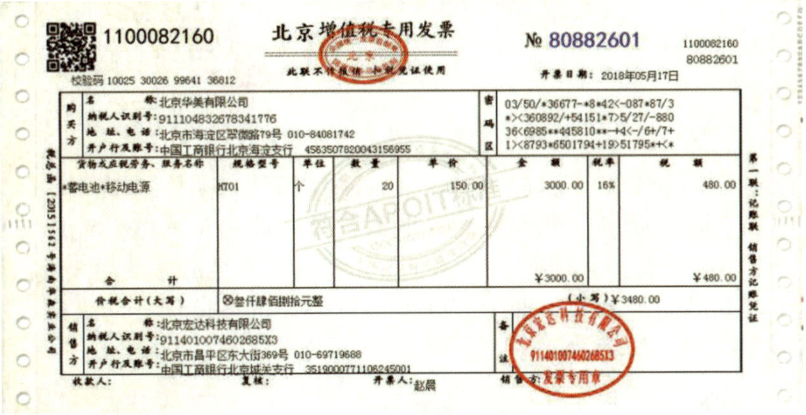
1100082160 北京增值税专用发票 № 80882601 1100082160 80882601
此联不作报销、扣税凭证使用 开票日期：2018年05月17日
校验码 10025 30026 99641 36812

购买方	名称：北京华美有限公司 纳税人识别号：911104832678341776 地址、电话：北京市海淀区翠微路79号 010-84081742 开户行及账号：中国工商银行北京海淀支行 4563507820043156955				密码区	03/50/*36677-*8*42<-087*87/3 *><360892/+54151*7>5/27/-880 36<6985**445810**-+4<-/6+/7+ 1><8793*6501794+19>51795*+<*	
货物或应税劳务、服务名称	规格型号	单位	数量	单价	金额	税率	税额
*蓄电池*移动电源	HT01	个	20	150.00	3000.00	16%	480.00
合计					¥3000.00		¥480.00
价税合计（大写）	⊗叁仟肆佰捌拾元整				（小写）¥3480.00		
销售方	名称：北京宏达科技有限公司 纳税人识别号：91140100746026853X3 地址、电话：北京市昌平区东大街369号 010-69719688 开户行及账号：中国工商银行北京城关支行 351900077110624500l				备注		

收款人： 复核： 开票人：赵晨 销售方：（章）

第一联：记账联 销售方记账凭证

图 2-14 增值税专用发票记账联

第二联为抵扣联，购货方作扣税凭证，基本格式见图 2-15。

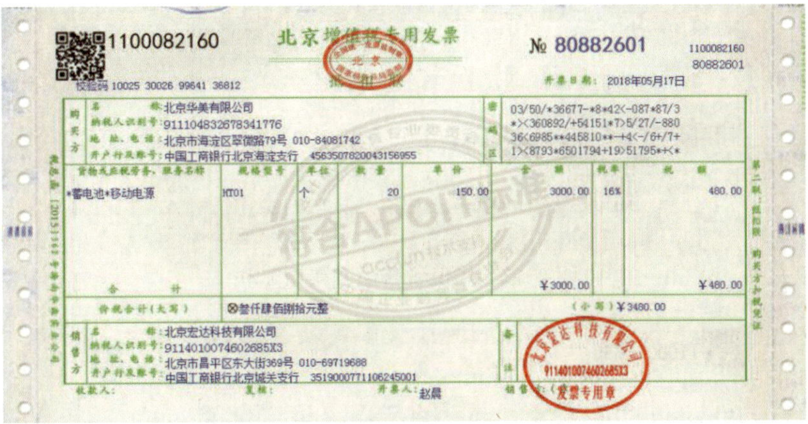
1100082160 北京增值税专用发票 № 80882601 1100082160 80882601
开票日期：2018年05月17日
校验码 10025 30026 99641 36812

购买方	名称：北京华美有限公司 纳税人识别号：911104832678341776 地址、电话：北京市海淀区翠微路79号 010-84081742 开户行及账号：中国工商银行北京海淀支行 4563507820043156955				密码区	03/50/*36677-*8*42<-087*87/3 *><360892/+54151*7>5/27/-880 36<6985**445810**-+4<-/6+/7+ 1><8793*6501794+19>51795*+<*	
货物或应税劳务、服务名称	规格型号	单位	数量	单价	金额	税率	税额
*蓄电池*移动电源	HT01	个	20	150.00	3000.00	16%	480.00
合计					¥3000.00		¥480.00
价税合计（大写）	⊗叁仟肆佰捌拾元整				（小写）¥3480.00		
销售方	名称：北京宏达科技有限公司 纳税人识别号：91140100746026853X3 地址、电话：北京市昌平区东大街369号 010-69719688 开户行及账号：中国工商银行北京城关支行 351900077110624500l				备注		

收款人： 复核： 开票人：赵晨 销售方：（章）

第二联：抵扣联 购买方扣税凭证

图 2-15 增值税专用发票抵扣联

第三联为发票联，购货方作付款的记账凭证，基本格式见图 2-16。

（2）增值税普通发票

增值税普通发票是指在购销商品、提供或接受服务以及从事其他经营活动中，所开具和收取的收付款凭证。它是相对于增值税专用发票而言的，即任何单位和个人在购销商品、提供或接受服务以及从事其他经营活动中，除增值税一般纳税人开具和收取的增值税专用发票之外，所开具和收取的各种收付款凭证均为增值税普通发票。

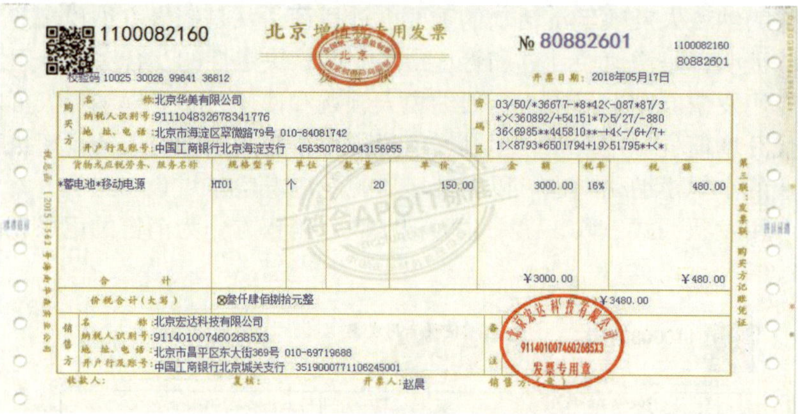

1100082160　北京增值税专用发票　№ 80882601　1100082160 80882601

校验码 10025 30026 99641 36812　开票日期：2018年05月17日

购买方　名称：北京华美有限公司　纳税人识别号：911104832678341776　地址、电话：北京市海淀区翠微路79号 010-84081742　开户行及账号：中国工商银行北京海淀支行 4563507820043156955

密码区　03/50/*36677-*8*42<-087*87/3 *><360892/+54151*7>5/27/-880 36<6985**445810**-+4<-/6+/7+ 1><8793*6501794+19>51795*+<*

货物或应税劳务、服务名称	规格型号	单位	数量	单价	金额	税率	税额
*蓄电池*移动电源	HT01	个	20	150.00	3000.00	16%	480.00
合计					¥3000.00		¥480.00

价税合计（大写）⊗叁仟肆佰捌拾元整　（小写）¥3480.00

销售方　名称：北京宏达科技有限公司　纳税人识别号：9114010074602685X3　地址、电话：北京市昌平区东大街369号 010-69719688　开户行及账号：中国工商银行北京城关支行 3519000771106245001

收款人：　复核：　开票人：赵晨　销售方：（章）

第三联：发票联　购买方记账凭证

图 2-16　增值税专用发票发票联

增值税普通发票的格式、字体、栏次、内容与增值税专用发票完全一致，按发票联次分为两联票和五联票两种。基本联次为两联：第一联为记账联，销售方用作记账凭证；第二联为发票联，购买方用作记账凭证。此外，为满足部分纳税人的需要，在基本联次后添加了三联的附加联次，即为五联票，供企业选择使用。两联票基本格式见图 2–17、图 2–18。

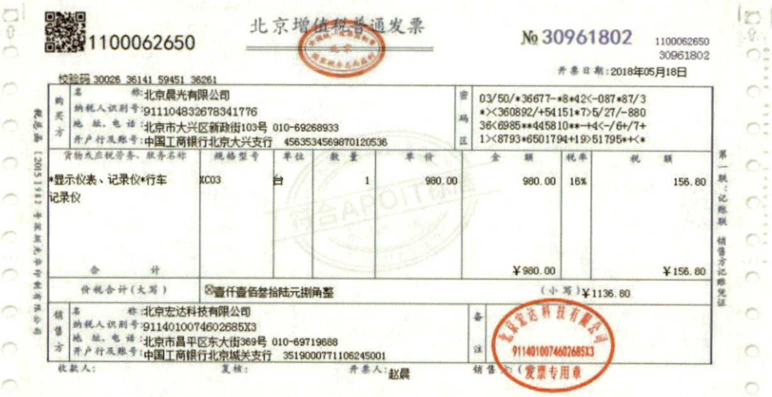

1100062650　北京增值税普通发票　№ 30961802　1100062650 30961802

校验码 30026 36141 59451 36261　开票日期：2018年05月18日

购买方　名称：北京晨光有限公司　纳税人识别号：911104832678341776　地址、电话：北京市大兴区新政街103号 010-69268933　开户行及账号：中国工商银行北京大兴支行 4563534569870120536

密码区　03/50/*36677-*8*42<-087*87/3 *><360892/+54151*7>5/27/-880 36<6985**445810**-+4<-/6+/7+ 1><8793*6501794+19>51795*+<*

货物或应税劳务、服务名称	规格型号	单位	数量	单价	金额	税率	税额
*显示仪表、记录仪*行车记录仪	XC03	台	1	980.00	980.00	16%	156.80
合计					¥980.00		¥156.80

价税合计（大写）⊗壹仟壹佰叁拾陆元捌角整　（小写）¥1136.80

销售方　名称：北京宏达科技有限公司　纳税人识别号：9114010074602685X3　地址、电话：北京市昌平区东大街369号 010-69719688　开户行及账号：中国工商银行北京城关支行 3519000771106245001

收款人：　复核：　开票人：赵晨　销售方：（章）

第一联：记账联　销售方记账凭证

图 2-17　增值税普通发票记账联

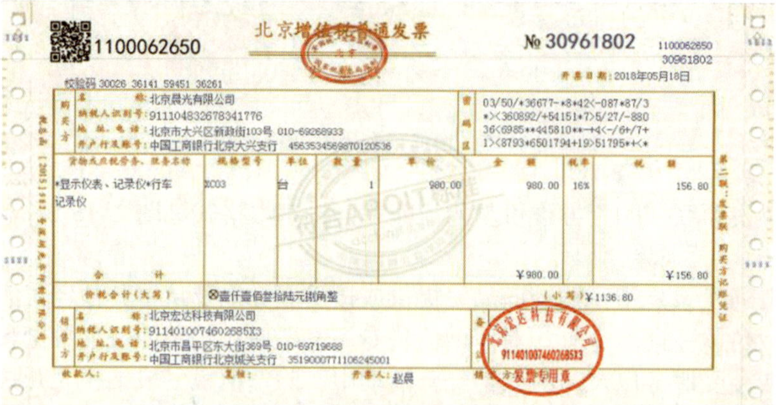

1100062650　北京增值税普通发票　№ 30961802　1100062650 30961802

校验码 30026 36141 59451 36261　开票日期：2018年05月18日

购买方　名称：北京晨光有限公司　纳税人识别号：911104832678341776　地址、电话：北京市大兴区新政街103号 010-69268933　开户行及账号：中国工商银行北京大兴支行 4563534569870120536

密码区　03/50/*36677-*8*42<-087*87/3 *><360892/+54151*7>5/27/-880 36<6985**445810**-+4<-/6+/7+ 1><8793*6501794+19>51795*+<*

货物或应税劳务、服务名称	规格型号	单位	数量	单价	金额	税率	税额
*显示仪表、记录仪*行车记录仪	XC03	台	1	980.00	980.00	16%	156.80
合计					¥980.00		¥156.80

价税合计（大写）⊗壹仟壹佰叁拾陆元捌角整　（小写）¥1136.80

销售方　名称：北京宏达科技有限公司　纳税人识别号：9114010074602685X3　地址、电话：北京市昌平区东大街369号 010-69719688　开户行及账号：中国工商银行北京城关支行 3519000771106245001

收款人：　复核：　开票人：赵晨　销售方：（章）

第二联：发票联　购买方记账凭证

图 2-18　增值税普通发票发票联

（3）增值税电子普通发票

电子发票是现代信息社会的产物，是在购销商品、提供或者接受服务以及从事其他经营活动中，开具、收取的数据电文形式的收付款凭证。电子发票与传统发票的区别主要有两点：一是从传统的物理介质发展成为数据电文形式；二是打破了纸质发票作为会计记账凭证的传统，具备了发票会计档案电子记账的条件。

推行电子增值税发票系统有利于促进社会进步，节约社会资源，为纳税人营造健康、公平的税收环境，是税务机关推进税收现代化建设，实现“互联网 + 税务”的重要举措。与传统纸质发票相比，纳税人申领、开具、流转、查验电子发票等都可以通过税务机关统一的电子发票管理系统在互联网上进行，发票开具更快捷，查询更方便。

增值税电子发票也是普通发票。增值税电子发票开据后，可以发送到顾客的邮箱或者通过微信传送。顾客接收后，直接下载打印就可以了。发票文件一般为 PDF 格式，电脑需要支持此类文件才能打开和打印。目前增值税电子发票的推广使用，还只限于增值税普通发票，增值税专用发票还是需要纸质的发票，暂不在推广的范围内。增值税电子普通发票基本格式见图 2–19。

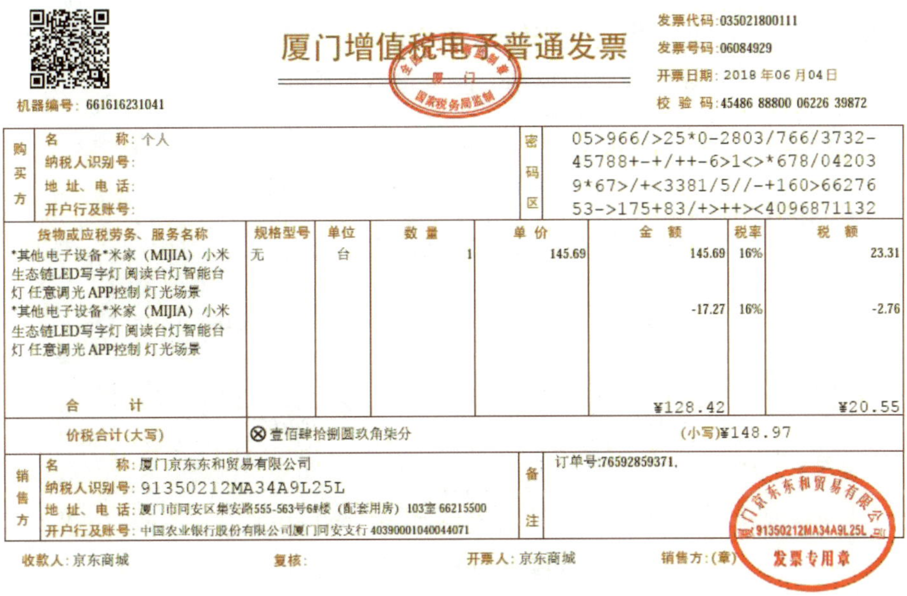

厦门增值税电子普通发票

机器编号：661616231041

发票代码：035021800111
发票号码：06084929
开票日期：2018 年06 月04 日
校 验 码：45486 88800 06226 39872

购买方	名　称：个人 纳税人识别号： 地 址、电 话： 开户行及账号：				密码区	05>966/>25*0-2803/766/3732- 45788+-+/++-6>1<>*678/04203 9*67>/+<3381/5//-+160>66276 53->175+83/+>++><4096871132		
货物或应税劳务、服务名称	规格型号	单位	数量	单价	金额	税率	税额	
*其他电子设备*米家（MIJIA）小米生态链LED写字灯 阅读台灯智能台灯 任意调光APP控制 灯光场景	无	台	1	145.69	145.69	16%	23.31	
*其他电子设备*米家（MIJIA）小米生态链LED写字灯 阅读台灯智能台灯 任意调光APP控制 灯光场景					-17.27	16%	-2.76	
合　计					¥128.42		¥20.55	
价税合计（大写）	⊗壹佰肆拾捌圆玖角柒分				（小写）¥148.97			
销售方	名　称：厦门京东东和贸易有限公司 纳税人识别号：91350212MA34A9L25L 地 址、电 话：厦门市同安区集安路555-563号6#楼（配套用房）103室 66215500 开户行及账号：中国农业银行股份有限公司厦门同安支行 40390001040044071				备注	订单号:76592859371,		

收款人：京东商城　　复核：　　开票人：京东商城　　销售方：（章）

图 2–19　增值税电子普通发票

2）收据

（1）非税收入票据

非税收入票据，是指各级国家机关、事业单位、社会团体以及其他组织，依据有关法律、法规和省人民政府有关规定，征收或者收取非税收入时，向缴款义务人开具的收（缴）款凭证。非税收入票据是单位财务收支的法定凭证和会计核算的原始凭证，是财政、审计、监察等部门和非税收入管理机构进行监督检查的重要依据。基本格式见图 2–20。

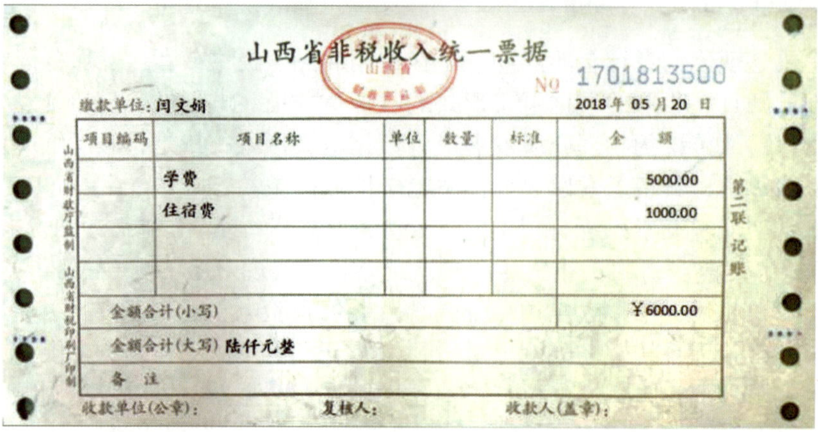

山西省非税收入统一票据

№ 1701813500

缴款单位：闫文娟　　2018年05月20日

项目编码	项目名称	单位	数量	标准	金额
	学费				5000.00
	住宿费				1000.00
金额合计(小写)					¥6000.00
金额合计(大写) 陆仟元整					
备注					

收款单位(公章)：　复核人：　收款人(盖章)：

第二联 记账

山西省财政厅监制

图 2-20　非税收入票据

（2）行政事业单位资金往来结算票据

行政事业单位资金往来结算票据是指国家机关、事业单位、社会团体、经法律法规授权的具有管理公共事务职能的其他组织机构发生暂收、代收和单位内部资金往来结算等经济活动时开具的凭证。资金往来结算票据是会计核算的原始凭证，是财政、税务、审计、监察等部门进行监督检查的依据。基本格式见图 2-21。

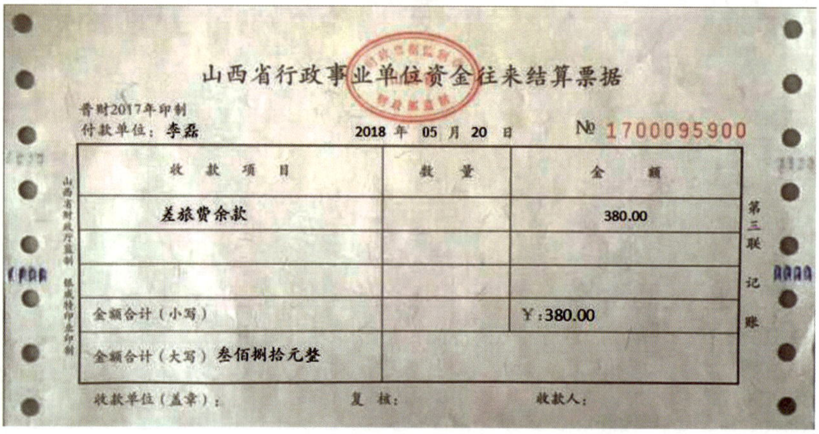

山西省行政事业单位资金往来结算票据

晋财2017年印制

付款单位：李磊　　2018年05月20日　　№ 1700095900

收款项目	数量	金额
差旅费余款		380.00
金额合计（小写）		¥:380.00
金额合计（大写）叁佰捌拾元整		

收款单位（盖章）：　复核：　收款人：

第三联 记账

山西省财政厅监制

图 2-21　行政事业单位资金往来结算票据

3）内部收据

内部收据一般用于单位内部职能部门与职工之间的现金往来以及与外部单位和个人之间的非经营性资金往来，如职工向单位交纳的水电费、房租等。内部收据一般由单位根据自己的需要设计印制或向商店购买，无需到税务部门领购。但需要注意的是，企业支付款项收到的内部收据是不可以进行账务处理的，必须取得正式收据，否则视为白条。基本格式见图 2-22。

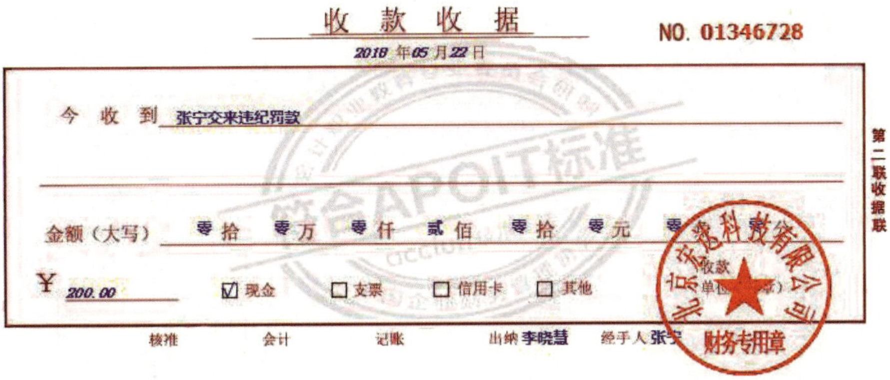
收　款　收　据

NO. 01346728

2018 年 05 月 22 日

今收到	张宁交来违纪罚款
金额（大写）	零拾 零万 零仟 贰佰 零拾 零元 零
¥ 200.00	☑现金　□支票　□信用卡　□其他　收款单位（盖章）

核准　会计　记账　出纳 李晓慧　经手人 张宁

第二联收据联

北京宏达科技有限公司 财务专用章

图 2-22　内部收款收据

4. 现金收入业务流程

出纳人员在处理现金收入业务时，一般都要涉及原始凭证的填制和审核、记账凭证的填制和审核、现金收付及库存现金日记账的登记。现金收款业务流程见图 2-23。

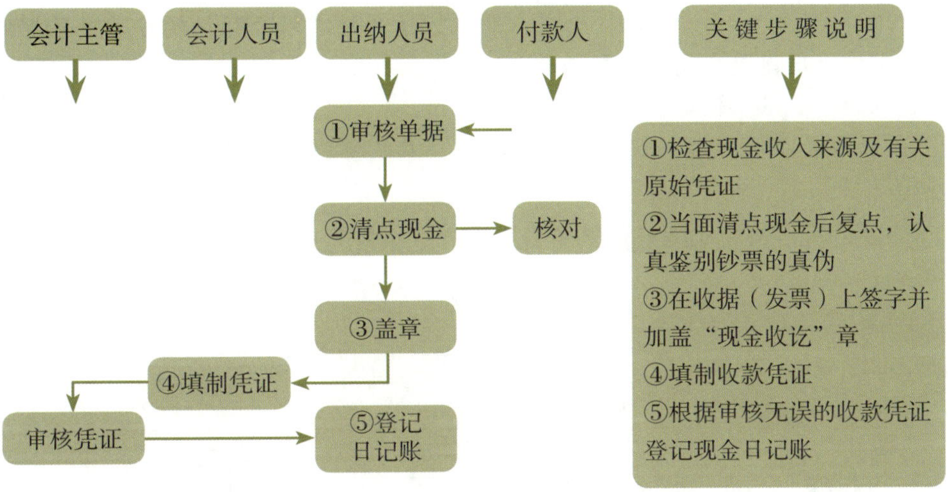

图 2-23　现金收款业务流程

5. 现金收入业务办理

【任务案例 2-3】2018 年 5 月 17 日，北京宏达科技有限公司对外零售移动电源 20 个，每个 150 元，共计 3 000 元，增值税税率为 16%，对方用现金支付款项。

李晓慧做了如下工作：

（1）根据开票员开具的增值税专用发票（见图 2-14）收款并在收款收据会计联加盖现金收讫章。

（2）将增值税专用发票记账联及收款收据会计联交制单会计周明编制现金收款凭证（见图 2-24）。

收　款　凭　证

收字第 001 号

借方科目：库存现金　　2018 年 05 月 17 日

摘要	对方科目		借或贷	金额										√
	总账科目	明细科目		千	百	十	万	千	百	十	元	角	分	
销售商品	主营业务收入		贷					3	0	0	0	0	0	
	应交税费	应交增值税（销项税额）	贷						4	8	0	0	0	
合　计							¥	3	4	8	0	0	0	

附单据 2 张

会计主管：　记账：王敏杰　出纳：李晓慧　复核：王敏杰　制单：周明

图 2-24　收款凭证

（3）根据审核无误的现金收款凭证登记库存现金日记账（见图 2-45）。

【任务案例 2-4】5 月 22 日，北京宏达科技有限公司出纳员李晓慧收到职工张宁违反规定交纳的罚款 200 元。

李晓慧做了如下工作：

（1）收取款项并开具一式三联收款收据，在收据联加盖财务专用章后交张宁（见图 2-22）。

（2）将收款收据会计联加盖现金收讫章后，交制单会计周明编制现金收款凭证（见图 2-25）。

收　款　凭　证

收字第 002 号

借方科目：库存现金　　2018 年 05 月 22 日

摘要	对方科目		借或贷	金额										√
	总账科目	明细科目		千	百	十	万	千	百	十	元	角	分	
收违纪罚款	营业外收入		贷						2	0	0	0	0	
合　计								¥	2	0	0	0	0	

附单据 1 张

会计主管：　记账：王敏杰　出纳：李晓慧　复核：王敏杰　制单：周明

图 2-25　收款凭证

（3）根据审核后的现金收款凭证登记库存现金日记账（见图 2-45）。

【任务案例 2–5】2018 年 5 月 22 日，北京宏达科技有限公司出租包装物一批，李晓慧收到承租方交来的包装物押金 560 元。

李晓慧做了如下工作：

（1）收取款项并根据业务内容开具收款收据，在收据联加盖财务专用章后交王力泽（见图 2–26）。

收　款　收　据

2018 年 05 月 22 日　　　　NO. 01346733

今　收　到：王力泽

交　来：出租包装物押金　　现金收讫

金额（大写）零 佰 零 拾 零 万 零 仟 伍 佰 陆 拾 零 元 零 角 零 分

¥ 560.00　　☑ 现金　□ 支票　□ 信用卡　□ 其他　　收款单位（盖章）　北京宏达科技有限公司 财务专用章

第三联交财务

核准　　会计　　记账　　出纳 李晓慧　　经手人 王力泽

图 2–26　收款收据

（2）将收款收据会计联加盖现金收讫章后，交制单会计周明编制现金收款凭证（见图 2–27）。

收　款　凭　证

收字第 003 号

借方科目：库存现金　　　　2018 年 05 月 22 日

摘　要	对方科目：总账科目	对方科目：明细科目	借或贷	金额（千百十万千百十元角分）	√
收出租包装物押金	其他应付款	存入保证金	贷	56000	
合　计				¥56000	

附单据 1 张

会计主管：　　记账：王敏杰　　出纳：李晓慧　　复核：王敏杰　　制单：周明

图 2–27　收款凭证

（3）根据审核无误的收款凭证登记库存现金日记账（见图 2–45）。

任务 2.4　现金支出业务办理

现金支出是指在生产经营过程中，企业为获得另一项资产或者清偿债务时所发生的现金流出。企业必须按照《现金管理暂行条例》规定的范围办理现金支出业务，出纳人员进行现金支出管理时，应严格按照支出原则和有关的规章制度审核付款凭证，按程序办理付款手续，及时发现并解决有关问题，保证现金支出的安全。

1. 现金支出内容

（1）工资。按照国家有关规定，工资总额应包括计时或计件工资、奖金、津贴、补贴、加班加点工资。

（2）差旅费报销。单位工作人员因公出差需借支差旅费，应先到财务部门领取并填写借款单，将借款单所列内容填写完整，然后送所在部门领导和有关部门人员审查签字。出纳人员根据自己的职权范围，审核无误后给予现金支付。出差人员回来后，持各种原始凭证至出纳人员处依照规定进行报销。

（3）零星采购费用。单位内部有关人员根据生产经营需要进行零星物品采购发生的费用，可持原始凭证到出纳处，出纳人员认真审核这些开支是否符合有关规定、是否有有关人员或部门批准后予以报销。

（4）备用金支出。根据备用金管理制度，备用金的核算分为定额备用金和非定额备用金。定额备用金就是企业的会计部门协同使用备用金的单位，根据日常零星开支的需要，事先核算备用金定额。使用备用金的单位填制借款单一次性领出现金，报销时由会计部门根据审核后的报销凭证，用现金补足备用金定额。非定额备用金是指满足临时性需要而暂付给有关部门和个人现金，事后经批准实报实销。

（5）其他支出。其他支出一般包括以下内容：根据国务院有关规定颁布的创造发明奖、支付的合理化建议和技术进步奖金；有关劳动保险和职工福利费，离、退休人员待遇，劳动保护各项支出；稿费、讲课费及其他专门工作报酬。如出差伙食补助费，误餐补助，调动工作的差旅费和安家费，对购买本企业股票和债券的职工所支付的股息，劳动合同制职工解除劳动合同时由企业支付的医疗补助费、生活补助费等都属于其他支出。

企业现金的支出内容见图 2-28。

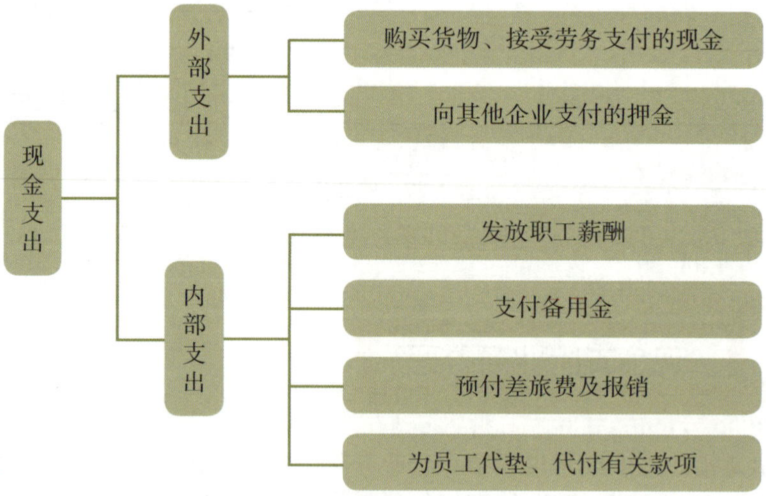

图 2-28　现金的支出内容

2. 现金支出管理原则

现金支出管理原则如下：

（1）出纳与会计岗位必须分设，相互制约。

（2）出纳办理现金支出业务，必须取得或填制合法的原始凭证；原始凭证经单位法人或有授权权限的人员签字批准，由领款人或经手人签名。

（3）支付现金的原始凭证，必须由稽核人员或会计主管人员进行复核后方可支付现金。

（4）出纳清点付出的现金，必须由其他会计人员进行复点后当面交给领款人；在付款后，出纳应在付款的原始凭证上加盖“现金付讫”戳记。

（5）支付现金后，出纳应当依据原始凭证所涉及的经济业务事项的内容，及时填制付款凭证，并登记库存现金日记账。库存现金日记账每日都应当进行结账。

（6）严格执行现金清查盘点制度，保证现金安全、完整。出纳人员每天盘点现金实有数，与库存现金日记账的账面余额核对，保证账实相符。单位会计主管人员必须定期或不定期地安排人员对现金进行清查盘点，及时发现或防止差错和挪用、贪污、盗窃等不法行为的发生。如果出现长短款，必须及时查找原因。

3. 现金付款原始凭证

现金付款业务的原始凭证分为外来原始凭证和自制原始凭证，外来原始凭证是由于向外购货或接受劳务、服务而由供货方或提供劳务、服务方填写的原始凭证，如购货接收的发票，乘坐车、船、飞机的车票、船票和飞机票等。

自制原始凭证则是在发生付款业务时由本单位统一制作或外购并填开的原始凭证。常见的付款业务原始凭证主要有以下几种：工资表、报销单、借款单、领款单、差旅费报销单。

1）工资表

工资表是各单位按月向职工支付工资的原始凭证。出纳人员按每个员工的工资数计算工资总额，通过银行办理，并附以工资发放清单。工资结算汇总表见图 2-29。

工资结算汇总表

编制单位：北京宏达科技有限公司　　2018年05月31日　　金额单位：元

部门		短期薪酬	代扣工资							实发金额
		应付工资	三险一金基数	养老保险	失业保险	医疗保险	住房公积金	个人所得税	小计	
				8.00%	0.50%	2.00%	10.00%			
生产车间	生产工人	88130.00	85500.00	6840.00	427.50	1710.00	8550.00	0.30	17527.80	70602.20
	管理人员	19790.00	19000.00	1520.00	95.00	380.00	1900.00	233.61	4128.61	15661.39
管理部门		14760.94	14500.00	1160.00	72.50	290.00	1450.00	442.52	3415.02	11345.92
销售部门		8840.00	8580.00	686.40	42.90	171.60	858.00	5.47	1764.37	7075.63
合计：		131520.94	127580.00	10206.40	637.90	2551.60	12758.00	681.90	26835.80	104685.14

审核：段丽婷　　制单：高璐红

图 2-29　工资结算汇总表

2）报销单

报销单是各单位内部有关人员为单位购买零星物品，按受外单位或个人劳务或服务而办理报销业务，以及单位职工报销办公费、托补费等使用的单据（见图 2-30）。

报 销 单

填报日期：2018 年 05 月 25 日　　　　单据及附件共 1 张

姓名	许鹏	所属部门	销售部	报销形式	现金	
				支票号码		
报销项目		摘要		金额		备注：
职工福利费		支付幼儿保教费		300.00		
合计				¥300.00		
金额大写：零拾 零万 零仟 叁佰 零拾 零元 零角 零分				原借款：0.00元		应退(补)款：300.00元

总经理：赵明轩　财务经理：刘志俊　部门经理：张辉　会计：周明　出纳：李晓慧　报销人：许鹏

图 2-30　幼儿管理费报销单（保教费发票略）

3）借款单

借款单一般适用于单位内部所属机构为购买零星办公用品或职工因公出差等原因向出纳员借款等情况。借款单的格式有多种，下面介绍其中的一种（见图 2-31）。

借 款 单　　现金付讫

2018 年 05 月 25 日

借款部门	销售部	姓名	郭浩南	事由	去广州参加展销会		
借款金额：人民币(大写)	零万 肆仟 零佰 零拾 零元 零角 零分				¥ 4,000.00		
领导审批	同意	财务审批	同意	部门审批	同意	出纳付款	李晓慧
借款人	郭浩南			备注			

图 2-31　借款单

4）领款单

领款单是本单位职工向单位领取各种非工资性奖金、津贴、补贴、劳务费和其他各种现金款项及其他单位或个人向本单位领取劳务费、服务费时填制的作为付款凭证的凭证（见图 2-32）。

北京宏达科技有限公司补助单

申请人	王新明	补助原因	生活困难
申请金额	1000		
部门意见	同意按规定支付 生活困难补助 1000 元 张志刚 2018 年 5 月 30 日	现金付讫	今收到生活困难补助 人民币壹仟元整 收款人：王新明 2018 年 5 月 31 日
工会意见	同意 李华东 2018 年 5 月 30 日	代收据	

图 2-32　补助单

5）差旅费报销单

差旅费报销单是单位职工出差回来报销时所填写的一种汇总原始凭证，后附报销的相关原始单据（见图 2-33）。

差 旅 费 报 销 单

填报日期　2018 年　05 月 31　日　　　　第　　页共　　页

姓名	郭浩南	出差地点	广州	出差事由	参加展销会	出差日期	自2018年 05 月 26 日 自2018年 05 月 30 日	共 5 天

出差起止地点	车船机票费				夜间乘车补助费			出差补助费			住宿费	其他费用		结算情况	
	飞机	火车	电汽车		车票金额	标准	补助金额	天数	标准	金额		项目	金额		
太原—广州	920													原借	4000
广州								5	120	600	1200			报销	3810
广州—太原	1090										现金付讫			退还	190
小计	2010									600	1200			补领	

附单据共 3 张

合计报销金额(大写)　人民币叁仟捌佰壹拾元整　　¥ 3810.00

单位(部门)主管　赵明轩　　财务主管　刘志俊　　审核　周明　　出差人　郭浩南

图 2-33　差旅费报销单

小提示

从外单位取得的原始凭证如有遗失怎样处理？

从外单位取得的原始凭证如有遗失，应当取得原开出单位盖有公章的证明，并注明原来凭证的号码、金额和内容等，由经办单位会计机构负责人、会计主管人员和单位领导人批准后，才能代作原始凭证。如果确实无法取得证明的，如火车票、船票、飞机票等凭证，由当事人写明详细情况，由经办单位会计机构负责人、会计主管人员和单位领导人批准后，代作原始凭证。

4. 现金支出业务流程

出纳人员办理现金支出业务时，其依据主要是发票、非经营性收据、往来收据，以及内部结算使用的工资表、借款审批单等。出纳人员应当按照原始凭证的审查要求，仔细复核，并按规定程序办理支出事宜。现金付款业务流程见图 2–34。

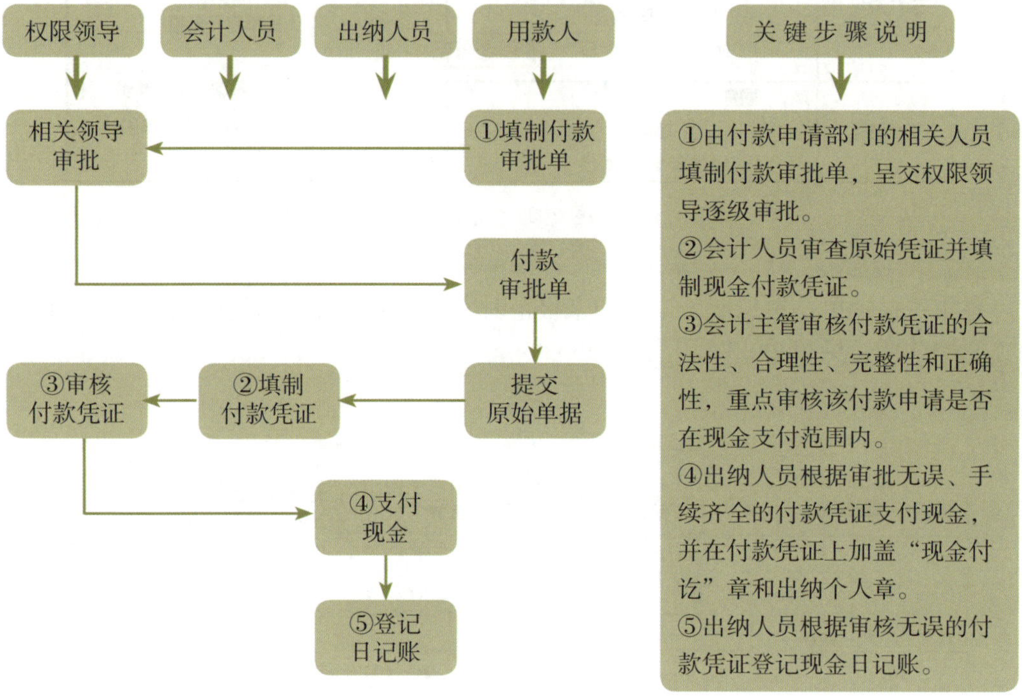

图 2–34　现金付款业务流程

5. 现金支出业务办理

【任务案例 2–6】2018 年 5 月 25 日，职工许鹏持审批后的幼儿管理费报销单到财务部门报销，李晓慧以现金付讫。

李晓慧所做的业务处理如下：

（1）将幼儿管理费报销单（见图 2–30）交制单会计周明审核后编制现金付款凭证（见图 2–35）。

（2）对付款凭证及所附原始凭证审核后支付现金，并在报销单上加盖“现金付讫”章。

（3）根据审核无误的付款凭证登记库存现金日记账（见图 2–45），并将会计凭证交相关会计人员登记总账及相关明细账。

【任务案例 2–7】2018 年 5 月 25 日，职工郭浩南持审批后的借款单向财务部门预借差旅费 4 000 元，李晓慧以现金付讫。

相关账务处理如下：

（1）制单会计周明对借款单（见图 2–31）审核后编制付款凭证（见图 2–36）。

付　款　凭　证

付字第 003 号

贷方科目：库存现金　　　　2018 年 05 月 25 日

摘　要	对方科目 总账科目	对方科目 明细科目	借或贷	金额（千百十万千百十元角分）	√
报销幼儿管理费	应付职工薪酬	职工福利	借	30000	
合　计				¥30000	

附单据 1 张

会计主管：　　记账：王敏杰　　出纳：李晓慧　　复核：王敏杰　　制单：周明

图 2-35　现金付款凭证

付　款　凭　证

付字第 004 号

贷方科目：库存现金　　　　2018 年 05 月 25 日

摘　要	对方科目 总账科目	对方科目 明细科目	借或贷	金额（千百十万千百十元角分）	√
付差旅费借款	其他应收款	郭浩南	借	400000	
合　计				¥400000	

附单据 1 张

会计主管：　　记账：王敏杰　　出纳：李晓慧　　复核：王敏杰　　制单：周明

图 2-36　付款凭证

（2）李晓慧根据现金付款凭证及所附原始凭证支付现金，并在借款单上加盖“现金付讫”章。

（3）李晓慧根据审核无误的付款凭证登记库存现金日记账（见图 2-45），并将会计凭证交相关会计人员登记总账及相关明细账。

小思考

承【任务案例 2-7】郭浩南出差归来持领导审批的差旅费报销单（原始凭证见图 2-33）到财务处报销，如果你是出纳员李晓慧和制单会计周明应做哪些工作，办理哪些业务？假如郭浩南出差借款为 3 000 元，又该如何处理？

【任务案例 2-8】2018 年 5 月 31 日，李晓慧从银行提取现金发放职工工资。相关业务处理如下：

（1）根据工资结算汇总表（见图 2-29）填制现金支票（假定支付密码器生成的支付密码为 2872 2057 1108 3002），从银行提取现金。

（2）将现金支票存根交制单会计周明编制银行存款付款凭证（见图 2-37）。

付 款 凭 证

付字第 005 号

贷方科目：银行存款　　2018 年 05 月 31 日

摘 要	对方科目：总账科目	对方科目：明细科目	借或贷	金额（千百十万千百十元角分）	√
提现备发工资	库存现金		借	10468514	
合 计				¥10468514	

附单据 1 张

会计主管：　记账：王敏杰　出纳：李晓慧　复核：王敏杰　制单：周明

图 2-37　付款凭证

（3）将工资结算汇总表（见图 2-29）交制单会计周明审核并编制现金付款凭证（见图 2-38）。

付 款 凭 证

付字第 006 号

贷方科目：库存现金　　2018 年 05 月 31 日

摘 要	对方科目：总账科目	对方科目：明细科目	借或贷	金额（千百十万千百十元角分）	√
发放工资	应付职工薪酬	短期薪酬（工资）	借	10468514	
合 计				¥10468514	

附单据 1 张

会计主管：　记账：王敏杰　出纳：李晓慧　复核：王敏杰　制单：周明

图 2-38　付款凭证

（4）根据审核后的付款凭证支付工资并登记库存现金日记账（见图 2-45）。

小思考

根据北京宏达科技有限公司的工资结算汇总表（见图2-29），该公司应付工资131 520.94元，实发工资104 685.14元，应付工资与实发工资之间的差额26 835.80元该如何处理？谁来处理？

任务2.5 现金保管与清查

1. 现金保管

现金是流动性最强的资产，无需转变即可使用，因而现金是犯罪分子谋取的最直接目标。各单位应建立健全现金保管制度，防止由于制度不严、工作疏忽而给犯罪分子以可乘之机，从而给国家和单位造成损失。

现金保管制度一般应包括如下内容：

（1）超过库存限额的现金应在下班前送存银行。

（2）为加强对现金的管理，除工作时间需要的小量备用金可放在出纳员的抽屉内，其余则应放入出纳专用的保险柜内，不得随意存放。

（3）限额内的库存现金当日核对清楚后，一律放在保险柜内，不得放在办公桌内过夜。

（4）单位的库存现金不准以个人名义存入银行，以防止有关人员利用公款私存取得利息收入，也要防止单位利用公款私存形成账外小金库。银行一旦发现公款私存，可以对单位处以罚款，情节严重的，可以冻结单位现金支付。

（5）库存现金，包括纸币和铸币，应实行分类保管。各单位的出纳员对库存票币分别按照纸币的票面金额和铸币的币面金额，以及整数(即大数)和零数(即小数)分类保管。

纸币一定要打开铺平存放，并按照纸币的票面金额，以每一百张为一把，每十把一捆扎好。凡是成把、成捆的纸币即为整数，均应放在保险柜内保管，随用随取；凡不成把的零散纸币，也要按照票面金额，每十张为一扎，分别用曲别针别好，放在传票箱内或抽屉内，一定要存放整齐，秩序井然。

铸币也是按照币面金额，以每一百枚为一卷，每十卷为一捆，同样将成捆、成卷的铸币放在保险柜内保管，随用随取；不成卷的铸币，应按照不同币面金额，分别存放在特别的卡数器内。

2. 现金清查

现金清查是为了确保现金的安全，除了企业实行钱账分管制度外，出纳员还应在每日和每月终了时根据日记账的合计数，结出库存现金余额，并与库存现金实有数核对，必须做到账款相符。会计主管应随机抽查盘点出纳的库存现金，加强监督。

现金清查采用突击盘点，预先不通知出纳员，以防预先做手脚，盘点时间最好是当天业务没有开始或当天业务结束，出纳员截止清查时现金收付款项应全部登记入账，并结出账面余额，以免干扰日常业务。清查时，出纳员应始终在场，并给予积极配合。清查结束，应由清查人填制“库存现金盘点表”（见图 2–39），填列账存、实存以及溢余或短缺金额，并说明原因，报有关部门或负责人进行处理。

库存现金盘点表

2018 年03 月31 日　　编号 *0831*

账存金额	实存金额	盘盈	盘亏	备注
3480	3430		50	

监盘人（签章）：刘志俊　　盘点人（签章）：周　明

处理意见：出纳工作失误所致，由其负责赔偿。

图 2–39　库存现金盘点表

3. 现金清查业务办理

【任务案例 2–9】2018 年 5 月 31 日，李晓慧在下班前盘点库存现金，发现库存现金比账面余额少 50 元。经查明，此系出纳员李晓慧自己的责任，应由其赔偿，李晓慧当即交回赔款。

李晓慧做了如下工作：

（1）填制库存现金盘点表（见图 2–39）并报主管领导审批。

（2）将库存现金盘点表交制单会计周明审核并编制付款凭证（见图 2–40）。

付　款　凭　证

付字第 007 号

贷方科目：*库存现金*　　*2018* 年 *05* 月 *31* 日

摘要	对方科目		借或贷	金额										√
	总账科目	明细科目		千	百	十	万	千	百	十	元	角	分	
发现现金短款	待处理财产损溢		借							5	0	0	0	□
														□
														□
														□
														□
														□
合计									¥	5	0	0	0	□

附单据 1 张

会计主管：　记账：王敏杰　出纳：李晓慧　复核：王敏杰　制单：周明

图 2–40　付款凭证

（3）按处理意见收款后，开具收款收据（见图 2–41）。

（4）将收据交制单会计周明审核并编制现金收款凭证（见图 2–42）。

（5）根据审核无误的收款凭证登记库存现金日记账（见图 2–45）。

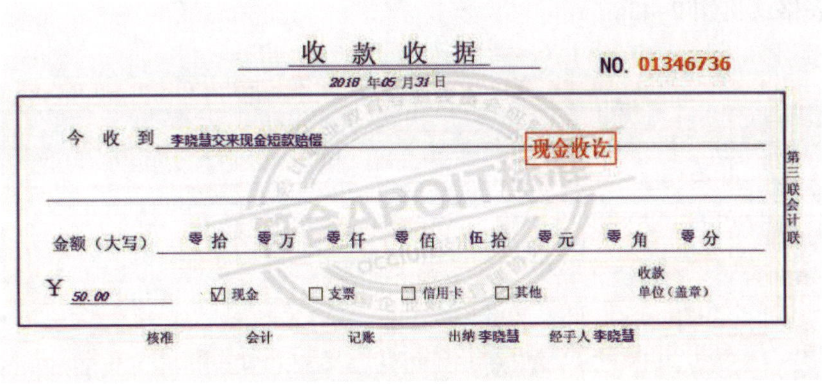

收　款　收　据　　NO. 01346736

2018 年 05 月 31 日

今　收　到　李晓慧交来现金短款赔偿　　现金收讫

金额（大写）　零拾　零万　零仟　零佰　伍拾　零元　零角　零分

¥ 50.00　☑现金　□支票　□信用卡　□其他　收款单位（盖章）

核准　会计　记账　出纳 李晓慧　经手人 李晓慧

第三联会计联

图 2-41　收款收据

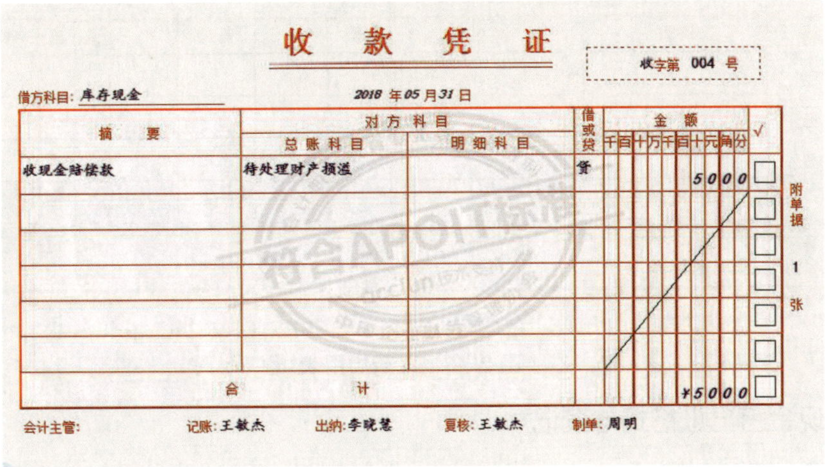

收　款　凭　证　　收字第 004 号

借方科目：库存现金　　2018 年 05 月 31 日

摘　要	对方科目：总账科目	对方科目：明细科目	借或贷	金额	√
收现金赔偿款	待处理财产损溢		贷	5000	
合　计				¥5000	

附单据 1 张

会计主管：　记账：王敏杰　出纳：李晓慧　复核：王敏杰　制单：周明

图 2-42　收款凭证

任务 2.6　库存现金日记账登记

库存现金日记账是用来逐日反映库存现金收入、付出及结余情况的特种日记账。它是由单位出纳人员根据审核无误的现金收、付款凭证和从银行提现的银行存款付款凭证逐笔进行登记的。为了确保账簿的安全、完整，库存现金日记账必须采用订本式账簿。

1. 库存现金日记账启用

库存现金日记账是各单位重要的经济档案之一，为保证账簿使用的合法性，明确经济责任，防止舞弊行为，保证账簿资料的完整和便于查找，各单位在启用时，首先要按规定内容逐项填写账簿启用表和账簿目录表。在账簿启用表中，应写明单位名称、账簿名称、账簿编号和启用日期；在经管人员一栏中写明经管人员姓名、职别、接管或移交日期，由会计主管人员签名盖章，并加盖单位公章。在一本日记账中设置有两个以上现金账户的，应在第二页“账户目录表”中注明各账户的名称和页码，以方便登记和核查。

账簿启用表格式见图 2-43。

账簿启用及交接表

机构名称		印鉴
账簿名称	（第 册）	
账簿编号		
账簿页数	本账簿共计 页（本账簿页数 检点人盖章 ）	
启用日期	公元 年 月 日	

经管人员	负责人		主办会计		复核		记账	
	姓名	盖章	姓名	盖章	姓名	盖章	姓名	盖章

接交记录	经管人员		接管				交出			
	职别	姓名	年	月	日	盖章	年	月	日	盖章

备注	

图 2-43 账簿启用表

2. 库存现金日记账格式与登记

1）库存现金日记账格式

库存现金日记账一般有“三栏式”、“多栏式”和“收付分页式”三种。在实际工作中大多采用的是“三栏式”账页格式。“三栏式”账页是在同一张账页上分设“借方”、“贷方”和“余额”三栏。为了清晰地反映现金收付业务的具体内容，在“摘要”栏后，还应专设“对方科目”栏，登记对方科目名称。其格式见图 2-44。

库存现金日记账 第____页

年		凭证		摘要	借方											贷方											余额											核对
月	日	种类	号数		亿	千	百	十	万	千	百	十	元	角	分	亿	千	百	十	万	千	百	十	元	角	分	亿	千	百	十	万	千	百	十	元	角	分	
																																						□
																																						□
																																						□
																																						□
																																						□
																																						□
																																						□
																																						□

图 2-44 库存现金日记账格式

2）库存现金日记账登记要求

（1）根据复核无误的收、付款记账凭证记账。现金出纳人员在办理收、付款时，应当对收款凭证和付款凭证进行仔细的复核，并以经过复核无误的收、付款记账凭证和其所附原始凭证作为登记库存现金日记账的依据。如果原始凭证上注明“代记账凭证”字样，经有关人员签章后，也可作为记账的依据。

（2）所记载的内容必须同会计凭证相一致，不得随便增减。每一笔账都要记明记账凭证的日期、编号、摘要、金额和对应科目等。经济业务的摘要不能过于简略，应以能够清楚地表述业务内容为度，便于事后查对。日记账应逐笔分行记录，不得将收款凭证和付款凭证合并登记，也不得将收付款相抵后以差额登记。登记完毕，应当逐项复核，复核无误后在记账凭证上的“账页”一栏内填写“过账”符号“√”，表示已经登记入账。

（3）逐笔、序时登记日记账，做到日清月结。为了及时掌握现金收、付和结余情况，库存现金日记账必须当日账务当日记录，并于当日结出余额；有些现金收、付业务频繁的单位，还应随时结出余额，以掌握收、支计划的执行情况。

（4）必须连续登记，不得跳行、隔页，不得随便更换账页和撕去账页。库存现金日记账采用订本式账簿，其账页不得以任何理由撕去，作废的账页也应留在账簿中。在一个会计年度内，账簿尚未用完时，不得以任何借口更换账簿或重抄账页。记账时必须按页次、行次、位次顺序登记，不得跳行或隔页登记，如不慎发生跳行、隔页时，应在空页或空行中间划线加以注销，或注明“此行空白”“此页空白”字样，并由记账人员盖章，以示负责。

（5）文字和数字必须整洁清晰，准确无误。在登记书写时，不要滥造简化字，不得使用同音异义字，不得写怪字体；摘要文字紧靠左线；数字要写在金额栏内，不得越格错位、参差不齐；文字、数字字体大小适中，紧靠下线书写，上面要留有适当空距，一般应占格宽的二分之一，以备按规定的方法改错。记录金额时，如为没有角、分的整数，应分别在角、分栏内写上“0”，不得省略不写，或以“—”号代替。阿拉伯数字一般可自左向右适当倾斜，以使账簿记录整齐、清晰。为防止字迹模糊，墨迹未干时不要翻动账页；夏天记账时，可在手臂下垫一块软质布或纸板等书写，以防汗浸。

（6）使用钢笔，以蓝、黑色墨水书写，不得使用圆珠笔（银行复写账簿除外）或铅笔书写。但按照红字冲账凭证冲销错误记录及会计制度中规定用红字登记的业务可以用红色墨水记账。

（7）每一账页记完后，必须按规定转页。为便于计算了解日记账中连续记录的累计数额，并使前后账页的合计数据相互衔接，在每一账页登记完毕结转下页时，应结出当月发生额合计数及余额，写在本页最后一行和下页第一行的有关栏内，并在“摘要”栏注明“过次页”和“承前页”字样。也可以在本页最后一行用铅笔字结出发生额合计数和余额，核对无误后，用蓝、黑色墨水在下页第一行写出上页的发生额合计数及余额，在“摘要”栏内写上“承前页”字样，不再在本页最后一行写“过次页”的发生额和余额。

（8）库存现金日记账必须逐日结出余额，每月月末必须按规定结账。正常情况下库存现金不允许出现贷方余额（或红字余额），因此，库存现金日记账余额栏前未印有借贷方向，其余额方向默认为借方。若在登记库存现金日记账过程中，由于登账顺序等特殊原因出现了贷方余额，则在余额栏用红字登记，表示贷方余额。

（9）记录发生错误时，必须按规定方法更正。为了提供在法律上有证明效力的核算资料，保证日记账的合法性，账簿记录不得随意涂改，严禁刮、擦、挖、补，或使用化学药物清除字迹。发现差错必须根据差错的具体情况采用划线更正、红字更正、补充登记等方法更正。

3）库存现金日记账登记方法

（1）日期。“日期”栏中填入的应为据以登记账簿的会计凭证上的日期，库存现金日记账一般依据记账凭证登记，因此，此处日期为编制该记账凭证的日期。不能填写原始凭证上记载的发生或完成该经济业务的日期，也不是实际登记该账簿的日期。

（2）凭证字号。“凭证字号”栏中应填入据以登账的会计凭证类型及编号。如企业采用通用凭证格式，根据记账凭证登记库存现金日记账时，填入“记 × 号”；企业采用专用凭证格式，根据现金收款凭证登记库存现金日记账时，填入“收 × 号”。

（3）摘要。“摘要”栏简要说明入账的经济业务的内容，力求简明扼要。

（4）对应科目。“对应科目”栏应填入会计分录中“库存现金”科目的对应科目，用以反映库存现金增减变化情况。在填写对应科目时，应注意以下三点：

第一，对应科目只填写总账科目，无须填写明细科目；

第二，当对应科目有多个时，应填入主要对应科目，如销售产品收到现金，则“库存现金”的对应科目有“主营业务收入”和“应交税费”，此时可在“对应科目”栏中填入“主营业务收入”，在“借方金额”栏中填入取得的现金总额，而不能将一笔现金增加业务拆分成两个对应科目金额填入两行；

第三，当对应科目有多个且不能从科目上划分出主次时，可在“对应科目”栏中填入其中金额较大的科目，并在其后加上“等”字。

（5）借方、贷方。“借方金额”栏、“贷方金额”栏应根据相关凭证中记录的“库存现金”科目的借贷方向及金额记入。

（6）余额。“余额”栏应根据“本行余额 = 上行余额 + 本行借方 − 本行贷方”公式计算填入。

3. 库存现金日记账登记业务办理

【任务案例 2-10】 李晓慧根据 2018 年 5 月份的现金和银行存款收款、付款凭证登记库存现金日记账（见图 2-45）。

李晓慧做了如下工作：

（1）按照经济业务发生的时间顺序，根据收款、付款凭证逐日、逐笔、序时登记日记账。

（2）每日结出余额，做到日清月结。

（3）月末划线结账（手工账）。

库存现金日记账　　　　第 1 页

2018年 月	日	凭证 种类	号数	摘要	借方（亿千百十万千百十元角分）	贷方（亿千百十万千百十元角分）	余额（亿千百十万千百十元角分）	核对
05	01			月初余额			488900	□
05	14	付	001	将现金存入银行		186700	302200	□
05	14			本日合计		186700	302200	□
05	16	付	002	提现备用	350000		652200	□
05	16			本日合计	350000		652200	□
05	17	收	001	销售商品	348000		1000200	□
05	17			本日合计	348000		1000200	□
05	22	收	002	收违纪罚款	20000		1020200	□
05	22	收	003	收出租包装物押金	56000		1076200	□
05	22			本日合计	76000		1076200	□
05	25	付	003	报销幼儿管理费		30000	1046200	□
05	25	付	004	付差旅费借款		400000	646200	□
05	25			本日合计		430000	646200	□
05	31	付	005	提现发放工资	10468514		11114714	□
05	31	付	006	发放工资		10468514	646200	□
05	31	付	007	发现现金短款		5000	641200	□
05	31	收	004	收到现金赔偿款	5000		646200	□
05	31			本日合计	10473514	10473514	646200	□
05	31			本月累计	11247514	11090214	646200	□
								□

图 2-45　库存现金日记账

能力充电宝

大学同学小张约李晓慧一起逛街，她们逛着逛着就聊起了工作中的事。

小张一脸不屑地说道：“我们公司有一个出纳真的‘好菜’，现金多了一点，她就自己拿着，少了一点怕主管骂就自己补上。上次她可惨啦，少了整整 3 000 元，实在没法补了，如果补了这个月就相当于白干了，只好说出来了。结果一查她所有的账，发现没有一个月的账是平的。”

小任务

李晓慧听完之后很是惊讶：“她怎么那么笨，长了短了都要清查呀，实在查不了的作为待处理财产损溢，等候上级审批，看怎么处理，这些都是课本上学过的呀。”

学过的会计知识却不知道如何在实际工作中运用，才出现上面对话中出纳人员错误的工作方式。

（1）你知道长短款产生的原因吗？

（2）你能恰当地处理该小任务中提及的长短款情况吗？

职业判断与职业能力测试

职业判断测一测

单项选择题

1. 下列项目中允许使用现金的是（　　）。

A. 购买非专利技术 10 000 元　　B. 从某公司购买原材料 5 000 元

C. 支付企业水电费 4 000 元　　D. 向个人收购农副产品 12 000 元

2. 下列不符合现金管理内部控制制度的是（　　）。

A. 出纳员登记库存现金日记账　　B. 出纳员负责稽核

C. 出纳员每日盘点现金　　D. 出纳员管理现金

3. 王珊报销差旅费 3 000 元，退回现金 1 200 元，结清原借款，该笔业务应计入管理费用的金额是（　　）元。

A.3 000　　B.1 200

C.1 800　　D.4 200

4. 下列说法中正确的是（　　）。

A. 企业收入现金可以存入个人账户

B. 企业可以在本单位的现金收入中直接支付

C. 企业现金收入应于当月送存开户银行

D. 超过库存限额的现金应在下班前送存银行

5. 库存现金日记账的账页格式是（　　）。

A. 多栏式　　B. 卡片式

C. 三栏式　　D. 数量金额式

6. 现金清查时发现现金短款应借记（　　）账户。

A. 库存现金　　B. 其他应收款

C. 营业外支出　　D. 待处理财产损溢

7. 将现金交存银行，登记库存现金日记账的依据是（　　）。

A. 现金收款凭证　　B. 现金付款凭证

C. 银行存款收款凭证　　D. 银行存款付款凭证

8. 库存现金日记账应由出纳人员根据收付款凭证逐日逐笔登记，（　　）结出余额与库存现金核对。

A. 定期　　B. 每日

C. 每 3～5 天　　D. 每月

9. 出纳人员在办理收款或付款后，应在（　　）上加盖“收讫”或“付讫”的戳记，以避免重收重付。

A. 原始凭证　　B. 记账凭证

C. 收款凭证　　D. 付款凭证

10. 下列选项中，不符合现金管理基本原则的是（　　）。

A. 钱账分管原则　　B. 收付合法原则

C. 日清月结原则　　D. 禁止坐支现金

11. 普通发票的基本联次是（　　）。

A. 二联　　B. 三联

C. 四联　　D. 五联

12. 支票的出票日期必须使用中文大写，如 3 月 15 日，要写成（　　）。

A. 叁月拾伍日　　B. 叁月零拾伍日

C. 零叁月零壹拾伍日　　D. 零叁月壹拾伍日

13.（　　）是商品交易、劳务供应的法定凭证，是会计核算的原始凭证，是税务稽查的重要依据。

A. 经济合同　　B. 发票

C. 财务预算　　D. 财务报表

14. 企业财务部门为了日常零星开支的需要，预付给企业内部各单位和职工个人备用的款项是（　　）。

A. 现金　　B. 应收账款

C. 备用金　　D. 货币资金

15. 对现金进行盘点时，盘点结果应编制的原始凭证是（　　）。

A. 盘存单　　B. 账存实存对比表

C. 银行对账单　　D. 库存现金盘点报告单

◆ 多项选择题

1. 采购员报销差旅费涉及的账户有（　　）。

A. 其他应收款　　B. 库存现金

C. 其他应付款　　D. 管理费用

2. 若企业库存现金实有数小于账面数 200 元，则导致该差错的原因可能有（　　）。

A. 库存现金出纳员多付库存现金　　B. 库存现金出纳员少收库存现金

C. 误将 100 元支出作为收入入账　　D. 误将 200 元支出作为收入入账

3. 下列说法中正确的有（　　）。

A. 单位应按规定收支和使用现金

B. 开户银行有权对其开户单位的现金收支进行监督

C. 国家鼓励开户单位在经济活动中采用转账结算方式，减少使用现金

D. 开户单位之间所有的经济往来，都必须通过开户银行进行转账结算

4. 根据《现金管理条例》的规定，下列说法中，正确的是（　　）。

A. 不准未经批准坐支现金　　B. 不准谎报用途套取现金

C. 不准违法留存现金　　D. 单位之间可以借用现金

5. 应在现金收、付款凭证上签字的有（　　）。

A. 制单人员　　B. 出纳人员

C. 审核人员　　D. 会计主管

6. 由出纳员负责登记和保管的账簿有（　　）。

A. 库存现金日记账　　B. 现金总账

C. 银行存款日记账　　D. 银行存款总账

7. 根据内部控制制度的要求，出纳人员不得经办的业务有（　　）。

A. 现金收付业务　　B. 收入、费用各类账目的登记

C. 债权债务类账目的登记　　D. 各项业务的稽核

8. 库存现金管理一般涉及（　　）三个方面。

A. 使用范围　　B. 限额

C. 使用权限　　D. 收支控制

9. 备用金的管理方式有（　　）。

A. 定额管理　　B. 专人管理

C. 预算管理　　D. 非定额管理

10. 企业以现金 20 000 元捐赠给灾区，所作会计分录为（　　）。

A. 借：库存现金　20 000　　B. 贷：库存现金　20 000

C. 借：管理费用　20 000　　D. 借：营业外支出　20 000

◆ 判断题

1. 我国的库存现金指的是人民币。（　　）

2. 将现金交存银行应填制银行存款收款凭证。（　　）

3. 企事业单位在需要库存现金开支时，可以从本单位的库存现金中支付，也可以从本单位的库存现金收入中直接支付。（　　）

4. 对库存现金进行日清月结是出纳员办理库存现金出纳工作的基本原则和要求，也是避免出现长短款的重要措施。（　　）

5. 出现库存现金短缺时，属于应由责任人赔偿的部分，借记“待处理财产损溢——待处理流动资产损溢”账户，贷记“其他应收款——应收库存现金短缺款”账户。（　　）

6. 现金清查时出纳人员不得在场，应回避。（　　）

7. 对实行定额备用金制度的企业，在账务处理上需设置“其他应收款——备用金”账户进行核算，也可单独设置“备用金”账户核算。（　　）

8. 现金清查后，如出现库存现金日记账账面余额和库存现金数额不符，应填写“现金盘点报告表”，并据以调整库存现金日记账的账面记录。（　　）

9. 各种收付款业务应集中到会计部门办理，任何部门和个人不得擅自出具收款或付款凭证。（　　）

10. 每日终了后，出纳员应将其使用的空白支票、银钱收据、印章、私人财物等放入保险柜内。（　　）

职业能力测一测

◇ 实训内容

（1）库存现金存款、取款业务办理。

（2）库存现金存收支业务办理。

（3）库存现金日记账的登记。

◇ 实训资料

山西华悦照明有限公司是一家专业从事 LED 灯研发、生产、销售及 LED 灯应用产品为主的高新技术企业，致力于 LED 室内照明及 LED 户外景观亮化照明领域，缔造 LED 照明第一品牌！该公司为一般纳税人，公司成立至今一直以高素质的研发队伍、先进的生产设备、全面的体制管理，为客户提供优质的产品和完善的服务。公司坚持以“产品是基础，质量是关键”为宗旨，先后通过了 ISO 9001 质量管理体系认证、ISO 14001 环境管理体系认证、ISO/TS 16949 质量管理体系认证等。

2018 年 5 月库存现金日记账期初余额为 3 405.70 元，5 月公司发生如下经济业务：

（1）2 日，将零星销售材料现金 1 530 元存入银行。其中面额 100 元的 9 张、50 元的 8 张、20 元的 4 张、10 元的 12 张、5 元的 6 张。

（2）4 日，张茹开具现金支票从银行提取备用金 3 500 元，以备非业务性零星支出，假定支付密码器生成的支付密码为 2872 4389 9118 4188。

（3）10 日，业务科科长王凯赴上海联系业务要求预借现金 5 000 元，财务人员审核无误后以现金付讫。

（4）15 日，王凯从上海出差归来报销差旅费。原始单据如下：飞机票 2 张，共计 2 875 元，住宿费、餐饮费发票 2 张，共计 1 990 元，本公司差旅费报销文件有关规定，科级干部出差伙食补助：会议不安排餐饮按 150 元 / 天计算、会议安排餐饮则实报实销，市内交通费按到达目的地后的实际天数以 40 元 / 天计算。

（5）20 日，行政科朱杰填制报销单报销电信增值服务费 212 元，以现金付讫。

（6）26 日，收到三环公司交来借用包装物押金 1 600 元，以现金收讫。

◇ 实训要求

（1）采用 1 人独立实训方式，由学生扮演公司出纳、业务员、办事员等身份填制现金收支业务的相关原始凭证。

（2）以会计李凡的身份对原始凭证审核后，选择正确的记账凭证进行填制，编号从 01 号开始，采用收、付、转 3 类编号法。

（3）以出纳张茹的身份根据收款、付款凭证及所附原始凭证登记库存现金日记账并结账。2018 年 4 月 30 日库存现金日记账余额为 3 405.70 元。

◇ 实训成果及评价

（1）填制完整、规范的收据、差旅费报销单，现金存款凭条、借款单、报销单和现金支票各 1 张。

（2）填制完整、规范的收款、付款、转账凭证 7 张。

（3）登记完整、规范的库存现金日记账 1 张。

学习效果评价

现金结算业务学习评价参考表见表 2–2。

表 2–2　　现金结算业务学习评价参考表

项目	评价标准	小组评价（30%）	小组互评（30%）	教师评价（40%）	小计
素养培养（30 分）	为人正直，办事公道，原则性强				
	具备团队意识，工作主动，执行力强				
	理论联系实际，反应敏锐，操作规范				
能力提升（30 分）	能分析经济业务并填制各类现金收付款原始凭证				
	能利用所学专业知识正确处理现金收支业务和清查业务				
	能规范启用并登记库存现金日记账				
知识应用（20 分）	明确现金收付结算的业务类型并进行业务处理				
	明确库存现金日记账对企业的重要性并规范登记				
项目成果展示（20 分）	以实物或图片展示填制完整的原始凭证和记账凭证				
	以实物或图片展示填制完整的库存现金日记账				
合计					

注：每组可将实训成果拍摄成图片，并将图片转发到班级讨论群，一方面同学之间可相互借鉴学习，另一方面可作为小组互评的依据。

项目三 银行结算账户开设与管理

任务目标

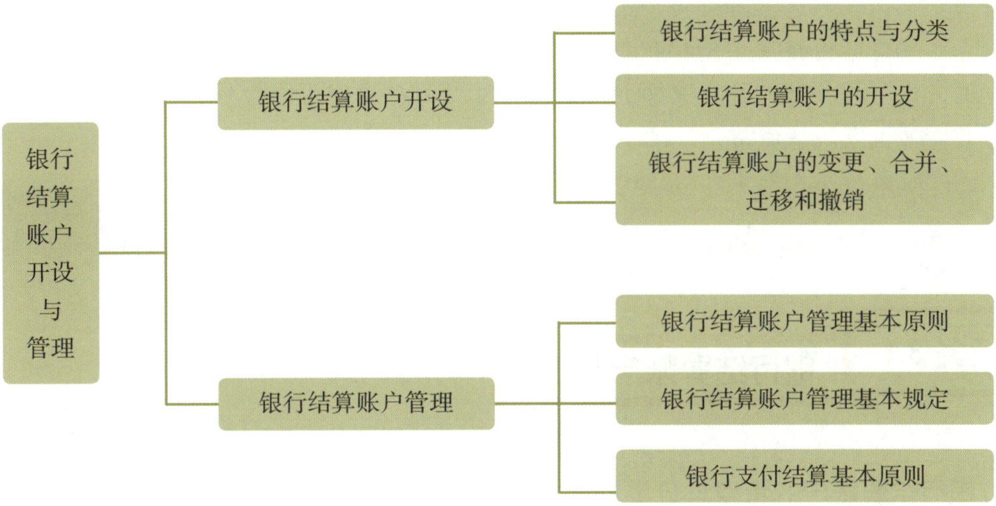

知识目标

- 了解银行结算账户的特点与分类
- 熟悉银行结算的基本原则
- 熟悉银行结算账户的管理规定
- 掌握各种银行结算账户的开设条件及流程
- 掌握银行结算账户变更、迁移、合并和撤销的内容及流程

能力目标

- 能熟练办理各类银行结算账户的开户手续
- 能熟练办理结算账户的变更、迁移、合并和撤销手续

晓慧当出纳

2018 年 6 月 2 日，会计主管刘志俊处长找李晓慧谈话，刘处长说：“通过一段时间的观察，领导非常认可你的工作，库存现金业务处理较为规范，收付款项也没有任何差错，目前负责银行结算业务的张丽因岗位变动不能继续从事该项工作，经领导研究决定由你接替张丽，现金结算和银行结算的所有业务都交给你负责办理。”李晓慧感觉压力有点大，但还是坚定地回答：“非常感谢领导对我工作的肯定，我一定会继续努力，保证圆满完成各项工作任务。”

在当前的大数据时代和互联网 + 时代，企业每天大量的业务都是通过银行结算的，银行结算账户种类有哪些？如何开立？如果要变更或撤销该怎样办理？银行结算要遵守哪些原则与规定？

李晓慧又投入到银行结算账户开立与管理和结算业务办理的学习中……

任务 3.1 银行结算账户开设

1. 银行结算账户的特点与分类

银行结算账户是指存款人在经办银行开立的办理资金收付结算的人民币活期存款账户。这里的存款人是指在中国境内开立银行结算账户的机关、团体、部队、企业、事业单位、其他组织、个体工商户和自然人；银行是指在中国境内经中国人民银行批准经营支付结算业务的政策性银行、商业银行（含外资独资银行、中外合资银行、外国银行分行）、城市商业银行、城市信用合作社、农村信用合作社。

1）银行结算账户的特点

（1）办理人民币业务。银行结算账户与外币存款账户不同，外币存款账户办理的是外币业务，其开立和使用要遵守国家外汇管理局的有关规定。

（2）办理资金收付结算业务。这是银行结算账户与储蓄账户的明显区别。储蓄的基本功能是存取本金和支取利息，但是不能办理资金的收付。

（3）活期存款账户。银行结算账户与单位的定期存款账户不同，单位的定期存款账户不具有结算功能。

2）银行结算账户的分类

（1）按存款人不同，分为单位银行结算账户和个人银行结算账户。

存款人以单位名称开立的银行结算账户为单位银行结算账户。单位银行结算账户按用途不同，分为基本存款账户、一般存款账户、专用存款账户、临时存款账户。

个体工商户凭营业执照以字号或经营者姓名开立的银行结算账户纳入单位银行结算账户管理。

存款人凭个人身份证件以自然人姓名开立的银行结算账户为个人银行结算账户（邮政储蓄机构办理银行卡业务开立的账户纳入个人银行结算账户管理）。

（2）根据开户地的不同，分为本地银行结算账户和异地银行结算账户。

2. 银行结算账户的开设

1）基本存款账户

基本存款账户是指存款人办理日常转账结算和现金收付的账户。存款人的工资、奖金等现金的支取，只能通过本账户办理。一般情况下，一个单位只能在一家银行的一个营业机构开设一个基本存款账户。

（1）适用对象。

企业法人；非法人企业；机关、事业单位；团级（含）以上军队、武警部队及分散执勤的支（分）队；社会团体；民办非企业组织；异地常设机构；外国驻华机构；个体工商户；居民委员会、村民委员会、社区委员会；单位设立的独立核算的附属机构；其他组织。

（2）提交证件及资料。

统一社会信用代码证（正本）和三份复印件；法人代表身份证原件和三份复印件；单位行政公章、财务专用章、法人代表或财务负责人印章；开户银行要求的其他相关文件。

（3）开设程序。

● 填制开户申请书见表 3-1，按规定要求提供证件。

表 3-1　　开立单位银行结算账户申请书

存款人名称	北京宏达科技有限公司		电话	010-69719688
地　址	北京市昌平区东大街 369 号		邮编	102200
存款人类别	企业法人	统一社会信用代码	9114010074602685X3	
法定代表人（√） 单位负责人（ ）	姓　名	赵明轩		
	证件种类	居民身份证	证件号码	140102198406086675
行业分类	A（ ）B（ ）C（√）D（ ）E（ ）F（ ）G（ ）H（ ）I（ ）J（ ） K（ ）L（ ）M（ ）N（ ）O（ ）P（ ）Q（ ）R（ ）S（ ）T（ ）			
注册资金	1 000 万	地区代码	110114	
经营范围	电子消费类产品研发、生产、销售			
证明文件种类	统一社会信用代码	证明文件编号	9114010074602685X3	
税务登记证（国税或地税）编号	9114010074602685X3			
关联企业	关联企业信息填列在“关联企业登记表”上。			
账户性质	基本（√）一般（ ）专用（ ）临时（ ）			
资金性质		有效日期至		

续表

以下为存款人上级法人或主管单位信息：

上级法人或主管单位名称				
基本存款账户开户许可证核准号			统一社会信用代码	
法定代表人（ ） 单位负责人（ ）	姓　名			
	证件种类			
	证件号码			

以下栏目由开户银行审核后填写：

开户银行名称	中国工商银行北京城关支行	开户银行代码	121000999162
账户名称	北京宏达科技有限公司	账　　号	3519000771106245001
基本存款账户开户许可证核准号	J128800071501	开户日期	2012.02.22
本存款申请开立单位银行结算账户，并承诺所提供的开户资料真实、有效。 存款人（公章） 2012 年 02 月 15 日	开户银行审核意见： 经办人（签章） 银行（签章） 2012 年 02 月 15 日	人民银行审核意见： （非核准类账户除外） 经办人（签章） 人民银行（签章） 2012 年 02 月 22 日	

填写说明：

1. 申请开立临时存款账户，必须填列有效日期：申请开立专用存款账户，必须填列资金性质。

2. 该行业标准由银行在营业场所公告。“行业分类”中各字母代表的行业种类如下：A：农、林、牧、渔业；B：采矿业；C：制造业；D：电力、燃气及水的生产供应业；E：建筑业；F：交通运输、仓储和邮政业；G：信息传输、计算机服务及软件业；H：批发和零售业；I：住宿和餐饮业；J：金融业；K：房地产业；L：租赁和商务服务业；M：科学研究、技术服务和地质勘查业；N：水利、环境和公共设施管理；O：居民服务和其他服务业；P：教育业；Q：卫生、社会保障和社会福利业；R：文化、教育和娱乐业；S：公共管理和社会组织；T：国际组织。

3. 带括号的选项填“√”。

4. 本申请书一式三联：一联开户单位留存，一联开户银行留存，一联中国人民银行当地分支行留存。

- 送交盖有存款人印章的印鉴卡片（见图 2–3）。

小知识

印鉴卡片是单位与银行事先约定的一种具有法律效力的付款依据，银行在为单位办理结算业务时，凭开户单位在印鉴卡片上预留的印鉴审核支付凭证的真伪。如果支付凭证上加盖的印章与预留银行的印鉴不符，银行可以拒绝办理付款业务，以保障开户单位款项的安全。

- 开户银行将“开立单位银行结算账户申请书”、印鉴卡片等报送中国人民银行核准或备案，由中国人民银行核发“开户许可证”（见图 2–2）。

2）一般存款账户

一般存款账户用于办理单位借款转存、借款归还和其他结算的资金收付。该账户是存款人的辅助结算账户，可以办理转账结算和现金缴存，但不得办理现金支取，账户开立数量没有限制。

（1）适用对象。

一般存款账户适用于有借款或其他结算需要的单位和组织。

（2）提交证件及资料。

统一社会信用代码证（正本）和三份复印件；法人代表身份证原件和三份复印件；单位行政公章、财务专用章、法人代表或财务负责人印章；基本存款账户开户许可证；开立一般存款账户的相关合同或证明资料；开户银行要求的其他相关文件。

（3）开立的程序。

申请开立一般存款账户的，应填制开户申请书，提供相应的证明文件，送交盖有存款人印章的印鉴卡片，经银行审核同意后，即可开立该账户。

3）临时存款账户

临时存款账户是指存款人因临时经营活动需要并在规定期限内使用而开立的银行结算账户。这类账户应根据有关开户证明文件确定的期限或存款人的需要确定其有效期限，存款人在账户的使用中需要延长期限的，应在有效期限内向开户银行提出申请，并由开户银行报中国人民银行当地分支行核准后办理展期。临时存款账户是基于临时需要开设的，因此此类账户的期限最长不得超过 2 年。此类账户可按照国家现金管理的规定支取现金。注册验资的临时存款账户在验资期间只收不付。

（1）适用对象。

设立临时机构；异地临时经营活动；注册验资。

（2）提交证件及资料。

当地工商行政管理机关核发的临时执照；当地有关部门同意设立外来临时机构的批件。

（3）开立的程序。

存款人申请开立临时存款账户，应填制开户申请书。提供相应的证明文件，送交盖有存款人印章的印鉴卡片，经银行审核同意后，即可开设此账户。

4）专用存款账户

专用存款账户是指存款人按照法律、行政法规和规章，对其特定用途资金进行专项管理和使用而开立的银行结算账户。不同的专用存款账户有具体的规定：如单位银行卡账户的资金必须由其基本存款账户转账存入，该账户不得办理现金收付业务；又如，财政预算外资金、证券交易结算资金、期货交易保证金和信托基金专用存款账户不得支取现金；再如，基本建设资金、更新改造资金、政策性房地产开发资金、金融机构存放同业资金账户需要支取现金的，应在开户时报中国人民银行当地分支行批准，中国人民银行当地分支行应根据国家现金管理的规定审查批准。因此，各类专用存款账户在使用时要满足相关的规定。

（1）适用对象。

根据《银行账户管理办法》的规定，存款人对特定用途的资金，由存款人向开户银行出具相应证明即可开立该账户。特定用途的资金范围包括基本建设的资金、更新改造的资金、其他特定用途、需要专户管理的资金。

（2）提交证件及资料。

经有关部门批准立项的文件以及国家有关文件的规定。

（3）开立的程序。

存款人申请开立专用存款账户，应填制开户申请书，提供相应的证明文件，送交盖有存款人印章的印鉴卡片，经银行审核同意后开立账户。

3. 银行结算账户的变更、合并、迁移和撤销

在实际工作中，经常会出现人事的变动、办公地址的迁移甚至公司所在城市的变化，这时候其银行账户就会相应地发生变更、迁移，甚至撤销，为了做好银行存款新旧账户的衔接，不影响结算工作的顺利进行，出纳员需承担起更户、并户、迁户、销户的全部或部分“跑腿”工作。

1）账户变更

账户变更简称更户，是指存款人的开户信息资料发生变更。单位的账户信息资料是银行为单位开立银行结算账户的重要依据和历史记录，是银行为单位提供支付结算服务的必要条件。如果单位的账户信息资料发生变更而不及时到开户银行办理变更手续，有可能会影响到企业资金的收付结算以及资金的安全。

根据账户管理的要求，企业下列账户资料发生变更后，应向开户银行办理变更手续：

（1）存款人的账户名称；

（2）单位的法定代表人或主要负责人；

（3）地址、邮编、电话和注册资金等信息；

（4）其他资料。

小提示

单位更改名称，但不改变开户银行及账号的，应于5个工作日内向开户银行提出银行结算账户的变更申请，按要求填写由开户银行统一印制的“变更银行结算账户内容申请书”，并连同相关证明文件提交银行，由开户银行办理变更手续。

单位的法定代表人或主要负责人、住址以及其他开户资料发生变更的，应于5个工作日内书面通知开户银行并提供有关证明。

2）账户合并

账户合并简称并户，是指开户单位向银行申请合并其相同资金来源和相同资金性质的账户，或是两个单位合并后随之合并银行存款账户。合并账户大体要做以下四方面的工作：

（1）依据并户理由向开户银行出示有关证件；

（2）主动与银行核对账目，包括存款账户余额与贷款余额；

（3）经过银行撤销被并账户，并将被并账户余额划转到保留账户；

（4）整理被并账户所剩转账支票、现金支票等重要空白凭证，该交回开户银行的交回开户银行，该经开户银行同意继续使用的，更改凭证账号后继续使用（只限开户银行并户）。

3）账户迁移

账户迁移简称迁户，指开户单位因地址迁移等原因，向原开户银行提出申请，要求将账户迁往另地或他行。迁户分两种情况：一种是在同城内迁户，要经原银行同意，撤销原开户银行账户，交回原“开户许可证”，再领取新的“开户许可证”，在新选择的银行开立账户；另一种是异地迁户，应由单位按规定程序向迁入地银行重新办理开户手续，待新账户开立，且单位已在当地开始生产经营后，原账户应在一个月内结清并注销。

4）账户撤销

账户撤销简称销户，是指单位因开户资格或其他原因终止银行结算账户使用的行为。

有下列情形之一的单位，应向开户银行提出撤销银行结算账户的申请：

（1）被撤并、解散、宣告破产或关闭的单位；

（2）注销、被吊销营业执照的单位；

（3）因迁址需要变更开户银行的单位；

（4）其他原因需要撤销银行结算账户的单位。

有以上第（1）、第（2）项情形的单位，因已丧失经济主体的地位或不具备营业资格，不能从事经济活动，应于5个工作日内主动向开户银行提出撤销银行结算账户的申请。超过规定期限未主动办理撤销银行结算账户手续的，银行有权停止其银行结算账户的对外支付。

单位申请撤销银行结算账户时，应填写由银行统一印制的“撤销银行结算账户申请书”。同时，单位必须与开户银行核对银行结算账户存款余额，交回各种重要空白票据及结算凭证和开户许可证，经银行核对无误后方可办理销户手续。单位尚未清偿其开户银行债务的，不得申请撤销该账户。

任务3.2 银行结算账户管理

1. 银行结算账户管理基本原则

单位在开立和使用银行结算账户时，必须遵守《人民币银行结算账户管理办法》的有关规定。

1）一个基本账户原则

一个企业只能在银行开立一个基本存款账户，不能重复开立基本存款账户。已开立基本存款账户的存款人，开立、变更或撤销其他三类账户，必须凭基本存款账户开户登记证办理相关的手续，并在基本存款账户开户登记证上进行相应登记。存款人在银行开立基本存款账户应由中国人民银行当地分支机构核发开户许可证。

2）自主选择原则

存款人可以根据地理位置、结算需要、与其他经济组织的合作关系、银行的服务质量等选择银行开立银行结算账户，并与开户银行依据相关法律法规的规定，通过协议的形式明确双方的权利和义务，严格按照协议约定履行相应的责任和义务。但是，存款人也不得以开户银行严格执行规章制度为由随意转移银行结算账户，不得伪造、变造证明文件欺骗银行开立银行结算账户；基本存款账户、临时存款账户、财政预算外资金专用账户、合格境外投资者开立的人民币特殊账户和人民币结算账户需要经过中国人民银行核准，由中国人民银行核发开户登记证，其他账户则由开户银行审核开立，报中国人民银行备案。

3）守法合规原则

按照法律、行政法规的有关规定开立和使用银行结算账户。如只有基本存款账户才能提取现金；单位银行结算账户向个人银行结算账户划转资金必须符合有关规定，只有个人合法收入才能转入个人银行结算账户；存款人尚未清偿开户银行债务，不得申请撤销和变更银行结算账户等。不利用银行结算账户进行偷逃税款、逃废债务、套取现金及其他违法犯罪活动。

4）存款信息保密原则

银行应依法为存款人的银行结算账户信息保密，对单位或者个人银行结算账户的存款和有关资料，除国家法律、行政法规另有规定外，银行有权拒绝任何单位或个人查询。

2. 银行结算账户管理基本规定

凡在中国境内开立人民币存款账户的机关、团体、部队、企业、事业单位、个体经济户和个人（以下简称存款人）以及银行和非银行金融机构（以下简称银行），必须遵守账户管理办法的规定。

（1）外汇存款账户的开立、使用和管理，按照国家外汇管理局颁发的外汇账户管理规定执行；

（2）存款人在其账户内应有足够资金保证支付；

（3）存款人在银行开立基本存款账户，实行由中国人民银行当地分支机构核发开户许可证制度；

（4）银行对存款人开立或撤销账户，必须向中国人民银行分支机构申报；

（5）存款人不得违反规定在多家银行机构开立基本存款账户；

（6）存款人不得在同一家银行的几个分支机构开立一般存款账户；

（7）存款人的账户只能办理存款人本身的业务活动，不得出租和转让账户；

（8）开户银行负责按本办法的规定对开立、撤销的账户进行审查，正确办理开户和销户，建立、健全开销户登记制度，建立账户管理档案，定期与存款人对账。

同时根据我国《人民币银行结算账户管理办法》和《违反银行结算制度处罚规定》，对企业违反账户管理的行为也有严厉的处罚：

（1）企业出租和转让账户的，除责令纠正外，按规定对发生金额处以 5% 但不低于 1 000 元的罚款，并没收出租账户的非法所得。

（2）企业违反规定开立基本存款账户的，责令其限期撤销账户，并处以 5 000 元到 10 000 元的罚款。

3. 银行支付结算基本原则

银行支付结算是一个复杂的收付程序。每一笔款项的结算都涉及付款单位、收款单位、付款银行、收款银行等几个单位的多个环节的业务活动和资金增减变动。如果其中的任何单位和任何一个环节不按统一的规定办理，都会给结算业务的进行带来困难。支付结算的基本原则是单位、个人和银行在进行支付结算活动时所必须遵循的行为准则。

1）恪守信用，履约付款

在市场经济条件下，存在多种交易形式，相应地存在各种形式的商业信用。收付双方在经济往来过程中，在相互信任的基础上，根据双方的资信情况自行协商约期付款。一旦交易双方达成了协议，那么交易的一方就应当根据事先的约定行事，及时提供货物或劳务，而另一方则应按约定的时间、方式支付款项。

2）谁的钱进谁的账，由谁支配

银行作为结算的中介机构，在办理结算过程中，必须保证客户资金的所有权和自主支配权不受侵犯。各单位在银行的存款受法律保护，客户委托银行把钱转给谁，银行就让钱进谁的账。银行维护开户单位存款的自主支配权，谁的钱就由谁来自主支配使用。除国家法律规定以外，银行不代任何单位查询、扣款，不得停止各单位存款的正常支付。

3）银行不垫款

银行在办理结算过程中，只提供结算服务，起中介作用，负责将款项从付款单位账户转到收款单位账户，不给任何单位垫支款项。因为银行给其他单位垫支款项，事实上已不属于结算范围，而属于信贷范畴，会扩大信贷规模和货币投放。因此《支付结算办法》规定银行不垫款。付款单位在办理结算过程中只能用自己的存款余额支付其他单位款项，收款单位也只能在银行已经办妥款项收款手续，使其进入本单位账户后才能支配使用。

能力充电宝

宏达公司出纳员李晓慧由于刚参加工作不久，对于货币资金业务管理和核算的相关规定不甚了解。2018 年 5 月 25 日，一位亲戚来找李晓慧，要借用公司的账户划转资金，你能帮助李晓慧做出正确的选择吗？

职业判断与职业能力测试

职业判断测一测

单项选择题

1. 主要用于办理日常转账结算和现金收付业务的银行存款账户是（　　）。

A. 专用存款账户　　B. 临时存款账户

C. 一般存款账户　　D. 基本存款账户

2. 根据《人民币银行结算账户管理办法》的规定，一般企事业单位只能选择一家银行的一个营业机构开立（　　）基本存款账户。

A. 2 个　　B. 4 个

C. 1 个　　D. 没有限定

3. 下列不属于银行结算账户特点的是（　　）。

A. 办理资金结算业务　　B. 办理人民币业务

C. 属于活期存款账户　　D. 属于定期存款账户

4. 下列情形中，存款人不得申请撤销银行结算账户的是（　　）。

A. 因方便结算需要重新开户　　B. 因迁址需要变更开户银行的

C. 存款人尚未清偿其开户银行债务的　　D. 其他原因需要撤销银行结算账户的

5. 根据《人民币银行结算账户管理办法》的规定，临时存款账户的有效期最长不得超过（　　）。

A. 1 年　　B. 2 年

C. 3 年　　D. 5 年

6. 下列存款人中，不可以申请开立基本存款账户的是（　　）。

A. 某市财政局

B. 个体工商户张某经营的水果零售部

C. 多人合伙设立的高科技产品经营部

D. 某中学在校内设立的非独立核算的小卖部

7. 存款人对依法有特定用途的资金进行专项管理和使用而开立的银行结算账户是（　　）。

A. 基本存款账户　　B. 一般存款账户

C. 临时存款账户　　D. 专用存款账户

8. 下列不属于单位、个人和银行办理支付结算必须遵守的原则是（　　）。

A. 恪守信用，履约付款　　B. 谁的钱进谁的账，由谁支配

C. 银行不垫款　　D. 不得出租或出借银行账户

9.（　　）负责制定统一的支付结算法律制度。

A. 中国人民银行总行　　B. 中国银行总行

C. 国家政策性银行　　D. 商业银行总行

10. 阳光公司基本存款账户在交通银行 B 市支行开立，现因经营需要向中国银行 C 市分行申请贷款 500 万元，经审查同意贷款，其应在 C 市分行开立（　　）。

A. 基本存款账户　　B. 一般存款账户

C. 临时存款账户　　D. 专用存款账户

◆ 多项选择题

1. 根据存款人的不同，银行结算账户分为（　　）。

A. 单位银行结算账户　　B. 本地银行结算账户

C. 基本存款账户　　D. 个人银行结算账户

2. 下列有关银行账户的表述中，正确的有（　　）。

A. 现金支付不能通过一般存款户办理

B. 一个单位只能在一家银行开立一个基本存款账户

C. 现金缴款可以通过一般存款户办理

D. 一个单位可以在多家银行开立多个基本存款账户

3. 下列关于支付结算的各项表述中，符合规定的有（　　）。

A. 存款人可以通过一般存款账户办理工资、奖金等现金的支取

B. 银行账户分为基本存款账户、一般存款账户、临时存款账户和专用存款账户

C. 存款人可以通过基本存款账户办理工资、奖金等现金的支取

D. 存款人只能选择一家银行的一个营业机构开立一个基本存款账户

4. 企业的下列做法中，错误的有（　　）。

A. 在多家银行机构开立基本存款账户

B. 在注册地或住所地开立银行结算账户

C. 用一般存款户办理现金缴存

D. 为还贷、还债需要，多头开立基本存款账户

5. 存款人可以申请开立临时存款账户的情况包括（　　）。

A. 设立临时机构　　B. 注册验资

C. 异地临时经营活动　　D. 基本建设资金的需要

6. 存款人应按照规定使用银行结算账户办理结算业务，不得（　　）。

A. 出借银行结算账户　　B. 利用银行结算账户套取银行信用

C. 出租银行结算账户　　D. 将单位存款账户款项转入个人结算账户

7. 存款人申请开立一般存款账户，应向银行出具（　　）。

A. 基本存款账户开户许可证

B. 开立基本存款账户应提交的资料

C. 因向银行借款需要准备的借款合同

D. 因其他结算需要而准备的有关证明

8. 基本存款账户的用途有（　　）。

A. 现金的存取　　B. 日常转账结算业务

C. 基建专款　　D. 划入外地临时采购的款项

9. 下列属于银行结算账户管理应遵循的原则有（　　）。

A. 一个基本账户原则

B. 守法合规原则

C. 自主选择银行开立银行结算账户原则

D. 存款信息保密原则

10. 下列各项中，需要撤销银行结算账户的情形有（　　）。

A. 被撤并、解散、宣告破产或关闭的

B. 注销、被吊销营业执照的

C. 因迁址需要变更开户银行的

D. 单位负责人发生变更的

◆ 判断题

1. 一般存款账户是存款人按照法律、行政法规和规章，对其特定用途资金进行专项管理和使用而开立的银行结算账户。（　　）

2. 存款人的账户只能办理存款人本身的业务活动，不得出租和转让账户。（　　）

3. 企业可以根据需要，选择几家商业银行的营业机构开立多个基本存款账户。（　　）

4. 一般存款账户可以办理现金缴存，但不得办理现金支取。（　　）

5. 存款人为注册验资而开设的临时存款账户，在验资期间只收不付。（　　）

职业能力测一测

◇ 实训内容

（1）填制开立银行结算账户申请书。

（2）准备相关审批材料。

（3）审核开立单位银行结算账户申请书及相关审批资料。

（4）领取开户许可证。

◇ 实训资料

- 2018 年 3 月 21 日，向中国银行太原高科技支行申请开立单位基本存款账户。
- 企业名称：山西源艺装饰有限责任公司
- 企业住所：山西省太原市长风西街 144 号
- 电话：0351-7066388　邮编：030031　地区代码：140100
- 统一社会信用代码：91140100MJ67008D0A
- 法定代表人：高凌风（身份证号：140102198605286230）
- 注册资本：600 万元
- 经营范围：主要从事装饰材料购进、销售、装饰设计
- 企业类别：有限责任公司，无任何分支机构、总机构、关联企业
- 开户银行及账号：中国银行太原高科技支行　4400012345678901
- 行号：102460068223
- 银行账户许可证核准号：J140123450023

● 许可证编号：1020–40089321
● 许可证时间：2018 年 3 月 28 日

◇ 实训要求

（1）采用 1 人独立实训方式，由学生扮演公司、银行业务经办人员，完成相关开立银行账户的工作任务。

（2）以出纳的身份填写开立银行结算账户申请书。

（3）以出纳的身份填写授权委托书和开户申请。

（4）以财务经理的身份审核开立单位银行结算账户申请书及相关审批资料。

（5）以银行工作人员的身份填写开户许可证。

◇ 实训成果及评价

（1）填制完整、规范的银行结算账户申请书。

（2）填制完整、规范的授权委托书、开户申请。

（3）填制完整、规范的开户许可证。

学习效果评价

银行账户开设与管理学习评价参考表见表 3–2。

表 3–2　银行账户开设与管理学习评价参考表

项 目	评价标准	小组评价（30%）	小组互评（30%）	教师评价（40%）	小计
素养培养（30 分）	依法办事，善于处理流程性事务，有较强的敬业精神及执行能力				
	态度端正、认真细致、有良好的沟通能力				
	理论联系实际，操作规范				
能力提升（30 分）	能明确银行结算的基本原则及结算账户使用的相关规定				
	能规范填制开立银行结算账户的相关文件				
	能正确办理开立银行结算账户的相关工作				
知识应用（20 分）	明确银行结算账户开设种类与管理要求				
	明确开立、变更、撤销银行结算账户的流程及相关手续				
项目成果展示（20 分）	以实物或图片展示填制完整的银行结算账户申请书				
	以实物或图片展示填制完整的开户许可证				
合 计					

注：每组可将实训成果拍摄成图片，并将图片转发到班级讨论群，一方面同学之间可相互借鉴学习，另一方面可作为小组互评的依据。

项目四　银行结算业务办理

任务目标

- 银行结算业务办理
  - 支票结算
    - 支票的概念及种类
    - 支票结算的特点
    - 支票结算的基本规定
    - 转账支票结算的基本流程
    - 转账支票结算业务办理
  - 银行汇票结算
    - 银行汇票的概念
    - 银行汇票结算的特点
    - 银行汇票结算的基本规定
    - 银行汇票结算的基本流程
    - 银行汇票结算业务办理
  - 银行本票结算
    - 银行本票的种类及特点
    - 银行本票结算的基本规定
    - 银行本票结算的基本流程
    - 银行本票结算业务办理
  - 商业汇票结算
    - 商业汇票的种类及特点
    - 银行承兑汇票结算
    - 商业承兑汇票结算
    - 商业汇票贴现

- 银行结算业务办理
  - 汇兑结算
    - 汇兑结算的概念及种类
    - 汇兑结算的特点
    - 汇兑结算的基本流程
    - 汇兑结算业务办理
  - 委托收款结算
    - 委托收款结算的概念及特点
    - 委托收款结算的基本流程
    - 委托收款结算业务办理
  - 托收承付结算
    - 托收承付结算的概念及特点
    - 托收承付结算的基本流程
    - 托收承付结算业务办理
  - 信用卡结算
    - 信用卡结算的概念及特点
    - 信用卡的种类
    - 信用卡结算的基本规定
    - 信用卡结算的基本流程
    - 信用卡结算业务办理
  - 网上银行结算
    - 网上银行的概念及功能
    - 网上银行的特点
    - 网上银行的认证介质
    - 网上银行结算的基本流程
    - 网上银行业务办理
  - 银行存款日记账登记
    - 银行存款日记账的格式及登记
    - 银行存款清查业务办理

知识目标

- 熟悉各种银行结算方式的使用规定及适用范围
- 熟悉各种银行结算方式的业务办理流程
- 掌握各种银行结算票据的填制内容及方法
- 掌握网上银行结算业务知识
- 掌握各种银行结算方式的业务办理
- 掌握银行存款清查的业务办理
- 掌握银行存款日记账的登记

能力目标

- 能熟练规范地填写支票、进账单等银行结算票据
- 能熟练使用支票、汇票、委托收款等结算方式办理业务
- 能熟练使用网上银行办理各种收付款结算业务
- 能熟练编制银行存款余额调节表
- 能规范登记银行存款日记账

晓慧当出纳

“互联网+”时代，营销模式日新月异，结算方式也必须同步创新。作为一名新时期的财务工作者，必须与时俱进，善于接受新知识、新事物、新技术。

2018年6月，某企业行政部支付电话费，需要签发转账支票；采购部采购材料需要办理银行汇票、银行本票、商业汇票等；销售部销售商品需要办理委托收款、托收承付。如果对方拒绝付款该如何处理？网上银行业务如何办理？每种结算方式的特点、适用范围、有效期限、业务办理流程及账务处理有何区别……

这些对刚刚接手银行结算业务的李晓慧来说，确实有一定的难度，有些工作还需要边学边干，她能顺利完成各项工作吗？

任务 4.1　支票结算

1. 支票的概念及种类

支票是出票人签发的，委托办理存款业务的银行或其他金融机构，在见票时无条件支付确定的金额给收款人或者持票人的票据。

支票按不同标准可以划分为以下两类：

（1）记名支票和不记名支票。

记名支票又称抬头支票，即在支票上记载收款人姓名。这种支票的票款，只能付给票面指定的收款人，转让时须由收款人背书。目前，我国使用的支票均为记名支票。

不记名支票又叫空白支票，即在支票上不记载收款人名称。取款时持票人无须在支票背后签章即可支取。此项支票仅凭交付而转让。

（2）现金支票、转账支票和普通支票。

现金支票是开户单位用于向开户银行提取现金的凭证。在实务工作中，现金支票一般在提取备用金时使用，也可以签发给其他单位和个人用来办理结算或者委托银行代为支付现金给收款人。基本格式见项目二中的图 2–8、图 2–9。

转账支票是用于单位之间的商品交易、劳务供应或其他款项往来的结算凭证。在银行开立存款账户的单位和个人客户，用于同城交易的各种款项，均可签发转账支票，它只能用于转账结算，不能用于提取现金。基本格式见图 4–1、图 4–2。

普通支票既可以用来支付现金，也可以用来转账。在普通支票左上角划两条平行线的为划线支票，只能用于转账，不能支取现金。

在实际工作中，我国一直采用的是现金支票和转账支票。

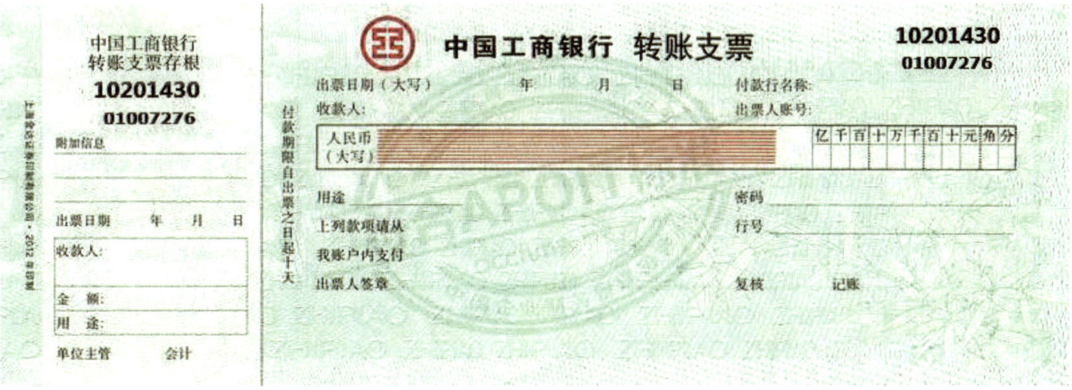

图 4–1　转账支票正面

2. 支票结算的特点

支票结算的特点概括起来说就是简便、灵活、迅速和可靠。具体内容见图 4–3。

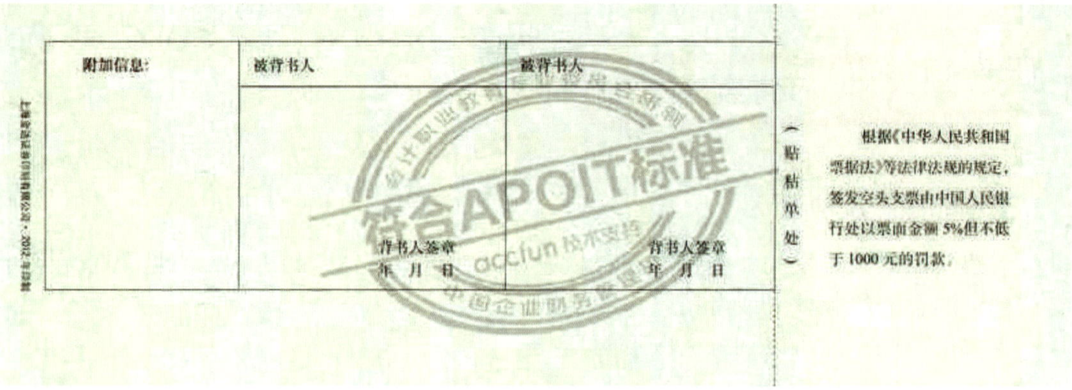

图 4-2 转账支票背面

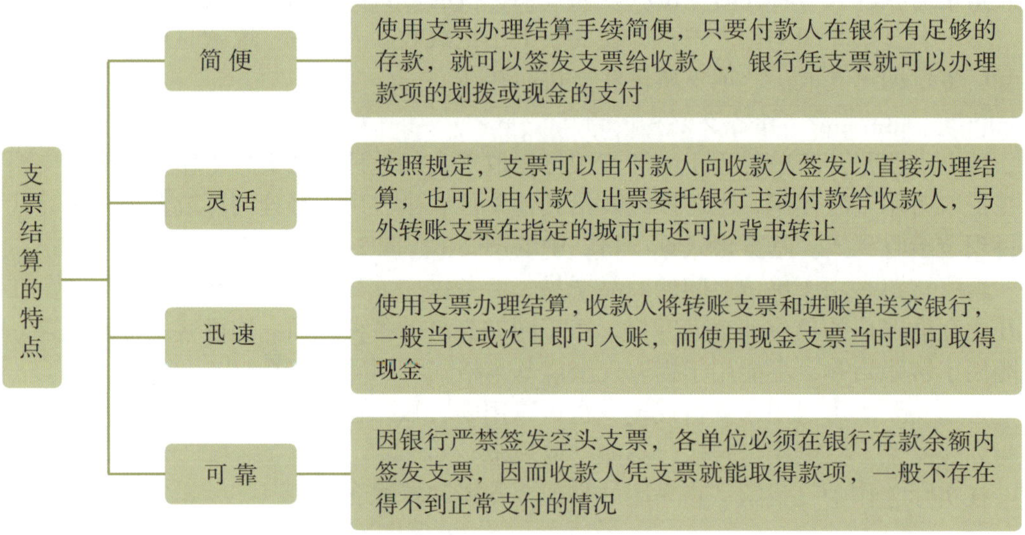

图 4-3 支票结算的特点

3. 支票结算的基本规定

（1）凡是在银行开立账户的企业、事业单位和机关、团体、部队、学校、个体经营户以及单位附属食堂、幼儿园等，其在同一城市或票据交换地区的商品交易、劳务供应、债务清偿和其他款项结算等，均可使用支票。

（2）支票金额起点为 100 元。

（3）除定额支票外，支票一律记名。经中国人民银行总行批准的地区转账支票还允许背书转让，背书和转让必须连续。

（4）支票付款有效期为 10 天，从签发的次日算起，遇节假日顺延。过期支票作废，银行不予受理。

（5）签发支票要用墨汁或碳素墨水（或使用支票打印机）认真填写。

（6）签发现金支票须符合现金管理规定。收款单位凭现金支票收取现金，须在支票背面加盖单位公章即背书，同时，收款单位到签发单位开户银行支取现金，应按银行规定交验有关证件。

（7）付款单位必须在其银行存款余额内签发支票，不得签发空头支票。签发空头支票要受到银行的处罚。对于签发空头支票，银行除退票外，还要按照票面金额处以5% 但不低于 1 000 元的罚款，持票人有权要求出票人赔偿支票金额 2% 的赔偿金。如果屡次发生，银行应根据情节给予警告或通报批评，直至停止签发支票。

（8）不准签发远期支票。远期支票是指签发当日以后日期的支票。因为签发远期支票容易造成空头支票，所以银行禁止签发远期支票。

（9）不准出租、出借支票。

（10）已签发的现金支票遗失，可以向银行申请挂失；挂失前已经支付的，银行不予受理。已签发的转账支票遗失，银行不受理挂失，但可以请收款单位协助防范。

4. 转账支票结算的基本流程

出票人按应支付的款项签发转账支票时，应在支票收款人处填好收款人的全称，然后到出票人的开户银行填写三联进账单。进账单上需填好收款人和付款人的全称、账号、开户行行号或名称、金额、款项用途等。

转账支票收付款业务包括转账支票收款业务、付款业务。转账支票可采用正送和倒送两种形式进行办理。

1）正送流程

支票正送是由付款方出纳人员签发支票交给收款单位，并由其出纳人员送至收款人开户银行办理转账结算的支票结算方式。转账支票正送流程见图 4–4。

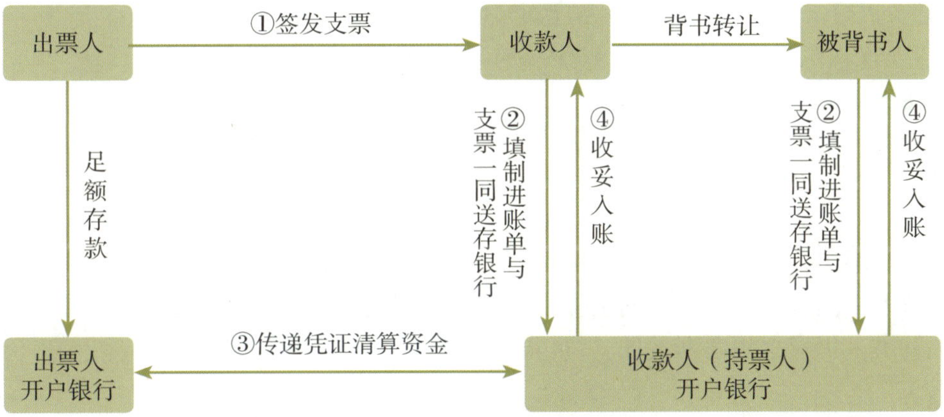

图 4–4　转账支票正送流程

（1）出票人（付款人）按应支付的款项签发转账支票并加盖银行预留印鉴后，交给收款人。

（2）收款人审查无误后，应作委托收款背书，在支票背面“背书人签章”栏签章，并将支票和填制的“进账单”一并交其开户银行办理转账，银行受理后，在“进账单”上加盖银行印章，退回收款人，作为收款入账的凭据。

（3）银行之间传递支票并清算资金。

（4）通知收款人款项收妥入账。

2）倒送流程

支票倒送是由付款方出纳人员签发支票并由付款方出纳人员送至付款人开户银行办理转账结算的支票结算方式。转账支票倒送流程见图 4–5。

图 4–5　转账支票倒送流程

（1）出票人（付款人）按应支付的款项签发转账支票，加盖银行预留印鉴，并填制“进账单”后，直接交其开户银行要求转账。

（2）付款人开户银行受理后，退回“进账单”回单联（第一联），然后将款项划转收款人开户银行。

（3）银行之间传递凭证，并办理划转手续。

（4）收款人开户银行办妥进账手续后，通知收款人收款入账。

3）支票背书转让

背书是一种票据行为，是票据转让的一种重要方式。背书是由持票人在支票背面签上自己的名字，并将支票交付给受让人的行为。这里的持票人称为背书人，受让人称为被背书人。

支票仅限于在其票据交换区域内背书转让。支票出票人向规定区域以外的收款人出票的，背书人向规定区域以外的被背书人转让票据的，区域以外的银行不予受理，但出票人、背书人仍应承担票据责任。

小思考

票据及票据背书

票据是指汇票、本票和支票。汇票则分为银行汇票和商业汇票，商业汇票又可分为银行承兑汇票和商业承兑汇票。根据《中华人民共和国票据法》的规定，这几种票据均可背书转让（出票人在汇票上记载“不得转让”字样的，汇票不得转让）。票据背书转让，即票据的持有人采用背书的方式将票据权利转让给他人的一种行为。

票据可多次背书转让。实务中本票和汇票的背书较为常见。

票据以背书转让或者以背书将一定的票据权利授予他人行使时，须记载被背书人名称。以背书转让的票据，背书应当连续。持票人以背书的连续，证明其票据权利；非经背书转让，而以其他合法方式取得票据的，依法举证，证明其票据权利。

5. 转账支票结算业务办理

1）收到转账支票

【任务案例 4-1】2018 年 6 月 4 日，北京宏达科技有限公司向北京金拓贸易有限公司销售移动硬盘50个，增值税专用发票（见图 4-6）注明的价款为 20 000 元，增值税税率为 16%，收到对方签发的转账支票一张（见图 4-7），金额 23 200 元，会计主管刘志俊安排出纳员李晓慧办理进账手续。

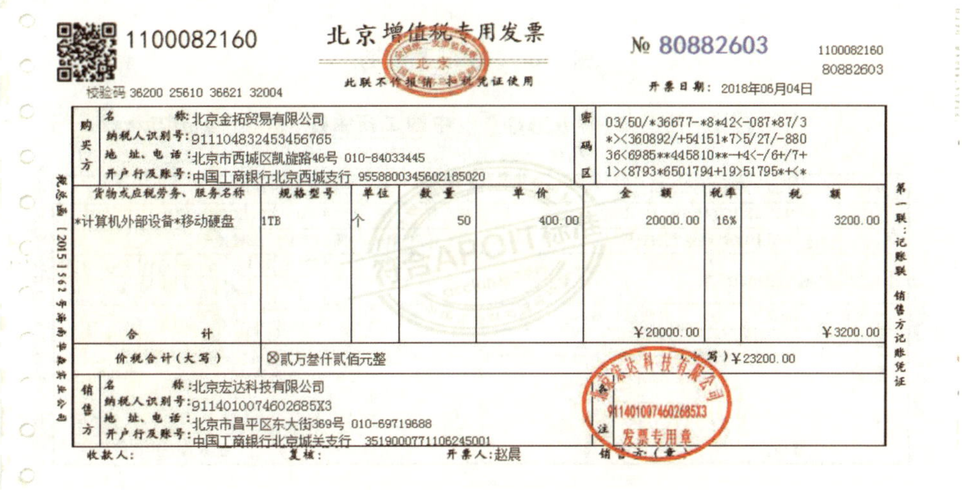

1100082160　北京增值税专用发票　№ 80882603　1100082160 80882603

此联不作报销、扣税凭证使用

校验码 36200 25610 36621 32004　开票日期：2018年06月04日

购买方　名　称：北京金拓贸易有限公司
纳税人识别号：911104832453456765
地址、电话：北京市西城区凯旋路46号 010-84033445
开户行及账号：中国工商银行北京西城支行 9558800345602185020

密码区　03/50/*36677-*8*42<-087*87/3
*><360892/+54151*7>5/27/-880
36<6985**445810**-+4<-/6+/7+
1><8793*6501794+19>51795*+<*

货物或应税劳务、服务名称	规格型号	单位	数量	单价	金额	税率	税额
*计算机外部设备*移动硬盘	1TB	个	50	400.00	20000.00	16%	3200.00
合　计					¥20000.00		¥3200.00
价税合计（大写）	⊗贰万叁仟贰佰元整				（小写）¥23200.00		

销售方　名　称：北京宏达科技有限公司
纳税人识别号：9114010074602685X3
地址、电话：北京市昌平区东大街369号 010-69719688
开户行及账号：中国工商银行北京城关支行 3519000771106245001

备注

收款人：　复核：　开票人：赵晨　销售方：（章）

税总函〔2015〕562号海南华森实业公司

第一联：记账联　销售方记账凭证

图 4-6　增值税专用发票

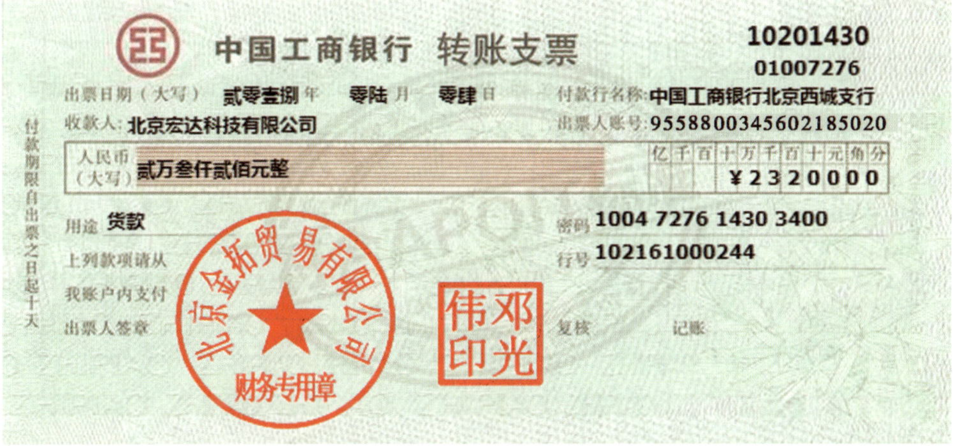

中国工商银行　转账支票　10201430 01007276

出票日期（大写）贰零壹捌年零陆月零肆日　付款行名称：中国工商银行北京西城支行

收款人：北京宏达科技有限公司　出票人账号：9558800345602185020

人民币（大写）	贰万叁仟贰佰元整	亿	千	百	十	万	千	百	十	元	角	分
						¥	2	3	2	0	0	0	0

付款期限自出票之日起十天

用途 货款　密码 1004 7276 1430 3400

上列款项请从　行号 102161000244

我账户内支付

出票人签章　北京金拓贸易有限公司 财务专用章　邓伟光印　复核　记账

图 4-7　转账支票正面

李晓慧做了以下工作：

（1）审核单据，对支票的完整性、真实性、清晰性、合理性、合法性进行审核。

（2）将支票交印鉴管理员在背面加盖预留银行印鉴（见图 4–8）。

（3）填写进账单（见图 4–9）。

图 4–8　转账支票背面

ICBC 中国工商银行　　进账单（收账通知）3

2018 年 06 月 04 日　　№

出票人	全称	北京金拓贸易有限公司	收款人	全称	北京宏达科技有限公司
	账号	9558800345602185020		账号	3519000771106245001
	开户银行	中国工商银行北京西城支行		开户银行	中国工商银行北京城关支行
金额	人民币（大写）	贰万叁仟贰佰元整			¥2320000
票据种类	转支	票据张数	1		
票据号码	01007276				
备注：					
复核：	记账：			收款人开户银行签章	

中国工商银行北京城关支行 2018.06.04 转讫

此联是收款人开户银行交给收款人的收账通知

图 4–9　进账单

（4）将进账单及转账支票一同送交开户银行办理进账手续，银行办理转讫后，取回加盖“转讫”章的进账单回单联。（回单只证明银行受理，款项未划转，不能作为收款凭证）

（5）将开户银行转来的进账单第三联（收账通知）和增值税专用发票交制单会计周明编制银行存款收款凭证（见图 4–10）。

（6）根据审核无误的收款凭证及所附原始凭证登记银行存款日记账（见图 4–152），2018 年 6 月银行存款日记账期初余额为 1 502 281.86 元。

2）签发转账支票

【任务案例 4–2】2018 年 6 月 5 日，销售部赵飞向李晓慧申请领用转账支票，用以支付广告费，相关的内部审批手续均已办妥，金额为 3 180 元。

李晓慧做了如下工作：

收　款　凭　证

收字第 001 号

借方科目：银行存款　　2018 年 06 月 04 日

摘要	对方科目：总账科目	对方科目：明细科目	借或贷	金额（千百十万千百十元角分）	√
销售商品	主营业务收入		贷	2000000	
	应交税费	应交增值税（销项税额）	贷	320000	
合计				¥2320000	

附单据 2 张

会计主管：　记账：王敏杰　出纳：李晓慧　复核：王敏杰　制单：周明

图 4-10　收款凭证

（1）审核相关审批手续及广告费发票（见图 4-11）。

（2）填写转账支票（假定支付密码器生成的支付密码为 2872 1711 5118 4508），交印鉴管理员在支票正面加盖预留银行印鉴。

（3）经办人员赵飞在票据使用登记簿上签字后，将支票正本交给赵飞。

1100094140　　**北京增值税专用发票**　　№ 80832467　1100094140　80832467

校验码 30020 86496 63696 50041　　开票日期：2018年06月05日

购买方：
名　　称：北京宏达科技有限公司
纳税人识别号：91140100746026855X3
地址、电话：北京市昌平区东大街369号 010-69719688
开户行及账号：中国工商银行北京城关支行　3519000771106245001

密码区：
03/50/*36677-*8*42<-087*2222
*><360892/+54151*7>5/27/-880
36<6985**445810**-+4<-/6+/7+
1><8793*6501794+19>51795*+<*

货物或应税劳务、服务名称	规格型号	单位	数量	单价	金额	税率	税额
*广告服务*广告费					3000.00	6%	180.00
合计					¥3000.00		¥180.00
价税合计（大写）	⊗叁仟壹佰捌拾元整				（小写）¥3180.00		

销售方：
名　　称：闪电广告有限公司
纳税人识别号：911401074997097106
地址、电话：北京市丰台区西里街39号 010-63462888
开户行及账号：中国银行北京丰岳支行　107445576891

备注：（闪电广告有限公司 911401074997097106 发票专用章）

收款人：　复核：　开票人：刘彦平　销售方：（章）

第三联：发票联　购买方记账凭证

图 4-11　广告费发票

（4）将转账支票存根（见图 4-12）及广告费发票交制单会计周明编制付款凭证（见图 4-13）。

（5）根据审核无误的付款凭证登记银行存款日记账（见图 4-152）。

3）转账支票背书转让

【任务案例 4-3】2018 年 6 月 12 日，收到新昌隆贸易有限公司签发的转账支票一张，用于结算前欠货款，金额为 92 800 元。公司决定将此支票背书转让给北京明辉有限公司，全部用于购买原材料，此种材料的买价为 80 000 元，增值税税率为 16%，材料尚未到达。会计主管安排李晓慧办理背书转让手续。

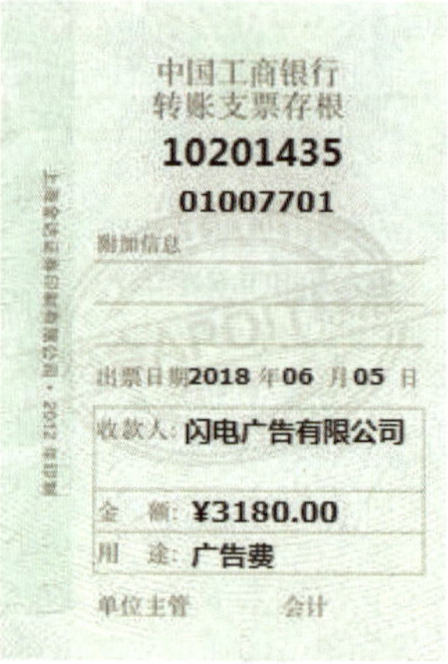

中国工商银行
转账支票存根
10201435
01007701
附加信息
出票日期 2018 年 06 月 05 日
收款人：闪电广告有限公司
金 额：¥3180.00
用 途：广告费
单位主管 会计

图 4-12 转账支票存根

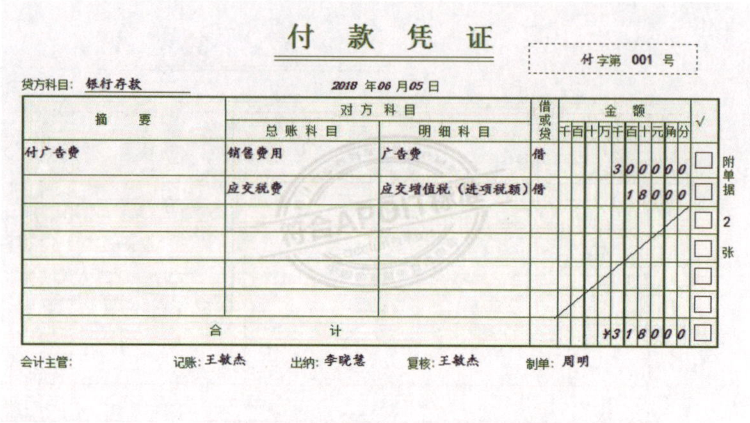

付款凭证

付字第 001 号

贷方科目：银行存款　　2018 年 06 月 05 日

摘要	总账科目	明细科目	借或贷	金额	√
付广告费	销售费用	广告费	借	300000	
	应交税费	应交增值税（进项税额）	借	18000	
合计				¥318000	

附单据 2 张

会计主管：　记账：王敏杰　出纳：李晓慧　复核：王敏杰　制单：周明

图 4-13 付款凭证

李晓慧做了如下工作：

（1）审核单据、增值税专用发票（略）、转账支票（见图 4-14）。

（2）在票据背书转让登记簿上登记，包括票据的种类、出票日期、出票人或付款人、票据金额、票据编号、被背书人及背书日期、有关业务内容、经办人等。

（3）将支票交印鉴管理员在支票背面签章，在被背书人栏内签上被背书人单位名称（见图 4-15）。

（4）将支票复印后，原件交经办人，并请经办人在登记簿上签字。

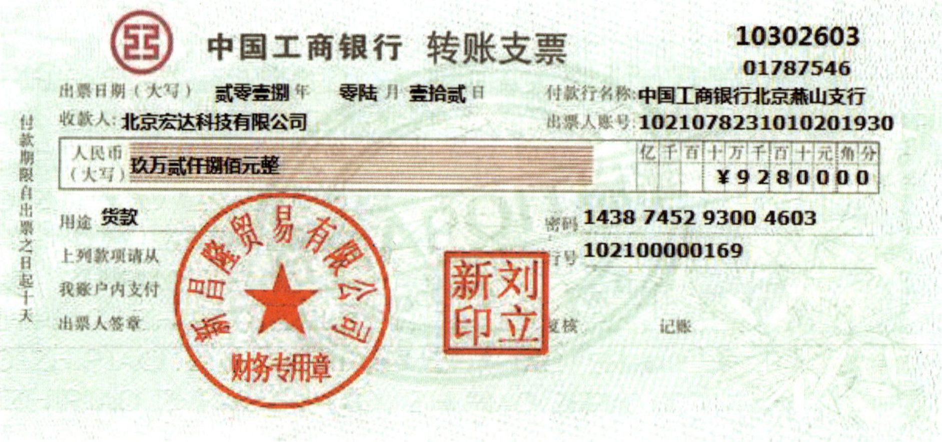

中国工商银行 转账支票
10302603
01787546
出票日期（大写）贰零壹捌年 零陆月 壹拾贰日　付款行名称：中国工商银行北京燕山支行
收款人：北京宏达科技有限公司　出票人账号：1021078231010201930
人民币（大写）玖万贰仟捌佰元整　¥9280000
用途 货款　密码 1438 7452 9300 4603
上列款项请从我账户内支付　行号 102100000169
出票人签章　复核　记账
付款期限自出票之日起十天

图 4-14 转账支票正面

（5）将支票复印件及增值税专用发票交制单会计周明编制付款凭证（见图 4-16）。

（6）根据审核无误的付款凭证登记银行存款日记账（见图 4-152）。

附加信息：

被背书人 北京明辉有限公司

被背书人

北京宏达科技有限公司 财务专用章

赵轩印明

背书人签章
2018 06 12

背书人签章
年 月 日

（贴粘单处）

图 4-15　转账支票背面

付　款　凭　证

付字第 002 号

贷方科目：银行存款　　　　2018 年 06 月 12 日

摘　要	对方科目：总账科目	对方科目：明细科目	借或贷	金额（千百十万千百十元角分）	√
采购材料	在途物资		借	8000000	□
	应交税费	应交增值税（进项税额）	借	1280000	□
					□
					□
					□
					□
合　　计				¥9280000	□

附单据 2 张

会计主管　　记账：王敏杰　　出纳：李晓慧　　复核：王敏杰　　制单：周明

图 4-16　付款凭证

任务 4.2　银行汇票结算

1. 银行汇票的概念

银行汇票是汇款人将款项交存当地银行，由银行签发给汇款人持往异地办理转账结算或支取现金的票据。银行汇票结算方式是指利用银行汇票办理转账结算的方式。

银行汇票一式四联，第一联为银行汇票卡片，由签发行结清汇票时作为汇出款项的付出传票，基本格式见图 4-17。

第二联为银行汇票，与第三联解讫通知一并由汇款人自带，在兑付行兑付汇票后，此联作为联行往来账的付出传票，基本格式见图 4-18。

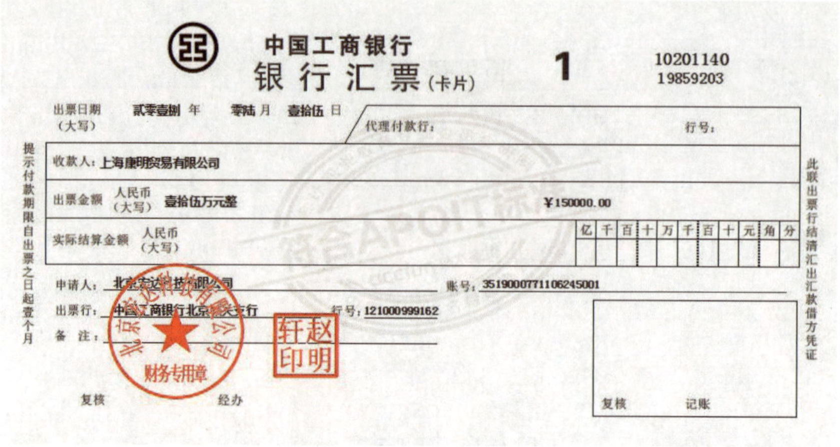
中国工商银行
银行汇票(卡片)　1　10201140 19859203
出票日期（大写） 贰零壹捌 年 零陆 月 壹拾伍 日　代理付款行：　行号：
提示付款期限自出票之日起壹个月
收款人：上海康明贸易有限公司
出票金额 人民币（大写） 壹拾伍万元整　¥150000.00
实际结算金额 人民币（大写）　亿 千 百 十 万 千 百 十 元 角 分
申请人：北京宏达科技有限公司　账号：351900077110624500l
出票行：中国工商银行北京城关支行　行号：121000999162
备 注：
复核　经办　复核　记账
此联出票行结清汇出汇款借方凭证

图 4-17　银行汇票（卡片）

第三联为解讫通知，在兑付行兑付后随报单寄往签发行，由签发行作为余款收入传票，基本格式见图 4-19。

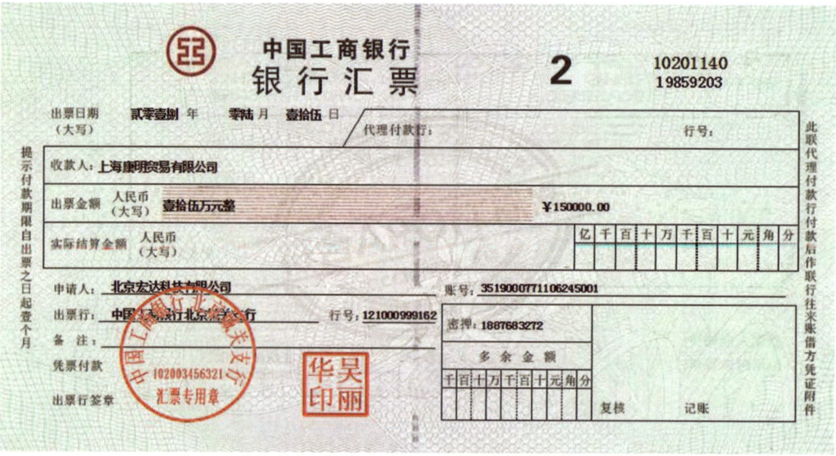
中国工商银行
银行汇票　2　10201140 19859203
出票日期（大写） 贰零壹捌 年 零陆 月 壹拾伍 日　代理付款行：　行号：
提示付款期限自出票之日起壹个月
收款人：上海康明贸易有限公司
出票金额 人民币（大写） 壹拾伍万元整　¥150000.00
实际结算金额 人民币（大写）　亿 千 百 十 万 千 百 十 元 角 分
申请人：北京宏达科技有限公司　账号：3519000771106245001
出票行：中国工商银行北京城关支行　行号：121000999162
备 注：　密押：1887683272
凭票付款　多余金额 千 百 十 万 千 百 十 元 角 分
出票行签章　复核　记账
此联代理付款行付款后作联行往来账借方凭证附件

图 4-18　银行汇票（第二联）

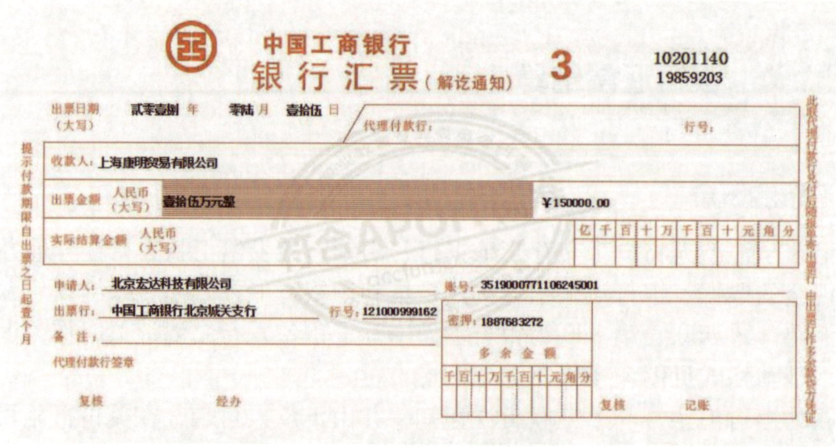
中国工商银行
银行汇票（解讫通知）　3　10201140 19859203
出票日期（大写） 贰零壹捌 年 零陆 月 壹拾伍 日　代理付款行：　行号：
提示付款期限自出票之日起壹个月
收款人：上海康明贸易有限公司
出票金额 人民币（大写） 壹拾伍万元整　¥150000.00
实际结算金额 人民币（大写）　亿 千 百 十 万 千 百 十 元 角 分
申请人：北京宏达科技有限公司　账号：3519000771106245001
出票行：中国工商银行北京城关支行　行号：121000999162
备 注：　密押：1887683272
代理付款行签章　多余金额 千 百 十 万 千 百 十 元 角 分
复核　经办　复核　记账
此联代理付款行兑付后随报单寄出票行，由出票行作多余款贷方凭证

图 4-19　银行汇票（解讫通知）

第四联为多余款收账通知，在签发行结清后交汇款人，基本格式见图 4-20。

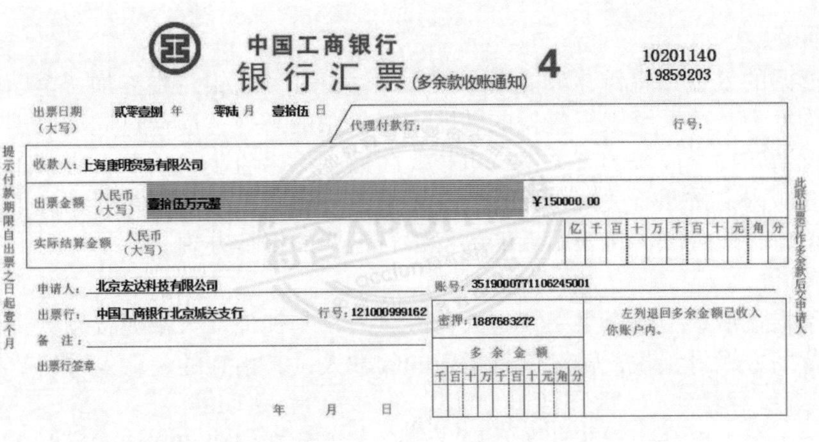

中国工商银行
银行汇票（多余款收账通知） 4
10201140
19859203
出票日期（大写） 贰零壹捌 年 零陆 月 壹拾伍 日
代理付款行： 行号：
提示付款期限自出票之日起壹个月
收款人：上海康明贸易有限公司
出票金额 人民币（大写） 壹拾伍万元整 ¥150000.00
实际结算金额 人民币（大写）
亿 千 百 十 万 千 百 十 元 角 分
此联出票行作多余款后交申请人
申请人：北京宏达科技有限公司 账号：35190007711106245001
出票行：中国工商银行北京城关支行 行号：121000999162
密押：1887683272
左列退回多余金额已收入你账户内。
备　注：
多 余 金 额
千 百 十 万 千 百 十 元 角 分
出票行签章
年　月　日

图 4-20　银行汇票（多余款收账通知）

2. 银行汇票结算的特点

与其他银行结算方式相比，银行汇票结算方式的特点如下：

1）适用范围广

凡是各单位、个体经济户和个人需要在异地进行商品交易、劳务供应等经济活动，以及债权债务的结算，都可以使用银行汇票。并且，银行汇票既可以用于转账结算，也可以用于支取现金。

2）票随人走，钱货两清

实行银行汇票结算，购货单位交款，银行开票，票随人走；购货单位购货给票，销售单位验票发货，一手交票，一手交钱；银行见票付款，可以减少结算环节，缩短结算资金在途时间，方便购销活动。

3）信用度高，安全可靠

银行汇票是银行在收到汇款人款项后签发的支付凭证，因而具有较高的信誉度，银行保证支付，收款人持有票据，可以安全、及时地到银行支取款项。

4）使用灵活，适用性强

实行银行汇票结算，持票人可以将汇票背书转让给销货单位，也可以通过银行办理分次支取或转让，另外还可以使用信汇、电汇或重新办理汇票转汇款项，因而有利于购货单位在市场上灵活地采购物资。

5）结算准确，余款自动退回

一般来讲，购货单位很难准确确定具体购货金额，因而出现汇多用少的情况是不可避免的。使用银行汇票结算凡在汇票的汇款金额之内的，可根据实际采购金额办理支付，多余款项将由银行自动退回，这样可以有效地防止交易尾欠的发生。

3. 银行汇票结算的基本规定

1）签发和解付

银行汇票的签发和解付，只能由中国人民银行和商业银行中参加“全国联行往来”的银行机构办理。跨系统银行签发的转账银行汇票的解付，应通过同城票据交换将银行汇票和解讫通知提交同城的有关银行审核支付后抵用，省、自治区、直辖市内和跨省、市的经济区域内，按照有关规定办理。在不能签发银行汇票的银行开户的汇款人需要使用银行汇票时，应将款项转交附近能签发银行汇票的银行办理。

2）一律记名

记名是指在汇票中指定某一特定人为收款人，其他任何人都无权领款；但如果指定收款人以背书方式将领款权转让给其指定的收款人，其指定的收款人有领款权。

3）无金额起点限制

根据《中华人民共和国票据法》和《中华人民共和国票据管理实施办法》，中国人民银行总行对银行结算办法进行了全面的修改、完善，形成了《支付结算办法》。新的《支付结算办法》取消了银行汇票金额起点 500 元的限制。

4）付款期限

银行汇票的付款期为一个月。这里所说的付款期，是指从签发之日起到办理兑付之日止的时期。这里所说的一个月，是指从签发日开始，不论月大月小，统一到下月对应日期止的一个月。比如签发日为 3 月 5 日，则付款期到 4 月 5 日止。如果到期日遇节假日，可以顺延。逾期的汇票，兑付银行将不予办理。

4. 银行汇票结算的基本流程

1）银行汇票申请

企业在使用银行汇票时应填写银行结算业务委托书（或申请书），注明委托人、收款人的单位名称、开户银行、账号、汇款用途、金额等，并在结算业务委托书上加盖汇款人预留银行印鉴，由银行审查后签发银行汇票。

不同的银行结算业务委托书的格式不尽相同。例如，中国工商银行的业务委托书（见图 4–21）和中国银行结算业务申请书（见图 4–22）为一联，分左右两部分，左边是业务委托书正本，右边是回执或客户留存。中国农业银行结算业务申请书（见图 4–23）和招商银行结算业务委托书（见图 4–24）为一式三联：第一联为银行记账凭证；第二联为收款方记账凭证；第三联为付款行给付款人的回单。

2）银行汇票签发

签发银行受理“银行结算业务委托书”，经过验对“银行结算业务委托书”的内容和印鉴，并在办妥转账或收妥现金后，即可向申请人签发银行汇票。如个体经济户或个人需要支取现金的，应在汇票“汇款金额”栏先填写“现金”字样，后填写汇款金额，再加盖印章，并用压数机压印汇款金额，将银行汇票的解讫通知交汇款人。

3）办理结算

汇款单位持“银行汇票”和“解讫通知”直接往异地办理结算，交由指定收款单位或收款人于银行汇票背书后，向兑付银行办理转账结算，多余金额由签发银行退交汇款单位。

银行汇票结算的基本流程见图 4–25。

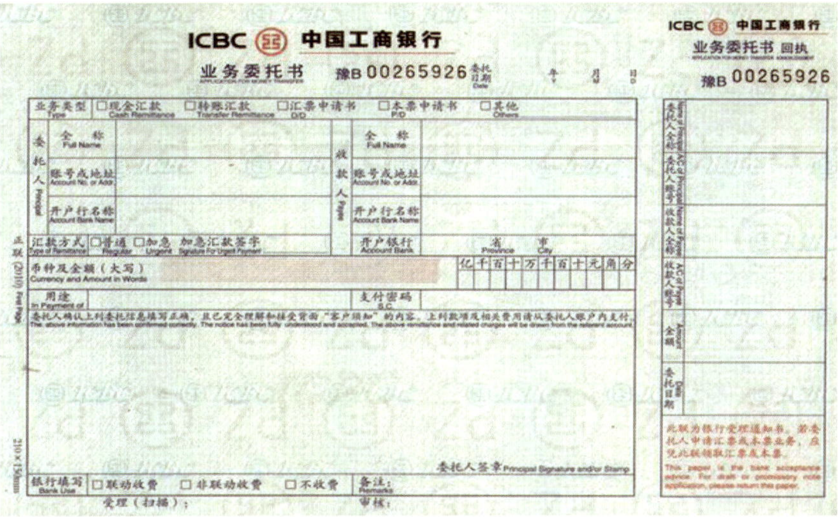

ICBC 中国工商银行 业务委托书 豫B 00265926 委托日期 年 月 日

业务类型 □现金汇款 □转账汇款 □汇票申请书 □本票申请书 □其他

委托人：全称 / 账号或地址 / 开户行名称

收款人：全称 / 账号或地址 / 开户行名称

汇款方式 □普通 □加急 加急汇款签字　开户银行 省 市

币种及金额（大写）　亿 千 百 十 万 千 百 十 元 角 分

用途　支付密码

委托人确认上列委托信息填写正确，且已完全理解和接受背面"客户须知"的内容。上列款项及相关费用请从委托人账户内支付。

委托人签章

银行填写 □联动收费 □非联动收费 □不收费　备注：　受理（扫描）：　审核：

ICBC 中国工商银行 业务委托书 回执 豫B 00265926

图 4-21　中国工商银行的业务委托书

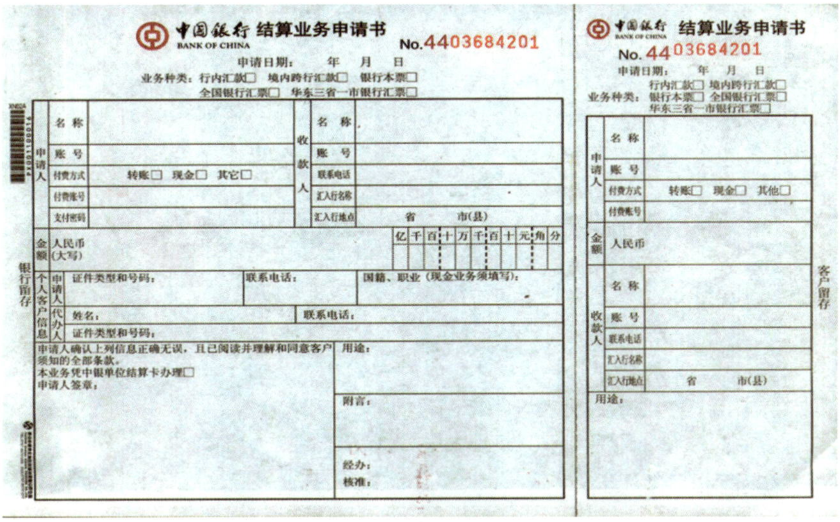

中国银行 BANK OF CHINA 结算业务申请书 No.4403684201

申请日期：　年　月　日

业务种类：行内汇款□ 境内跨行汇款□ 银行本票□ 全国银行汇票□ 华东三省一市银行汇票□

申请人：名称 / 账号 / 付费方式 转账□ 现金□ 其它□ / 付费账号 / 支付密码

收款人：名称 / 账号 / 联系电话 / 汇入行名称 / 汇入行地点 省 市(县)

金额 人民币(大写)　亿 千 百 十 万 千 百 十 元 角 分

个人客户信息：申请人 证件类型和号码：　联系电话：　国籍、职业（现金业务须填写）：　代办人 姓名：　联系电话：　证件类型和号码：

申请人确认上列信息正确无误，且已阅读并理解和同意客户须知的全部条款。本业务凭中银单位结算卡办理□ 申请人签章：　用途：　附言：　经办：　核准：

银行留存　客户留存

图 4-22　中国银行结算业务申请书

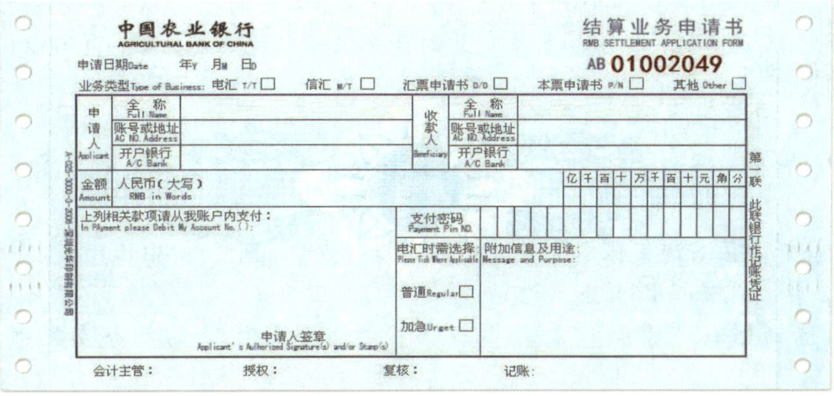

中国农业银行 AGRICULTURAL BANK OF CHINA　结算业务申请书 RMB SETTLEMENT APPLICATION FORM　AB 01002049

申请日期 Date　年 Y 月 M 日 D

业务类型 Type of Business: 电汇 T/T □ 信汇 M/T □ 汇票申请书 D/D □ 本票申请书 P/N □ 其他 Other □

申请人 Applicant：全称 Full Name / 账号或地址 A/C NO. Address / 开户银行 A/C Bank

收款人 Beneficiary：全称 Full Name / 账号或地址 A/C NO. Address / 开户银行 A/C Bank

金额 Amount 人民币（大写）RMB in Words　亿 千 百 十 万 千 百 十 元 角 分

上列相关款项请从我账户内支付：In Payment please Debit My Account No.（）:　支付密码 Payment Pin NO.

电汇时需选择 Please Tick Where Applicable：普通 Regular □ 加急 Urgent □　附加信息及用途：Message and Purpose:

申请人签章 Applicant's Authorized Signature(s) and/or Stamp(s)

会计主管：　授权：　复核：　记账：

第一联 此联银行作记账凭证

图 4-23　中国农业银行结算业务申请书

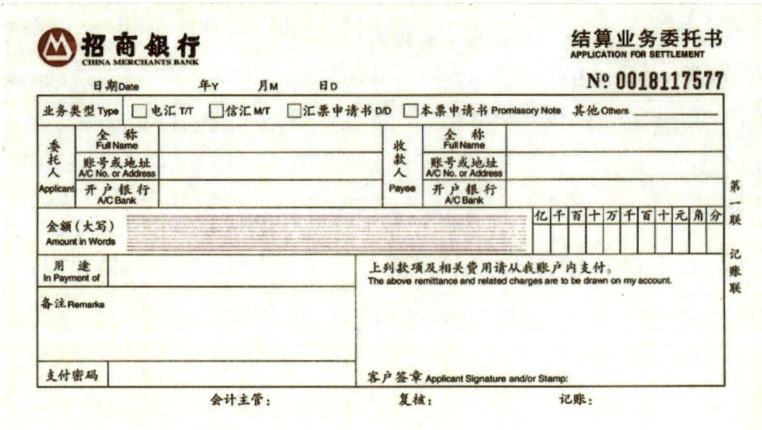
招商银行
CHINA MERCHANTS BANK

结算业务委托书
APPLICATION FOR SETTLEMENT

日期Date　　年Y　　月M　　日D　　№ 0018117577

业务类型 Type	□电汇 T/T　□信汇 M/T　□汇票申请书 D/D　□本票申请书 Promissory Note　其他 Others ______			
委托人 Applicant	全称 Full Name		收款人 Payee	全称 Full Name
	账号或地址 A/C No. or Address			账号或地址 A/C No. or Address
	开户银行 A/C Bank			开户银行 A/C Bank
金额（大写） Amount in Words			亿 千 百 十 万 千 百 十 元 角 分	
用途 In Payment of			上列款项及相关费用请从我账户内支付。 The above remittance and related charges are to be drawn on my account.	
备注 Remarks				
支付密码			客户签章 Applicant Signature and/or Stamp:	

第一联　记账联

会计主管：　　复核：　　记账：

图 4-24　招商银行结算业务委托书

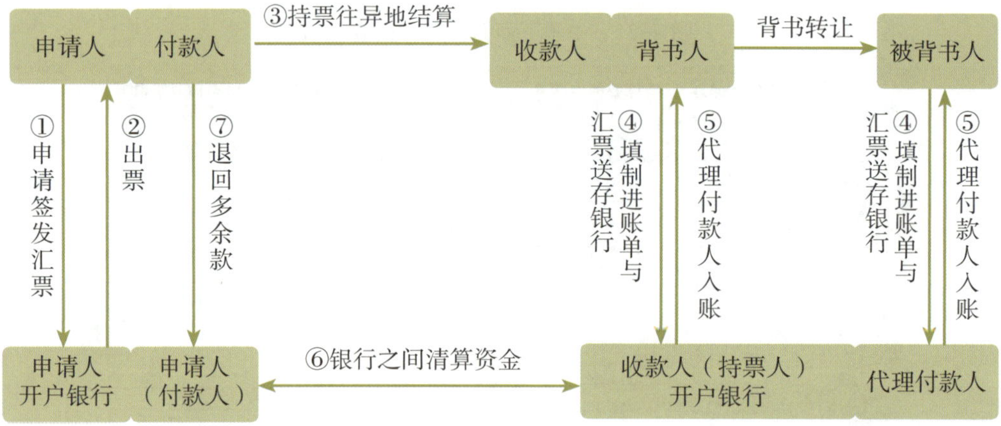

图 4-25　银行汇票结算的基本流程

5. 银行汇票结算业务办理

1）签发银行汇票

【任务案例 4–4】2018 年 6 月 15 日，北京宏达科技有限公司业务员杨飞需要到上海采购材料，出纳员李晓慧向开户银行申请签发金额为 150 000 元的银行汇票。（汇款方式：普通）

李晓慧做了如下工作：

（1）填写银行业务委托书并交印鉴管理员在委托人签章处加盖预留银行印鉴。（见图 4–26）。

（2）向开户银行递交银行业务委托书，银行查证资金，按申请额出票，填写一式四联银行汇票（见图 4–17 至图 4–20）。

（3）取回银行汇票第二联、第三联及加盖银行印章的业务委托书回执（见图 4–27）。

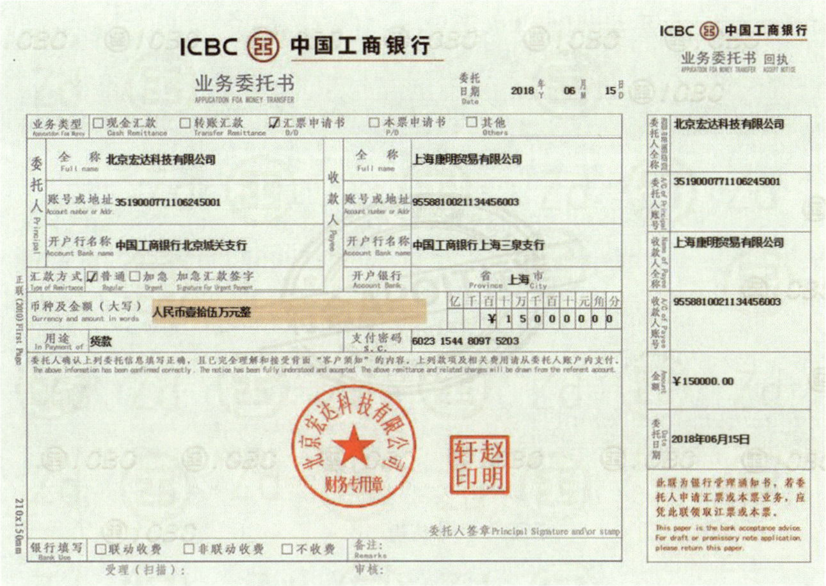

ICBC 中国工商银行

业务委托书 APPLICATION FOR MONEY TRANSFER

委托日期 2018年06月15日

业务类型：□现金汇款 □转账汇款 ☑汇票申请书 □本票申请书 □其他

委托人		收款人	
全称	北京宏达科技有限公司	全称	上海康明贸易有限公司
账号或地址	351900077110624500l	账号或地址	9558810021134456003
开户行名称	中国工商银行北京城关支行	开户行名称	中国工商银行上海三泉支行
汇款方式	☑普通 □加急 加急汇款签字	开户银行	上海市

币种及金额（大写）：人民币壹拾伍万元整　￥15000000

用途：货款　支付密码：6023 1544 8097 5203

委托人确认上列委托信息填写正确，且已完全理解和接受背面"客户须知"的内容。上列款项及相关费用请从委托人账户内支付。

北京宏达科技有限公司 财务专用章　赵轩印明

委托人签章

银行填写：□联动收费 □非联动收费 □不收费　备注：

受理（扫描）：　审核：

图 4-26　银行结算业务委托书

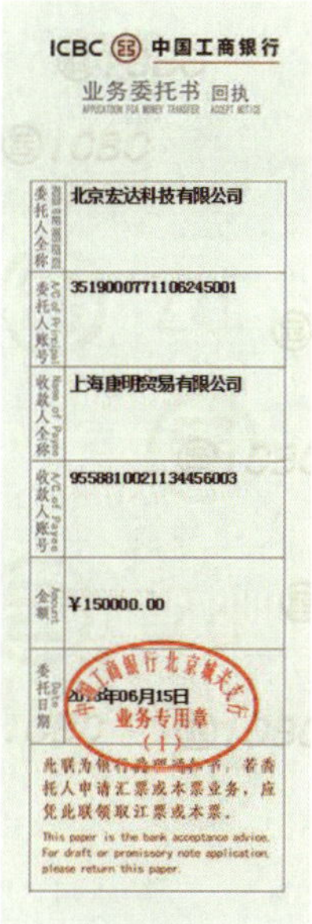

ICBC 中国工商银行

业务委托书 回执

委托人全称	北京宏达科技有限公司
委托人账号	3519000771106245001
收款人全称	上海康明贸易有限公司
收款人账号	9558810021134456003
金额	￥150000.00
委托日期	2018年06月15日

中国工商银行北京城关支行 业务专用章 （十）

此联为银行受理通知书，若委托人申请汇票或本票业务，应凭此联领取汇票或本票。

This paper is the bank acceptance advice. For draft or promissory note application, please return this paper.

图 4-27
业务委托书回执

（4）将业务委托书回执交制单会计周明审核并编制付款凭证（见图 4-28）。

（5）根据审核后的付款凭证，登记银行存款日记账（见图 4-152）。

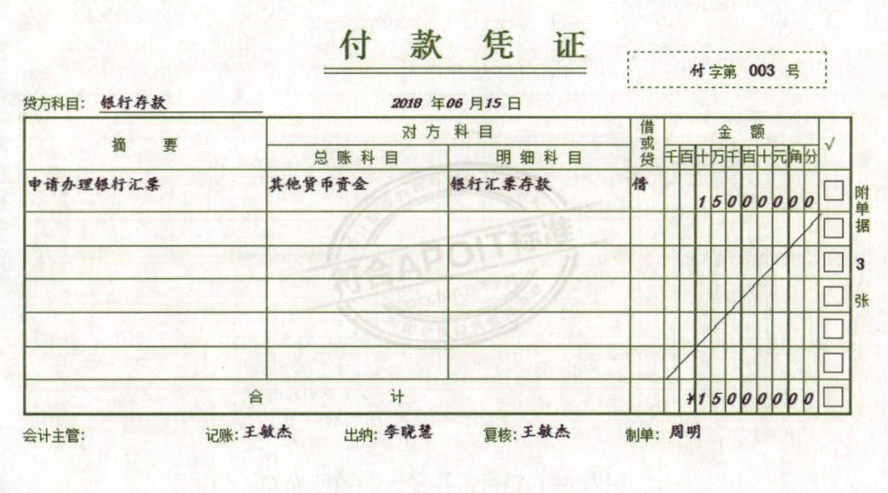

付 款 凭 证　　付字第 003 号

贷方科目：银行存款　　2018 年 06 月 15 日

摘要	总账科目	明细科目	借或贷	金额	√
申请办理银行汇票	其他货币资金	银行汇票存款	借	15000000	
合计				￥15000000	

附单据 3 张

会计主管：　记账：王敏杰　出纳：李晓慧　复核：王敏杰　制单：周明

图 4-28　付款凭证

【任务案例 4-5】2018 年 6 月 20 日，业务员杨飞以银行汇票支付采购材料的价款及税款，增值税专用发票（见图 4-29）注明的价款为 120 000 元，增值税税率为 16%，材料尚未验收入库。

李晓慧做了如下工作：

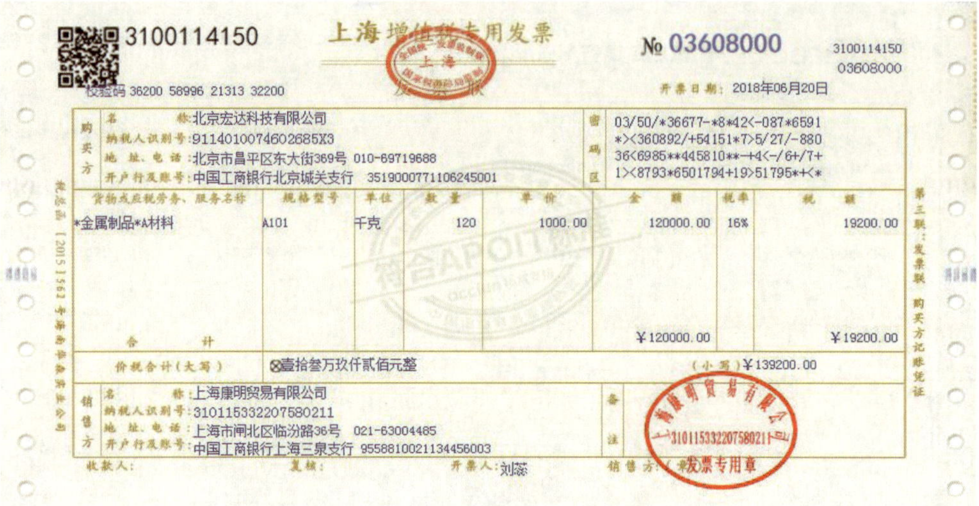
3100114150 上海增值税专用发票 № 03608000
3100114150
03608000
校验码 36200 58996 21313 32200
开票日期：2018年06月20日

购买方 名称	北京宏达科技有限公司
纳税人识别号	91140100746026885X3
地址、电话	北京市昌平区东大街369号 010-69719688
开户行及账号	中国工商银行北京城关支行 3519000771106245001
密码区	03/50/*36677-*8*42<-087*6591 *><360892/+54151*7>5/27/-880 36<6985**445810**-+4<-/6+/7+ 1><8793*6501794+19>51795*+<*

货物或应税劳务、服务名称	规格型号	单位	数量	单价	金额	税率	税额
*金属制品*A材料	A101	千克	120	1000.00	120000.00	16%	19200.00
合计					¥120000.00		¥19200.00
价税合计（大写）	⊗壹拾叁万玖仟贰佰元整				（小写）¥139200.00		

销售方 名称	上海康明贸易有限公司
纳税人识别号	310115332207580211
地址、电话	上海市闸北区临汾路36号 021-63004485
开户行及账号	中国工商银行上海三泉支行 9558810021134456003

收款人： 复核： 开票人：刘淼 销售方：（章）

图 4-29 增值税专用发票

（1）从开户行取回银行汇票第四联即多余款收账通知（见图 4-30），并与增值税专用发票核对。

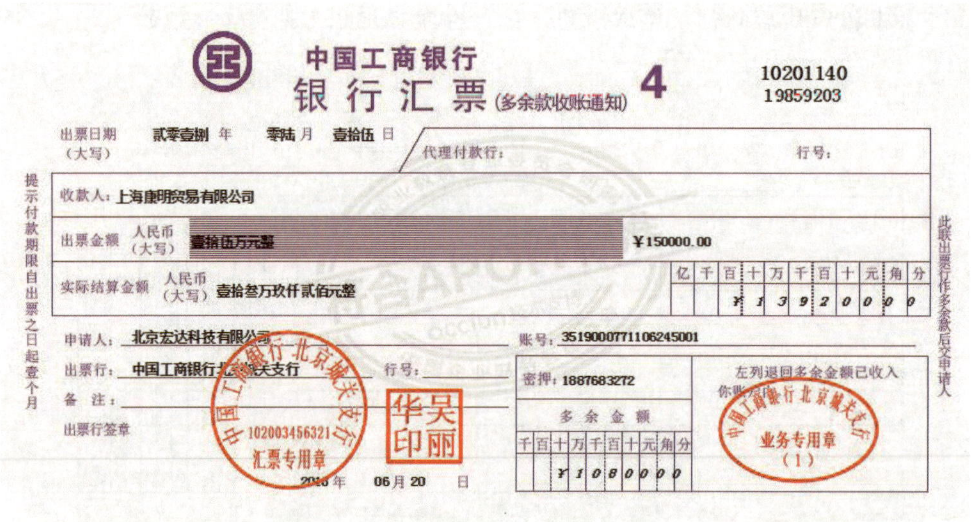
中国工商银行
银行汇票（多余款收账通知） 4
10201140
19859203

出票日期（大写）：贰零壹捌 年 零陆 月 壹拾伍 日 代理付款行： 行号：

收款人：	上海康明贸易有限公司
出票金额 人民币（大写）	壹拾伍万元整 ¥150000.00
实际结算金额 人民币（大写）	壹拾叁万玖仟贰佰元整 ¥139200.00
申请人：	北京宏达科技有限公司 账号：3519000771106245001
出票行：	中国工商银行北京城关支行 行号：
备注：	

密押：1887683272
多余金额：¥10800.00
左列退回多余金额已收入你账户内。
出票行签章 2018年 06月 20 日

提示付款期限自出票之日起壹个月
此联出票行作多余款后交申请人

图 4-30 银行汇票多余款收账通知

（2）将余款通知单及增值税专用发票交制单会计据以编制收款凭证、转账凭证（见图 4-31、图 4-32）。

（3）根据审核后的收款凭证，登记银行存款日记账（见图 4-152）。

收　款　凭　证

收字第 002 号

借方科目：银行存款　　　　2018 年 06 月 20 日

摘　要	对方科目 总账科目	对方科目 明细科目	借或贷	金额（千百十万千百十元角分）	√
采购材料并以银行汇票结算	其他货币资金	银行汇票存款	贷	1080000	
合　计				¥1080000	

附单据 1 张

会计主管：　　记账：王敏杰　　出纳：李晓慧　　复核：王敏杰　　制单：周明

图 4-31　收款凭证

转　账　凭　证

转字第 001 号

2018 年 06 月 20 日

摘　要	总账科目	明细科目	借方金额（亿千百十万千百十元角分）	贷方金额（亿千百十万千百十元角分）	√
采购材料并以银行汇票结算	原材料		12000000		
	应交税费	应交增值税（进项税额）	1920000		
	其他货币资金	银行汇票存款		13920000	
合　计			¥13920000	¥13920000	

附单据 1 张

会计主管：　　记账：王敏杰　　出纳：李晓慧　　复核：王敏杰　　制单：周明

图 4-32　转账凭证

2）收到银行汇票

【任务案例 4-6】2018 年 6 月 23 日，北京宏达科技有限公司销售给山西景城有限公司商品一批，增值税专用发票注明的价款为 160 000 元，增值税税率为 16%，收到一张出票金额 200 000 元的银行汇票。李晓慧办理银行汇票进账手续。

李晓慧做了如下工作：

（1）核对票据相关内容并提交会计主管审核，通知销售部门经办业务人员办理销售手续。

（2）对销售部门经办业务人员开具的产品销售单会计联（见图 4-33）及增值税专用发票记账联（见图 4-34）进行审核。

（3）根据增值税专用发票，在第二联银行汇票和第三联解讫通知之间夹双面复写纸填写“实际结算金额”和“多余金额”（见图 4-35），并在银行汇票背面加盖预留银行印鉴（见图 4-36）。

销售单

购货单位：山西景城有限公司　地址和电话：太原市小店区建设南路256号 0351-7066112　单据编号：20034

纳税识别号：911200345680987654　开户行及账号：中国工商银行太原北营支行 9558822667009930001　制单日期：2018年06月23日

编码	产品名称	规格	单位	单价	数量	金额	备注
	无线移动硬盘	WX041	个	800.00	200	160000.00	不含税价
	人民币（大写）：壹拾陆万元整					¥160000.00	

会计联

销售经理：武建英　会计：　仓管：　签收人：　经办人：赵晨

图 4-33　销售单

1100082160　**北京增值税专用发票**　№ 80882613　1100082160　80882613

此联不作报销、扣税凭证使用

校验码 36522 00125 86955 33620　开票日期：2018年06月23日

购买方	名　　称：山西景城有限公司 纳税人识别号：911200345680987654 地 址、电 话：太原市小店区建设南路256号 0351-7066112 开户行及账号：中国工商银行太原北营支行 9558822667009930001			密码区	03/50/*36677-*8*42<-087*6591 *><360892/+54151*7>5/27/-880 36<6985**445810**-+4<-/6+/7+ 1><8793*6501794+19>51795*+<*		
货物或应税劳务、服务名称	规格型号	单位	数量	单价	金额	税率	税额
*计算机外部设备*无线移动硬盘	WX041	个	200	800.00	160000.00	16%	25600.00
合　计					¥160000.00		¥25600.00
价税合计（大写）	⊗壹拾捌万伍仟陆佰元整				（小写）¥185600.00		
销售方	名　　称：北京宏达科技有限公司 纳税人识别号：91140100746026850X3 地 址、电 话：北京市昌平区东大街369号 010-69719688 开户行及账号：中国工商银行北京城关支行 3519000771106245001			备注			

收款人：　复核：　开票人：赵晨　销售方：（章）

第一联：记账联　销售方记账凭证

税总函［2015］562号海南华森实业公司

图 4-34　增值税专用发票

中国工商银行

银行汇票　2　10305568　17562304

出票日期（大写）：贰零壹捌 年 零陆 月 贰拾叁 日　代理付款行：中国工商银行北京城关支行　行号：121000999162

收款人：北京宏达科技有限公司

出票金额 人民币（大写）：贰拾万元整　¥200000.00

实际结算金额 人民币（大写）：壹拾捌万伍仟陆佰元整

亿	千	百	十	万	千	百	十	元	角	分
		¥	1	8	5	6	0	0	0	0

申请人：山西景城有限公司　账号：9558822667009930001

出票行：中国工商银行太原北营支行　行号：102003456321

备注：

凭票付款

出票行签章

密押：1886652346

多余金额

千	百	十	万	千	百	十	元	角	分
		¥	1	4	4	0	0	0	0

复核　记账

提示付款期限自出票之日起壹个月

此联代理付款行付款后作联行往账借方凭证附件

图 4-35　银行汇票第二联

（4）根据实际结算金额填写一式三联进账单（见图 4-37），连同银行汇票、解讫通知一并送交开户银行办理入账手续。

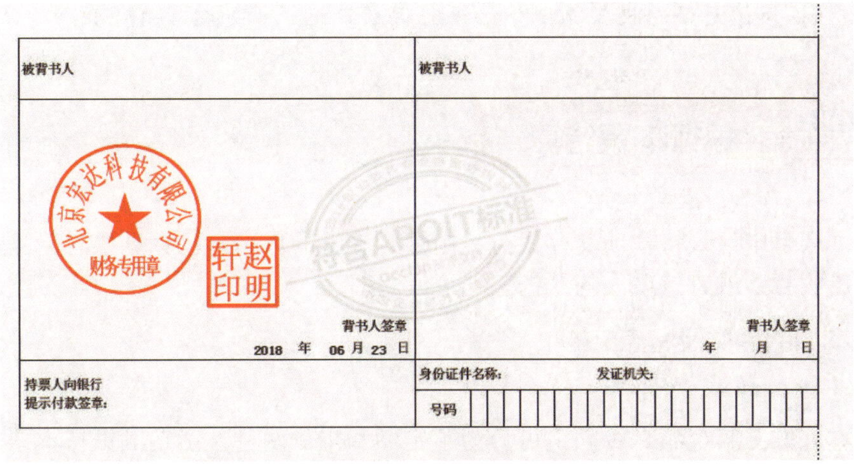

被背书人	被背书人
北京宏达科技有限公司 财务专用章　赵明轩印 背书人签章 2018 年 06 月 23 日	背书人签章 年　月　日
持票人向银行 提示付款签章：	身份证件名称：　　发证机关： 号码

图 4-36　银行汇票第二联背面

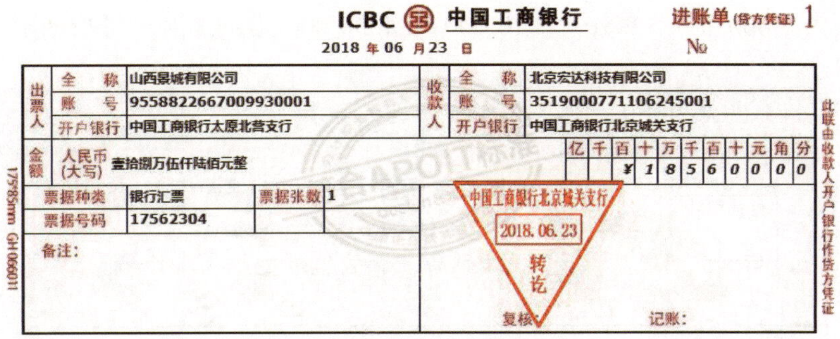

ICBC 中国工商银行　　进账单（贷方凭证）1

2018 年 06 月 23 日　　No

出票人	全　称	山西景城有限公司	收款人	全　称	北京宏达科技有限公司
	账　号	9558822667009930001		账　号	3519000771106245001
	开户银行	中国工商银行太原北营支行		开户银行	中国工商银行北京城关支行
金额	人民币（大写）	壹拾捌万伍仟陆佰元整		亿千百十万千百十元角分	¥ 1 8 5 6 0 0 0 0
票据种类	银行汇票	票据张数	1		
票据号码	17562304				
备注：			中国工商银行北京城关支行 2018.06.23 转讫 复核：　　记账：		

此联由收款人开户银行作贷方凭证

图 4-37　进账单

（5）银行受理后，取回回单联及收账通知，将收账通知及销货发票交制单会计编制收款凭证（见图 4-38）。

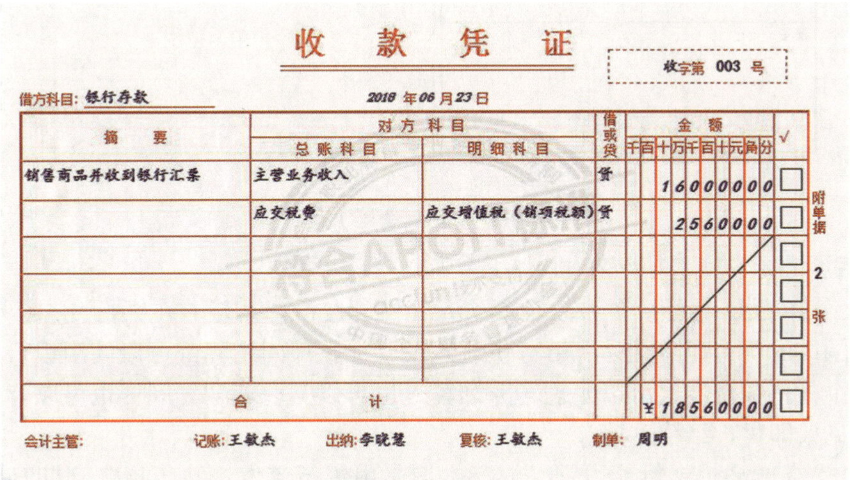

收　款　凭　证

借方科目：银行存款　　2018 年 06 月 23 日　　收字第 003 号

摘要	对方科目 总账科目	明细科目	借或贷	金额	√
销售商品并收到银行汇票	主营业务收入		贷	16000000	
	应交税费	应交增值税（销项税额）	贷	2560000	
合计				¥18560000	

附单据 2 张

会计主管：　记账：王敏杰　出纳：李晓慧　复核：王敏杰　制单：周明

图 4-38　收款凭证

（6）根据审核无误的收款凭证登记银行存款日记账（见图 4-152）。

任务 4.3 银行本票结算

银行本票是申请人将款项交存银行，由银行签发的承诺自己在见票时无条件支付确定的金额给收款人或者持票人的票据。

1. 银行本票的种类及特点

1）银行本票的种类

银行本票按照其金额是否固定可分为不定额和定额两种。不定额银行本票是指凭证上金额栏是空白的，签发时根据实际需要填写金额（起点金额为 100 元），并用压数机压印金额的银行本票；定额银行本票是指凭证上预先印有固定面额的银行本票。定额银行本票面额为 1 000 元、5 000 元、10 000 元和 50 000 元，其提示付款期限自出票日起最长不得超过 2 个月。

银行本票样式见图 4-39、图 4-40。

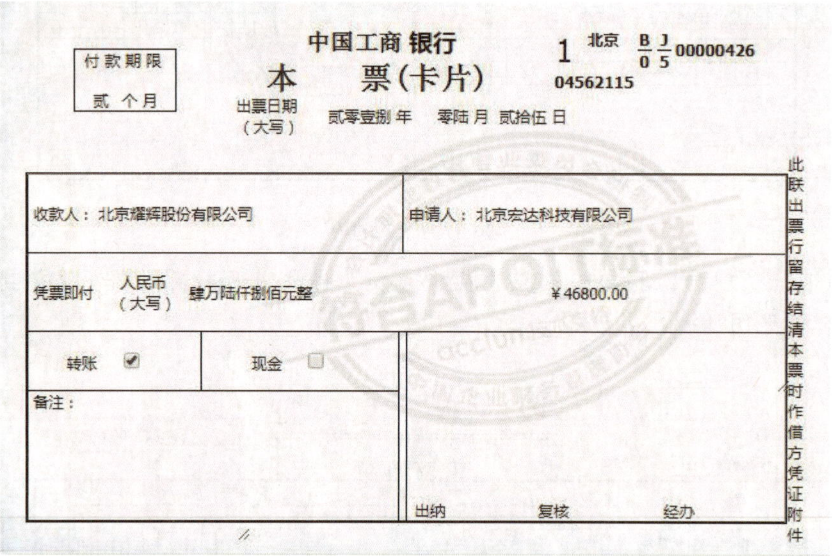
中国工商银行
本 票（卡片）
1 北京 B J / 0 5 00000426
04562115

付款期限 贰 个月

出票日期（大写） 贰零壹捌 年 零陆 月 贰拾伍 日

收款人：北京耀辉股份有限公司	申请人：北京宏达科技有限公司
凭票即付 人民币（大写） 肆万陆仟捌佰元整	¥46800.00
转账 ☑ 现金 ☐	
备注：	出纳 复核 经办

此联出票行留存结清本票时作借方凭证附件

图 4-39 银行本票卡片

2）银行本票结算的特点

（1）使用方便灵活。单位、个体经济户和个人不管其是否在银行开户，他们之间在同城范围内的所有商品交易、劳务供应以及其他款项的结算都可以使用银行本票。收款单位和个人持银行本票可以办理转账结算，也可以支取现金，同样也可以背书转让。银行本票见票即付，结算迅速。

（2）信誉度高，支付能力强。银行本票是由银行签发，并于指定到期日由签发银行无条件支付的，因而信誉度很高，一般不存在得不到正常支付的问题。其中定额银行

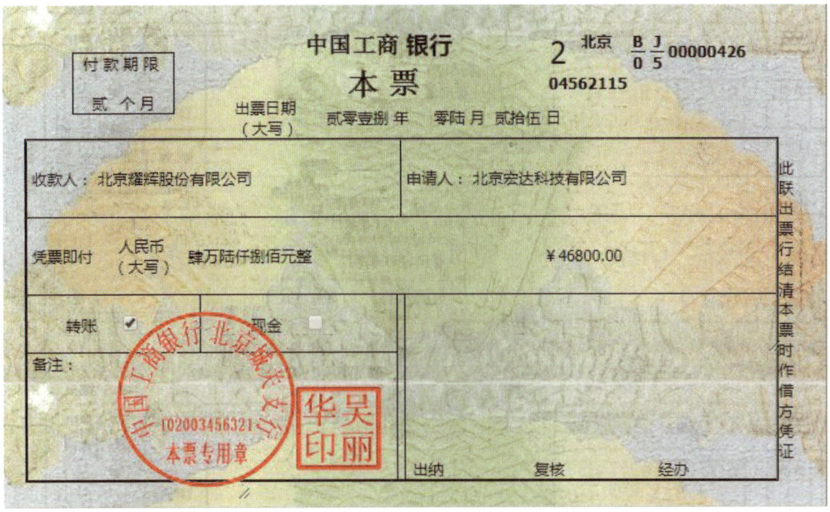
付款期限
贰 个月
中国工商银行
本票
2 北京 $\frac{B}{0}\frac{J}{5}$00000426
04562115
出票日期（大写） 贰零壹捌 年 零陆 月 贰拾伍 日
收款人：北京耀辉股份有限公司
申请人：北京宏达科技有限公司
凭票即付 人民币（大写） 肆万陆仟捌佰元整 ¥46800.00
转账 ✔ 现金
备注：
中国工商银行北京城关支行 102003456321 本票专用章
吴丽 华印
出纳 复核 经办
此联出票行结清本票时作借方凭证

图 4-40　银行本票

本票由中国人民银行发行，各大国有商业银行代理签发，不存在票款得不到兑付的问题。不定额银行本票由各大国有商业银行签发，由于其资金力量雄厚，因而一般也不存在票款得不到兑付的问题。

2. 银行本票结算的基本规定

1）使用范围

银行本票在指定城市的同城范围内使用。

2）金额起点

不定额银行本票的金额起点为 100 元，定额银行本票面额为 1 000 元、5 000 元、10 000 元、50 000 元。

3）付款期限

银行本票的付款期自出票日起最长不超过 2 个月（不分大月小月，统按次月对日计算，到期日遇节假日顺延）。逾期的银行本票，兑付银行不予受理，但可以在签发银行办理退款。

4）一律记名，允许背书

银行本票的持有人转让本票，应在本票背面“背书”栏内背书，加盖本单位预留银行印鉴，注明背书日期，在“被背书人”栏内填写受票单位名称，之后将银行本票直接交给被背书单位，同时向被背书单位交验有关证件，以便被背书单位查验。被背书单位对收受的银行本票应认真进行审查，审查内容与收款单位审查内容相同。

按照规定，银行本票的背书必须连续，也就是说，银行本票上的任意一个被背书人就是紧随其后的背书人，并连续不断。

如果本票的签发人在本票的正面注有“不准转让”字样，则该本票不得背书转让；背书人也可以在背书时注明“不准转让”，以禁止本票背书转让后再转让。

5）见票即付，不予挂失

银行本票见票即付，不予挂失。遗失的不定额银行本票在付款期满后 1 个月确未被冒领的，可以办理退款手续。

3. 银行本票结算的基本流程

1）申请签发银行本票

申请人办理银行本票，应向银行填写“银行结算业务委托书”，详细填明收款人名称、金额、日期等内容，并加盖预留银行印鉴，如果是个体经营户和个人需要支取现金的，还应填明“现金”字样，然后递交本单位开户银行（未在银行开户的个人办理银行本票时，应先将现金交银行出纳部门，办理领取银行本票手续）。

2）签发银行本票

银行受理银行本票申请书，在收妥款项后，据以签发银行本票。需支取现金的，在银行本票上划去“转账”字样，加盖印章，不定额银行本票要用压数机压印金额后，再将银行本票交给申请人。

3）办理结算

申请人持银行本票可以向填明的收款单位或个体经营户办理结算，收款人收到付款人交来的银行本票，经审查后填写一式三联进账单，连同收到的银行本票，交本单位开户银行办理收款入账手续。收款人为个人的也可以持转账的银行本票经背书向被背书人的单位或个体经营户办理结算。带有“现金”字样的银行本票可以向银行支取现金。

银行本票结算的基本流程见图 4-41。

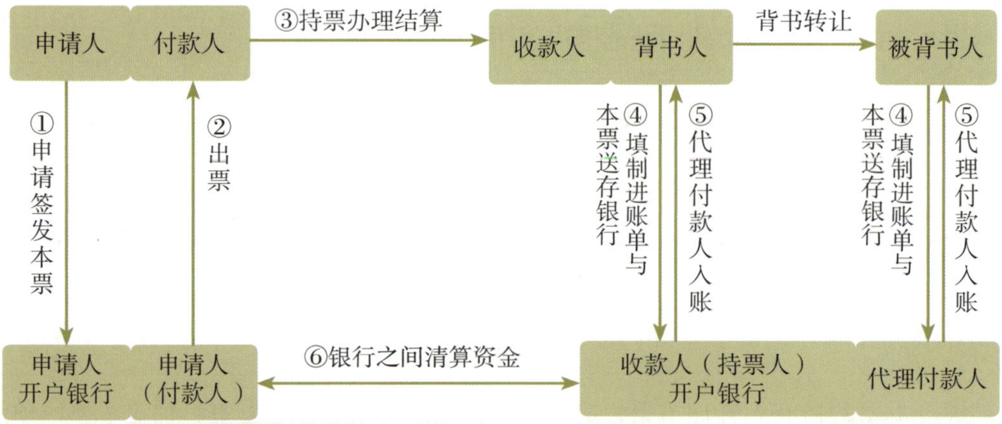

图 4-41　银行本票结算的基本流程

4. 银行本票结算业务办理

1）申请签发银行本票

【任务案例 4-7】2018 年 6 月 25 日，北京宏达科技有限公司会计主管刘志俊要李晓慧办一张 46 800 元的银行本票，交采购部门预付北京耀辉股份有限公司购买设备款。

李晓慧做了如下工作：

（1）根据业务部门填制并审批的付款申请书（见图 4-42）填制银行结算业务委

付款申请书

2018 年 06 月 25 日

用途及情况	金额											收款单位（人）：北京耀辉股份有限公司
预付购买设备款	亿	千	百	十	万	千	百	十	元	角	分	账号：9558811334567890010
				¥	4	6	8	0	0	0	0	开户行：中国工商银行北京安华支行
金额大写（合计）	人民币肆万陆仟捌佰元整											电汇：□ 转账：□ 汇票：□ 网银：□ 其他：☑

总经理	同意	轩赵印明	财务部门	经　理	同意	刘志俊	采购部门	经　理	同意	王　帅
				会　计	周明			经 办 人	李莹月	

图 4-42　付款申请书

托书（见图 4-43），并交印鉴管理员加盖预留银行印鉴。

（2）将申请书送交开户银行，银行查证资金账户，签发一式两联的银行本票（见图 4-39、图 4-40）。

（3）取回银行本票第二联及加盖银行印章的业务委托书回执（见图 4-44）。

（4）根据审批意见将本票交付经办人，并进行备查登记。

（5）将银行本票业务委托书回执交制单会计编制付款凭证（见图 4-45）。

ICBC 中国工商银行

业务委托书 APPUCATOON FOA MONEY TRANSFER

委托日期 Date　2018 年 Y　06 月 M　25 日 D

业务类型 Application For Money	□现金汇款 Cash Remittance　□转账汇款 Transfer Remittance　□汇票申请书 D/D　☑本票申请书 P/D　□其他 Others		
委托人 Principal 全　称 Full name	北京宏达科技有限公司	收款人 Payee 全　称 Full name	北京耀辉股份有限公司
账号或地址 Account number or Addr.	3519000771106245001	账号或地址 Account number or Addr.	9558811334567890010
开户行名称 Account Bank name	中国工商银行北京城关支行	开户行名称 Account Bank name	中国工商银行北京安华支行
汇款方式 Type of Remittance	☑普通 Regular □加急 Urgent 加急汇款签字 Signature For Urgent Payment	开户银行 Account Bank	省 Province 北京市 City
币种及金额（大写） Currency and amount in words	人民币肆万陆仟捌佰元整	亿千百十万千百十元角分	¥ 4 6 8 0 0 0 0
用途 In Payment of	设备款	支付密码 S.C.	3124 1066 5423 9851

委托人确认上列委托信息填写正确，且已完全理解和接受背面“客户须知”的内容。上列款项及相关费用请从委托人账户内支付。
The above information has been confirmed correctly. The notice has been fully understood and accepted. The above remittance and related charges will be drawn from the referent account.

北京宏达科技有限公司 财务专用章　轩赵印明

委托人签章 Principal Signature and\or stamp

银行填写 Bank Use　□联动收费　□非联动收费　□不收费　备注：Remarks
受理（扫描）：　审核：

正联（2010）First Page　210x150mm

ICBC 中国工商银行

业务委托书 回执 APPUCATOON FOA MONEY TRANSFER ACCEPT NOTICE

委托人全称	北京宏达科技有限公司
委托人账号	3519000771106245001
收款人全称	北京耀辉股份有限公司
收款人账号	9558811334567890010
金额 Amount	¥46800.00
委托日期 Date	2018年06月25日

此联为银行受理通知书，若委托人申请汇票或本票业务，应凭此联领取汇票或本票。
This paper is the bank acceptance advice. For draft or promissory note application, please return this paper.

图 4-43　银行业务委托书

ICBC 中国工商银行

业务委托书 回执 APPUCATOON FOA MONEY TRANSFER ACCEPT NOTICE

委托人全称	北京宏达科技有限公司
委托人账号	3519000771106245001
收款人全称	北京耀辉股份有限公司
收款人账号	9558811334567890010
金额 Amount	¥46800.00
委托日期 Date	2018年06月25日

中国工商银行北京城关支行 业务专用章（1）

此联为银行受理通知书，若委托人申请汇票或本票业务，应凭此联领取汇票或本票。
This paper is the bank acceptance advice. For draft or promissory note application, please return this paper.

图 4-44
业务委托书回执

付 款 凭 证

付字第 004 号

贷方科目：银行存款　　2018 年 06 月 25 日

摘要	对方科目：总账科目	对方科目：明细科目	借或贷	金额（千百十万千百十元角分）	√
申请办理银行本票	其他货币资金	银行本票存款	借	4680000	
合计				¥4680000	

附单据 1 张

会计主管：　记账：王敏杰　出纳：李晓慧　复核：王敏杰　制单：周明

图 4-45　付款凭证

（6）根据审核无误的付款凭证登记银行存款日记账（见图 4-152）。

【任务案例 4-8】2018 年 6 月 25 日，北京宏达科技有限公司以银行本票预付北京耀辉股份有限公司购买设备款 46 800 元。

李晓慧做了如下工作：

（1）将办好的银行本票交业务部经办人李莹月。

（2）将付款申请书（见图 4-42）交制单会计周明审核并编制转账凭证（见图 4-46）。

转 账 凭 证

转字第 002 号

2018 年 06 月 25 日

摘要	总账科目	明细科目	借方金额（亿千百十万千百十元角分）	贷方金额（亿千百十万千百十元角分）	√
预付设备款	预付账款	北京耀辉股份有限公司	4680000		
	其他货币资金	银行本票存款		4680000	
合计			¥4680000	¥4680000	

附单据 1 张

会计主管：　记账：王敏杰　出纳：李晓慧　复核：王敏杰　制单：周明

图 4-46　转账凭证

小思考

接【任务案例 4-8】假如你是北京耀辉股份有限公司的出纳，在收到北京宏达科技有限公司签发的银行本票时，应做哪些工作，具体由谁来做，如何进行账务处理？

2）收到银行本票

【任务案例 4–9】2018 年 6 月 26 日，北京宏达科技有限公司销售部门传来一份本地客户新兴商贸公司用于支付前欠货款的银行本票，金额 110 000 元。会计主管刘志俊要李晓慧办理进账手续。

李晓慧做了如下工作：

（1）审核收到的银行本票（见图 4–47）。

（2）将银行本票交印鉴管理员在背面加盖预留银行印鉴（见图 4–48）。

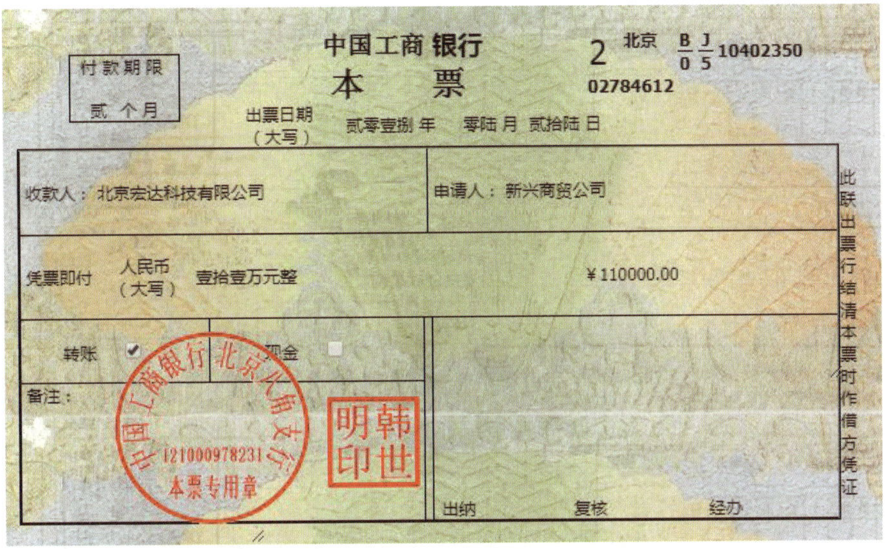
付款期限 贰 个月

中国工商银行 本票 2 北京 B/0 J/5 10402350 02784612

出票日期（大写） 贰零壹捌 年 零陆 月 贰拾陆 日

收款人：北京宏达科技有限公司　申请人：新兴商贸公司

凭票即付 人民币（大写） 壹拾壹万元整　¥110000.00

转账 ✔　现金

备注：

中国工商银行北京八角支行 121000978231 本票专用章　韩世明印

出纳　复核　经办

此联出票行结清本票时作借方凭证

图 4–47　银行本票

被背书人　被背书人

北京宏达科技有限公司 财务专用章　赵轩明印

背书人签章 2018 年 06 月 26 日　背书人签章 年 月 日

持票人向银行提示付款签章：　身份证件名称：　发证机关：　号码

（粘贴单处）

图 4–48　银行本票背面

（3）填写一式三联进账单（见图 4–49），连同银行本票一同送交开户银行办理进账手续，银行办理转讫后，取回加盖“转讫”章的进账单回单。

（4）将开户银行转来的进账单收账通知交制单会计编制收款凭证（见图 4–50）。

（5）根据审核无误的收款凭证登记银行存款日记账（见图 4–152）。

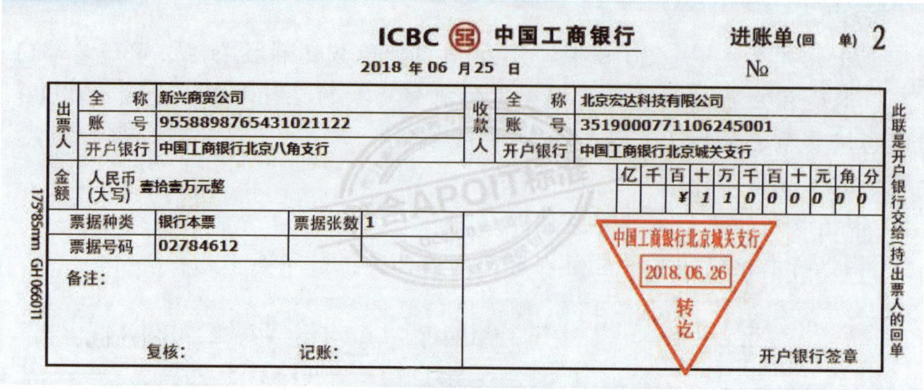

ICBC 中国工商银行 进账单（回 单） 2

2018 年 06 月 25 日 №

出票人	全 称	新兴商贸公司	收款人	全 称	北京宏达科技有限公司
	账 号	9558898765431021122		账 号	3519000771106245001
	开户银行	中国工商银行北京八角支行		开户银行	中国工商银行北京城关支行
金额	人民币（大写）	壹拾壹万元整		亿千百十万千百十元角分	¥ 1 1 0 0 0 0 0 0
票据种类	银行本票	票据张数	1		
票据号码	02784612				
备注：					
复核：	记账：			开户银行签章	

中国工商银行北京城关支行 2018.06.26 转讫

此联是开户银行交给（持）出票人的回单

175*85mm GH 066011

图 4-49 进账单

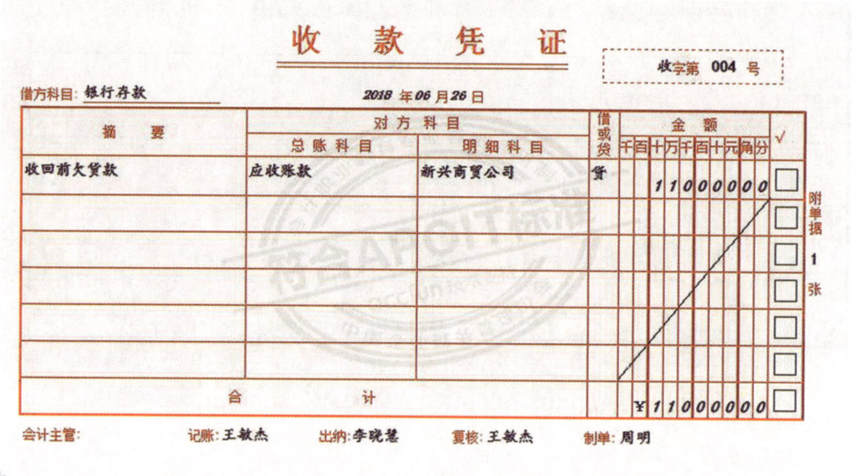

收 款 凭 证

收字第 004 号

借方科目：银行存款　　2018 年 06 月 26 日

摘 要	对方科目 总账科目	明细科目	借或贷	金额（千百十万千百十元角分）	√
收回前欠货款	应收账款	新兴商贸公司	贷	11000000	
合 计				¥11000000	

附单据 1 张

会计主管：　记账：王敏杰　出纳：李晓慧　复核：王敏杰　制单：周明

图 4-50 收款凭证

任务 4.4 商业汇票结算

商业汇票是指由收款人或存款人（或承兑申请人）签发，由承兑人承兑，并于到期日向收款人或被背书人支付款项的一种票据。所谓承兑，是指汇票的付款人愿意负担起票面金额支付义务的行为，通俗地讲，就是承认到期将无条件地支付汇票金额的行为。

1. 商业汇票的种类及特点

1）商业汇票的种类

（1）按是否带息分为带息票据与不带息票据

带息票据是注明票面金额和票面利率并计算到期利息的商业汇票；不带息票据是只注明票面金额、到期按票面金额结算票款的商业汇票。

（2）按承兑人不同分为商业承兑汇票与银行承兑汇票

商业承兑汇票是指由收款人签发，经付款人承兑，或者由付款人签发并承兑的汇票；银行承兑汇票是指由收款人或承兑申请人签发，并由承兑申请人向开户银行申请，经银行审查同意承兑的汇票。

（3）按是否带有追索权分为带追索权汇票与不带追索权汇票

带追索权汇票是指商业汇票转让或贴现后，接受商业汇票方在应收票据遭到拒付或逾期时，可向商业汇票转让方索取应收金额的商业汇票，通常被背书转让的商业承兑汇票是带有追索权的汇票；不带追索权汇票是指商业汇票转让或贴现后，不会出现拒付或逾期而需要追索应收金额的商业汇票，银行承兑汇票就是不带追索权的汇票。

2）商业汇票的特点

商业汇票结算是指利用商业汇票来办理款项结算的一种银行结算方式。与其他银行结算方式相比，商业汇票结算的特点如下：

（1）适用范围相对较窄。与银行汇票等相比，商业汇票的适用范围相对较窄，各企业、事业单位之间只有根据购销合同进行合法的商品交易，才能签发商业汇票。除商品交易以外，其他方面的结算，如劳务报酬、债务清偿、资金借贷等不可采用商业汇票结算方式。

（2）使用对象相对较少。与银行汇票等结算方式相比，商业汇票的使用对象也相对较少。商业汇票的使用对象是在银行开立账户的法人。使用商业汇票的收款人、付款人以及背书人、被背书人等必须同时具备两个条件：一是在银行开立账户；二是具有法人资格。个体工商户、农村承包户、个人、法人的附属单位等不具有法人资格的单位或个人以及虽具有法人资格但没有在银行开立账户的单位都不能使用商业汇票。

（3）可由付款人签发，也可由收款人签发。商业汇票可以由付款人签发，也可以由收款人签发，但都必须经过承兑。只有经过承兑的商业汇票才具有法律效力，承兑人负有到期无条件付款的责任。商业汇票到期，因承兑人无款支付或其他合法原因，债权人不能获得付款时，可以按照汇票背书转让的顺序，向前手行使追索权，依法追索票面金额；该汇票上的所有关系人都应负连带责任。

（4）承兑期限最长不得超过6个月。商业汇票的承兑期限由交易双方商定，一般为3个月至6个月，最长不得超过6个月，属于分期付款的应一次签发若干张不同期限的商业汇票。

（5）可到银行办理贴现。未到期的商业汇票可以到银行办理贴现，从而使结算和银行资金融通相结合，有利于企业及时地补充流动资金，维持生产经营的正常进行。

（6）使用范围。商业汇票在同城、异地都可以使用，而且没有结算起点的限制。

（7）一律记名并允许背书转让。商业汇票一律记名并允许背书转让。商业汇票到期后，一律通过银行办理转账结算，银行不支付现金。商业汇票的提示付款期限为自汇票到期日起10日内。

2. 银行承兑汇票结算

1）银行承兑汇票的概念

银行承兑汇票是由在承兑银行开立存款账户的存款人出票，向开户银行申请并经银行审查同意承兑的，保证在指定日期无条件支付确定的金额给收款人或持票人的票据。对出票人签发的商业汇票进行承兑是银行基于对出票人资信的认可而给予的信用支持。

申请办理银行承兑汇票的客户应当是依法成立的企业法人和其他经济组织，并符合以下条件：

（1）在承兑银行开立存款账户的法人以及其他组织；

（2）与承兑银行具有真实的委托付款关系；

（3）能提供具有法律效力的购销合同及增值税发票；

（4）有足够的支付能力、良好的结算记录和结算信誉；

（5）与银行信贷关系良好，无贷款逾期记录；

（6）能提供相应的担保，或按要求存入一定比例的保证金。

银行承兑汇票采用一式三联凭证，第一联为卡片联，此联承兑行留存备查，到期支付票款时作借方凭证附件，样式见图 4-51。

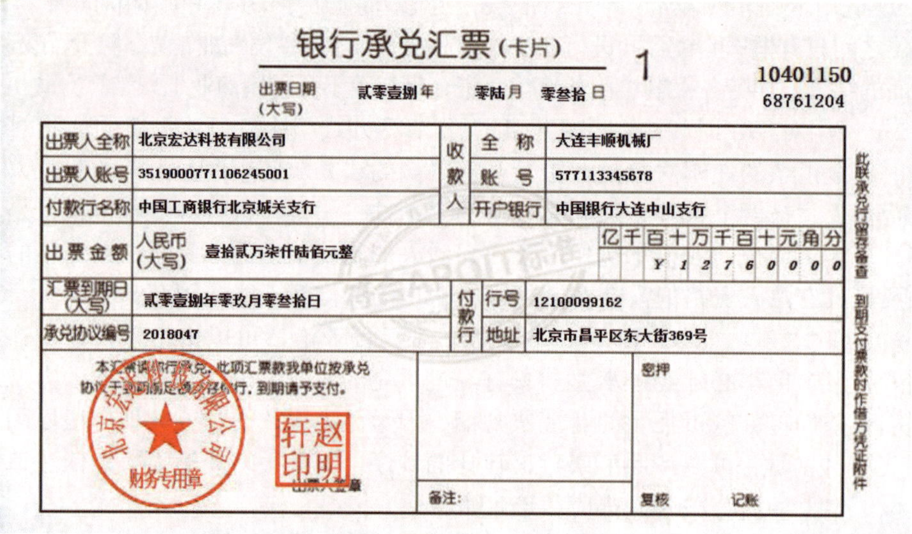
银行承兑汇票（卡片） 1

出票日期（大写） 贰零壹捌年 零陆月 零叁拾日

10401150
68761204

出票人全称	北京宏达科技有限公司	收款人	全　称	大连丰顺机械厂
出票人账号	3519000771106245001		账　号	577113345678
付款行名称	中国工商银行北京城关支行		开户银行	中国银行大连中山支行
出票金额	人民币（大写） 壹拾贰万柒仟陆佰元整		亿千百十万千百十元角分	￥12760000
汇票到期日（大写）	贰零壹捌年零玖月零叁拾日	付款行	行号	12100099162
承兑协议编号	2018047		地址	北京市昌平区东大街369号

本汇票请你行承兑，此项汇票款我单位按承兑协议于到期日前足额交存你行，到期请予支付。

北京宏达科技有限公司 财务专用章　赵轩明印

出票人签章

备注：

密押

复核　记账

此联承兑行留存备查　到期支付票款时作借方凭证附件

图 4-51　银行承兑汇票（卡片）

第二联为银行承兑汇票正联，此联收款人开户行随委托收款结算凭证寄给付款行作借方凭证的附件，可用于背书转让，样式见图 4-52。

第三联作存根联，此联出票人存查，样式见图 4-53。

2）银行承兑汇票结算的基本流程

（1）签订交易合同。交易双方经过协商，签订商品交易合同，并在合同中注明采用银行承兑汇票进行结算。作为销货方，如果对方的商业信用不佳，或者对对方的信用状况不甚了解或信心不足，使用银行承兑汇票较为稳妥。银行承兑汇票由银行承兑，以银行信用作为保证，因而能保证及时地收回货款。

（2）签发汇票。付款方按照双方签订的合同规定，签发银行承兑汇票。

（3）汇票承兑。付款单位出纳员在填制完银行承兑汇票后，应将汇票的有关内容与交易合同进行核对，核对无误后填制“银行承兑协议”及银行承兑汇票清单，并在“承

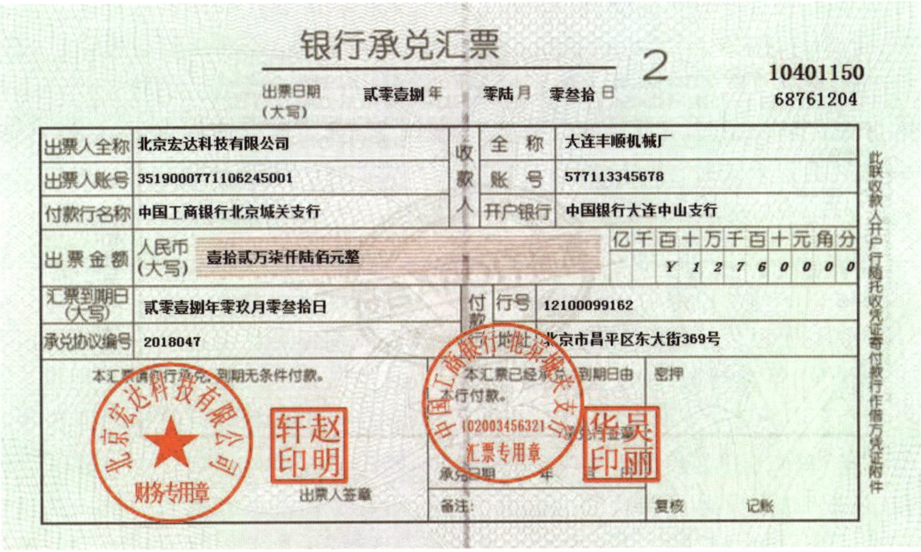

银行承兑汇票　2

10401150
68761204

出票日期（大写）　贰零壹捌年　零陆月　零叁拾日

出票人全称	北京宏达科技有限公司	收款人	全　称	大连丰顺机械厂
出票人账号	3519000771106245001		账　号	577113345678
付款行名称	中国工商银行北京城关支行		开户银行	中国银行大连中山支行
出票金额	人民币（大写）壹拾贰万柒仟陆佰元整		亿千百十万千百十元角分	￥12760000
汇票到期日（大写）	贰零壹捌年零玖月零叁拾日	付款行	行号	12100099162
承兑协议编号	2018047		地址	北京市昌平区东大街369号

本汇票请你行承兑，到期无条件付款。　出票人签章

本汇票已经承兑，到期日由本行付款。　承兑日期　年　月　日　备注：

密押　复核　记账

此联收款人开户行随托收凭证寄付款行作借方凭证附件

图 4-52　银行承兑汇票正联

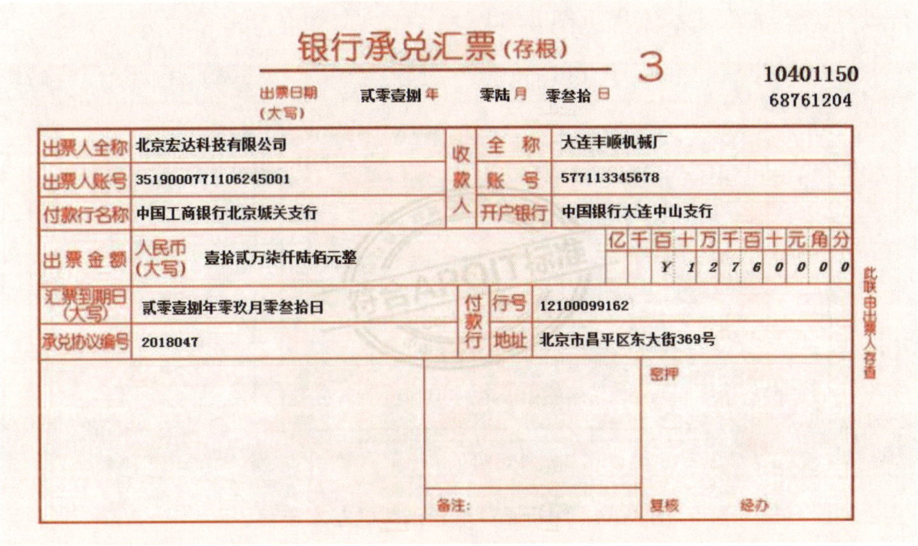

银行承兑汇票（存根）　3

10401150
68761204

出票日期（大写）　贰零壹捌年　零陆月　零叁拾日

出票人全称	北京宏达科技有限公司	收款人	全　称	大连丰顺机械厂
出票人账号	3519000771106245001		账　号	577113345678
付款行名称	中国工商银行北京城关支行		开户银行	中国银行大连中山支行
出票金额	人民币（大写）壹拾贰万柒仟陆佰元整		亿千百十万千百十元角分	￥12760000
汇票到期日（大写）	贰零壹捌年零玖月零叁拾日	付款行	行号	12100099162
承兑协议编号	2018047		地址	北京市昌平区东大街369号

备注：　密押　复核　经办

此联由出票人存查

图 4-53　银行承兑汇票存根联

兑申请人”处盖单位公章。银行承兑协议一般为一式三联，银行信贷部门一联，银行会计部门一联，付款单位一联，其内容主要是汇票的基本内容、汇票经银行承兑后承兑申请人应遵守的基本条款等。待银行审核完毕，在银行承兑协议上加盖银行公章或合同章，在银行承兑汇票上加盖汇票专用章，并至少加盖一个经办人私章。

（4）支付手续费。按照银行承兑协议的规定，付款单位办理承兑手续应向承兑银行支付手续费，由开户银行从付款单位存款户中扣收。按照现行规定，银行承兑手续费按银行承兑汇票票面金额的 5 ‰计收，每笔手续费不足 10 元的，按 10 元计收。

纸质银行承兑汇票的承兑期限最长不超过 6 个月，电子银行承兑汇票的承兑期限最长不超过 1 年。承兑申请人在银行承兑汇票到期未付款的，按规定计收逾期罚息。

（5）寄交银行承兑汇票。付款单位按照交易合同规定，向供货方购货，将经过银行承兑后的汇票第二联寄交收款单位，以便收款单位到期收款或背书转让。

出纳员在寄交汇票时，应同时登记“应付票据备查簿”，逐项登记发出票据的种类（银行承兑汇票）、交易合同号、票据编号、签发日期、到期日期、收款单位及汇票金额等内容。

（6）交存票款。按照银行承兑协议的规定，承兑申请人即付款人应于汇票到期前将票款足额地交存其开户银行（即承兑银行），以便承兑银行于汇票到期日将款项划拨给收款单位或贴现银行。付款单位财务部门应经常检查专类保管的银行承兑协议和应付票据备查簿，及时将应付票款足额交存银行。

（7）委托银行收款。收款单位财务部门也应当经常检查专类保管的银行承兑汇票或应收票据备查簿，看汇票是否到期。在汇票到期日，收款单位应填制一式五联托收凭证，并在银行承兑汇票第二联背面加盖预留银行印鉴，将汇票和托收凭证一并送交其开户银行，委托开户银行收款。开户银行按照规定对银行承兑汇票进行审查，审查无误后将托收凭证第四联加盖“转讫”章交收款单位作为收款通知，按规定办理汇票收款业务。

银行承兑汇票结算基本流程见图 4–54。

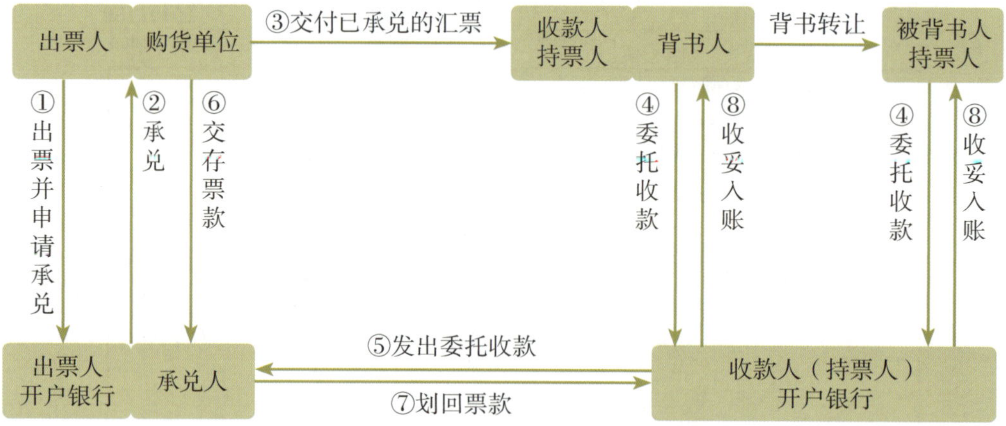

图 4–54　银行承兑汇票结算的基本流程

3）银行承兑汇票业务办理

● 签发银行承兑汇票

【任务案例 4–10】2018 年 6 月 30 日，北京宏达科技有限公司收到从大连丰顺机械厂购买不需要安装的设备 2 台，增值税专用发票（见图 4–58）显示交易金额为 127 600 元，设备已交付使用，有固定资产验收单（见图 4–61）。根据购销合同约定，签发付款期限为 3 个月的银行承兑汇票结算货款。

李晓慧做了如下工作：

（1）审核购销合同（见图 4–55），根据购销合同填写银行承兑汇票申请书（见图 4–56）。

购销合同

甲方（销方）：大连丰顺机械厂　　　　　　　　合同编号：CG2018023

乙方（购方）：北京宏达科技有限公司　　　　　签订地点：大连

根据《中华人民共和国合同法》及其他有关法律、行政法规的规定，甲、乙双方遵循平等、自愿、公平和诚实信用的原则，就商品进货购销事宜协商订立本合同。

一、货物的名称、数量及金额

货物名称	规格型号	计量单位	数量	单价（不含税）	金额（不含税）	税率	价税合计
A设备	A103	台	1	50000.00	50000.00	16%	58000.00
B设备	B204	台	1	60000.00	60000.00	16%	69600.00
合计			2		110000.00		127600.00

二、合同总金额：人民币壹拾贰万柒仟陆佰元整（￥127600.00）。

三、付款时间及付款方式：自签订合同之日起 30 日内，购方向销方支付全部货款，即人民币壹拾贰万柒仟陆佰元整（￥127600.00）。结算方式采用银行承兑汇票方式结算。

四、交货时间与地点：交货时间为 2018 年 6 月 30 日，交货地点：北京宏达科技有限公司。

五、发运方式与运输费用承担方式：由销方发货，运输费用由销方负担。

六、违约责任：按《中华人民共和国合同法》。

七、验收标准、方法及提出异议期限：货到购方 7 天内提出质量异议，不包括运输过程中造成的质量问题。

八、解决合同纠纷方式：双方协商解决。

九、其他约定事项：本合同一式两份，甲、乙双方各执一份，经双方盖章后立即生效。

甲方（盖章）：大连丰顺机械厂
单位地址：大连市中山区延安路 135 号
电话：0411-3956128
开户银行：中国银行大连中山支行
账号：57711345678
签订日期：2018 年 06 月 01 日

乙方：北京宏达科技有限公司
单位地址：北京市昌平区东大街 369 号
电话：010-69719688
开户银行：中国工商银行北京城关支行
账号：35190007106245001
签订日期：2018 年 06 月 01 日

图 4-55　购销合同

（2）将填好的银行承兑汇票申请书交会计主管审核，审核无误后加盖“财务专用章”，并交印鉴管理人员加盖“法人名章”。

（3）将申请书交银行审核，银行审核后与其签订银行承兑汇票承兑协议（见图 4-57）。

（4）将银行承兑汇票申请书、银行承兑汇票协议及相关资料，如购销合同、增值税专用发票（见图 4-58）等一并送交开户银行。

（5）委托开户银行承兑，银行柜员按照规定审查后，收取 0.5‰的承兑手续费。手续费支付凭证见图 4-59。

银行承兑汇票申请书

中国工商银行北京城关支行：

本公司与<u>　大连丰顺机械厂　</u>签订了机器设备的购销合同。现本公司向贵行申请办理开立银行承兑汇票业务，支付该笔合同项下款项。

具体业务情况如下：

一、申请金额：人民币<u>壹拾贰万柒仟陆佰元整</u>（¥<u>127 600.00</u>）

二、申请期限：<u>叁</u>个月

三、收款人全称：<u>　大连丰顺机械厂</u>

四、收款人账号：<u>　577113345678</u>

五、收款人开户行：<u>　中国银行大连中山支行</u>

本公司承诺无条件兑付该笔汇票到期票款。

请贵行予以办理为盼。

申请人（公章）

法定代表人（签章）

2018年06月30日

图 4-56　银行承兑汇票申请书

（6）银行签发一式三联的银行承兑汇票（见图 4-51、图 4-52、图 4-53），并退回第二联、第三联，以及银行承兑汇票协议第二联。

（7）将承兑手续费凭证、银行承兑汇票回单交制单会计编制付款凭证（见图 4-60）。

（8）将固定资产验收单（见图 4-61）及相关发票交制单会计编制转账凭证（见图 4-62）。

（9）复印银行承兑汇票后，在应付票据备查簿（见图 4-63）上进行备查登记，并交有关人员将银行承兑汇票寄送销货方。

（10）根据审核无误的记账凭证登记银行存款日记账（见图 4-152）。

银行承兑汇票协议

编号：2018047

银行承兑汇票的内容：

出票人全称：北京宏达科技有限公司　　收款人全称：大连丰顺机械厂

开户银行：中国工商银行北京城关支行　　开户银行：中国银行大连中山支行

账号：3519000771106245001　　账号：577113345678

汇票号码：68761204　　汇票金额（大写）：壹拾贰万柒仟陆佰元整

出票日期：2018 年 06 月 30 日　　到期日期：2018 年 09 月 30 日

以上汇票经银行承兑，出票人愿意遵守《支付结算办法》的规定及下列条款：

一、出票人于汇票到期日前将应付票款足额交存承兑银行。

二、承兑手续费按票面金额万分之（五）计算，在银行承兑时一次付清。

三、出票人与持票人如发生任何交易纠纷，均由其双方自行处理，票款于到期前仍按第一条办理不误。

四、承兑汇票到期日，承兑银行凭票无条件支付票款，如到期日之前出票人不能足额交付票款时，承兑银行对不足支付部分的票款转作出票申请人逾期贷款，并按照有关规定计收罚息。

五、承兑汇票款付清后，本协议自动失效。本协议第一、二联分别由承兑银行信贷部门和承兑申请人存执，协议副本由银行会计部门存查。

承兑银行：（盖章）　　承兑申请人：（盖章）

法定代表人：（或授权代理人）　　法定代表人：（或授权代理人）

吴丽印华　　赵明印轩

订立承兑协议日期：2018 年 06 月 30 日

图 4-57　银行承兑汇票协议

2100153340　　辽宁增值税专用发票　　№ 05370012　　2100153340 05370012

校验码 36202 36000 36150 00456　　开票日期：2018年06月30日

购买方	名　　称：北京宏达科技有限公司 纳税人识别号：91140100746026850X3 地址、电话：北京市昌平区东大街369号 010-69719688 开户行及账号：中国工商银行北京城关支行 3519000771106245001				密码区	03/50/*36677-*8*42<-087*6591 *><360892/+54151*7>5/27/-880 36<6985**445810**-+4<-/6+/7+ 1><8793*6501794+19>51795*+<*	
货物或应税劳务、服务名称	规格型号	单位	数量	单价	金额	税率	税额
*机械设备*A设备	A103	台	1	50000.00	50000.00	16%	8000.00
*机械设备*B设备	B204	台	1	60000.00	60000.00	16%	9600.00
合计					¥110000.00		¥17600.00
价税合计（大写）	⊗壹拾贰万柒仟陆佰元整				（小写）¥127600.00		
销售方	名　　称：大连丰顺机械厂 纳税人识别号：911101234567890122 地址、电话：大连市中山区延安路135号 0411-39561286 开户行及账号：中国银行大连中山支行 577113345678				备注	大连丰顺机械厂 911101234567890122 发票专用章	

收款人：　　复核：　　开票人：张彤　　销售方：（章）

第三联：发票联　购买方记账凭证

图 4-58　增值税专用发票

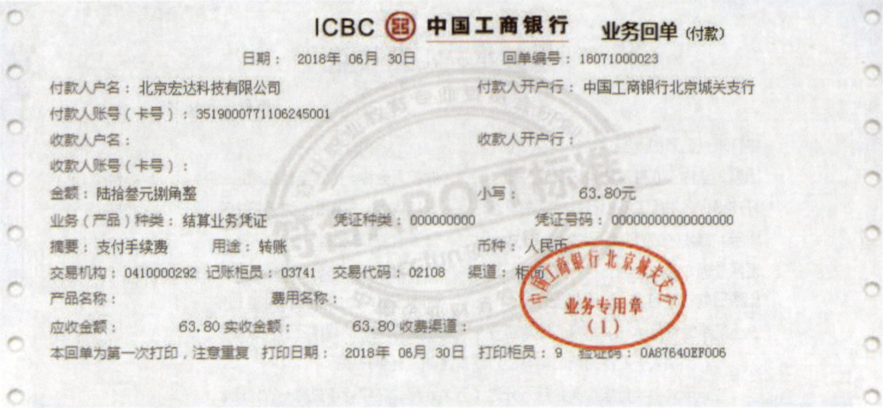
ICBC 中国工商银行 业务回单（付款）

日期：2018年06月30日 回单编号：18071000023

付款人户名：北京宏达科技有限公司 付款人开户行：中国工商银行北京城关支行

付款人账号（卡号）：3519000771106245001

收款人户名： 收款人开户行：

收款人账号（卡号）：

金额：陆拾叁元捌角整 小写：63.80元

业务（产品）种类：结算业务凭证 凭证种类：000000000 凭证号码：0000000000000000

摘要：支付手续费 用途：转账 币种：人民币

交易机构：0410000292 记账柜员：03741 交易代码：02108 渠道：柜面

产品名称： 费用名称：

应收金额：63.80 实收金额：63.80 收费渠道：

本回单为第一次打印，注意重复 打印日期：2018年06月30日 打印柜员：9 验证码：0A87640EF006

中国工商银行北京城关支行 业务专用章（1）

图 4-59 银行手续费支付凭证

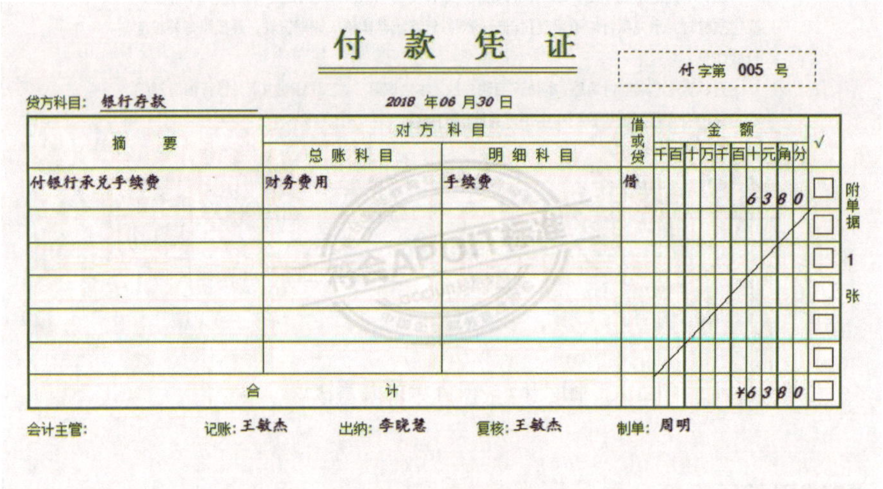
付款凭证

付字第 005 号

贷方科目：银行存款 2018 年 06 月 30 日

摘要	总账科目	明细科目	借或贷	金额	√
付银行承兑手续费	财务费用	手续费	借	6380	
合计				￥6380	

附单据 1 张

会计主管： 记账：王敏杰 出纳：李晓慧 复核：王敏杰 制单：周明

图 4-60 付款凭证

固定资产验收单

2018年06月30日 编号：GD023

名称	规格型号	来源	数量	单位	购（造）价	使用年限	预计残值
A设备	A103	外购	1	台	￥50000.00	10年	￥2000.00
B设备	B204	外购	1	台	￥60000.00	10年	￥2400.00

验收部门：生产部 验收人员：贾倩 管理部门：生产部 管理人员：李宏

图 4-61 固定资产验收单

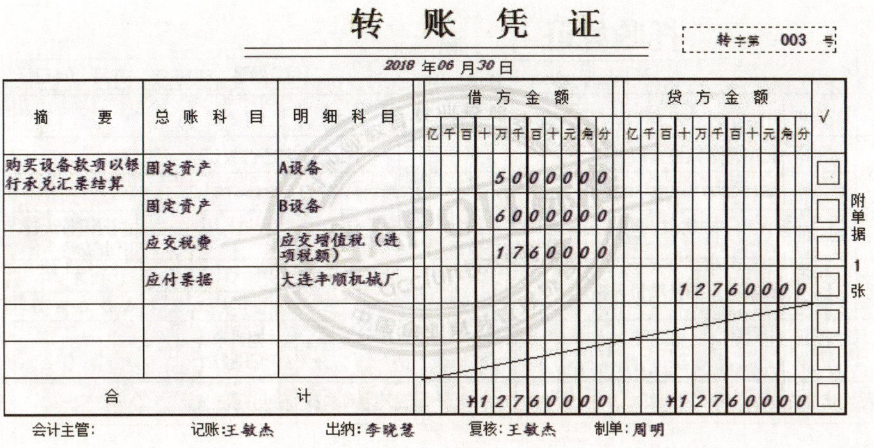

转　账　凭　证

转字第 003 号

2018 年 06 月 30 日

摘要	总账科目	明细科目	借方金额	贷方金额	√
购买设备款项以银行承兑汇票结算	固定资产	A设备	5000000		
	固定资产	B设备	6000000		
	应交税费	应交增值税（进项税额）	1760000		
	应付票据	大连丰顺机械厂		12760000	
合　计			¥12760000	¥12760000	

附单据 1 张

会计主管：　记账：王敏杰　出纳：李晓慧　复核：王敏杰　制单：周明

图 4-62　转账凭证

应付票据备查簿

2018年度

序号	票据种类	出票银行	对方单位	银行承兑汇票号码	票面金额	出票日期	到期日	记账凭证号码	到期已承兑金额	未到期承兑金额
1	银行承兑	中国工商银行北京城关支行	大连丰顺机械厂	68761204	¥127600.00	2018.06.30	2018.09.30			
2										
3										
4										
5										

图 4-63　应付票据备查簿

【任务案例 4-11】2018 年 10 月 1 日，接到银行付款通知，承付大连丰顺机械厂银行承兑汇票款项。

李晓慧做了如下工作：

（1）收到银行转来的付款通知（见图 4-64）并通知开户行付款。

（2）将托收凭证付款通知单交制单会计编制付款凭证（见图 4-65）。

（3）根据审核无误的付款凭证登记银行存款日记账。

● 收到银行承兑汇票

【任务案例 4-12】2018 年 7 月 4 日，北京宏达科技有限公司销售给大同煤运公司商品一批，双方协商采用银行承兑汇票办理结算。销售部赵晨已开出发票并审核盖章。会计主管让李晓慧负责相关结算事宜。

（1）收到增值税专用发票（见图 4-66）及付款人签发并承兑的期限 3 个月、面值 116 000 元的银行承兑汇票（见图 4-67）。

托收凭证（付款通知）　　5

委托日期 2018 年10 月 01日　　付款期限 2018 年 10月 04日

业务类型	委托收款(☑邮划、□电划) 托收承付(□邮划、□电划)					
付款人	全称	北京宏达科技有限公司	收款人	全称	大连丰顺机械厂	
	账号	3519000771106245001		账号	577113345678	
	地址	北京 省 市/县 开户行 中国工商银行北京城关支行		地址	辽宁 省 大连 市/县 开户行 中国银行大连中山支行	
金额	人民币（大写）	壹拾贰万柒仟陆佰元整	亿千百十万千百十元角分	¥ 1 2 7 6 0 0 0 0		
款项内容	设备款	托收凭据名称	银行承兑汇票	附寄单证张数	1	
商品发运情况	已发		合同名称号码	CG2018023		
备注： 付款人开户银行收到日期 年 月 日 复核 记账	中国工商银行北京城关支行 2018.10.01 转讫 付款人开户银行签章 2018年 10 月 01日		付款人注意：1. 根据支付结算办法，上列委托收款（托收承付）款项在付款期限内未提出拒付，即视为同意付款，以此代付款通知。2.如需提出全部或部分拒付，应在规定期限内，将拒付理由书并附债务证明退交开户银行。			

此联付款人开户银行给付款人按期付款通知

图 4-64　托收凭证付款通知

付　款　凭　证

付字第 001 号

贷方科目：银行存款　　2018 年10 月01 日

摘要	对方科目：总账科目	对方科目：明细科目	借或贷	金额（千百十万千百十元角分）	√
银行承兑汇票到期付款	应付票据	大连丰顺机械厂	借	12760000	□
					□
					□
					□
					□
					□
合计				¥12760000	□

附单据 1 张

会计主管：　记账：王敏杰　出纳：李晓慧　复核：王敏杰　制单：周明

图 4-65　付款凭证

（2）将发票及承兑汇票交制单会计审核并编制转账凭证（见图 4-68）。

（3）2018 年 10 月 4 日，汇票到期，根据银行承兑汇票填写托收凭证（见图 4-69）并办理收款手续。

（4）2018 年 10 月 5 日，收到委托收款凭证第四联收账通知单（见图 4-70）。

（5）将收账通知联交制单会计编制收款凭证（见图 4-71）。

（6）根据审核无误的收款凭证登记银行存款日记账。

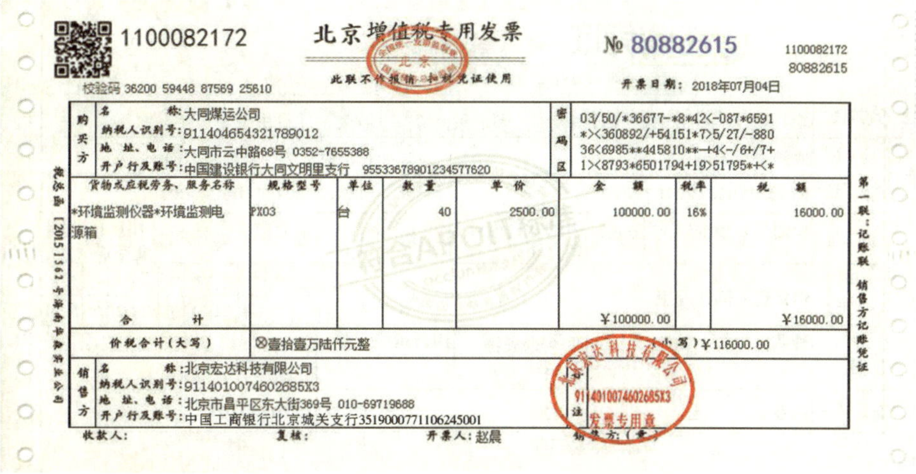

1100082172　北京增值税专用发票　№ 80882615　1100082172 80882615

此联不作报销、扣税凭证使用

校验码 36200 59448 87569 25610　开票日期：2018年07月04日

购买方	名　　称：大同煤运公司 纳税人识别号：911404654321789012 地址、电话：大同市云中路68号 0352-7655388 开户行及账号：中国建设银行大同文明里支行 95533678901234577620			密码区	03/50/*36677-*8*42<-087*6591 *><360892/+54151*7>5/27/-880 36<6985**445810**-+4<-/6+/7+ 1><8793*6501794+19>51795*+<*		
货物或应税劳务、服务名称	规格型号	单位	数量	单价	金额	税率	税额
*环境监测仪器*环境监测电源箱	PX03	台	40	2500.00	100000.00	16%	16000.00
合　　计					¥100000.00		¥16000.00
价税合计（大写）	⊗壹拾壹万陆仟元整				（小写）¥116000.00		
销售方	名　　称：北京宏达科技有限公司 纳税人识别号：9114010074602685X3 地址、电话：北京市昌平区东大街369号 010-69719688 开户行及账号：中国工商银行北京城关支行3519000771106245001			备注			

收款人：　　复核：　　开票人：赵晨　　销售方：（章）

第一联：记账联　销售方记账凭证

图 4-66　增值税专用发票

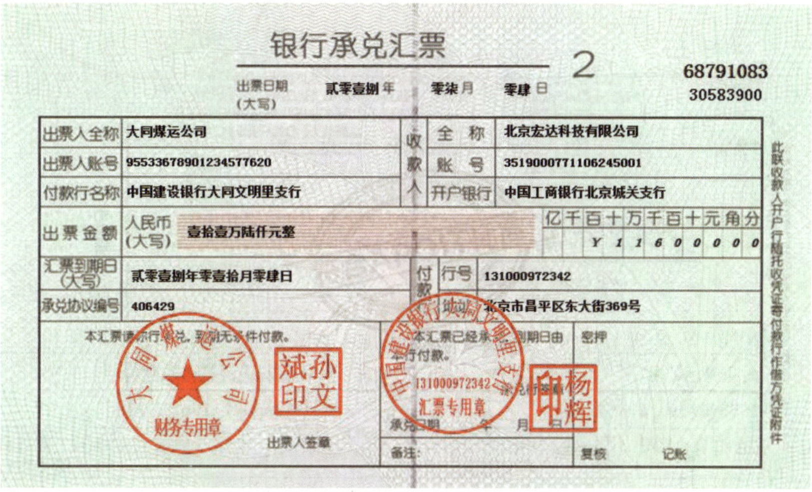

银行承兑汇票　2　68791083 30583900

出票日期（大写）　贰零壹捌年　零柒月　零肆日

出票人全称	大同煤运公司	收款人	全　称	北京宏达科技有限公司
出票人账号	95533678901234577620		账　号	3519000771106245001
付款行名称	中国建设银行大同文明里支行		开户银行	中国工商银行北京城关支行
出票金额	人民币（大写）壹拾壹万陆仟元整		亿千百十万千百十元角分	¥ 1 1 6 0 0 0 0 0
汇票到期日（大写）	贰零壹捌年零壹拾月零肆日	付款行	行号	131000972342
承兑协议编号	406429		地址	北京市昌平区东大街369号

本汇票请你行承兑，到期无条件付款。出票人签章

本汇票已经承兑，到期日由本行付款。承兑行签章　承兑日期　年　月　日　备注：　密押　复核　记账

此联收款人开户行随托收凭证寄付款行作借方凭证附件

图 4-67　银行承兑汇票

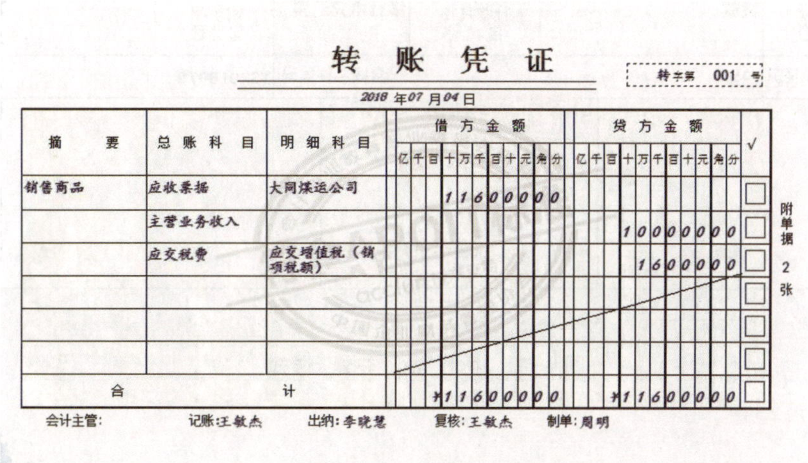

转账凭证　转字第 001 号

2018 年07 月04 日

摘要	总账科目	明细科目	借方金额	贷方金额	√
销售商品	应收票据	大同煤运公司	11600000		
	主营业务收入			10000000	
	应交税费	应交增值税（销项税额）		1600000	
合　计			¥11600000	¥11600000	

附单据 2 张

会计主管：　记账：王敏杰　出纳：李晓慧　复核：王敏杰　制单：周明

图 4-68　转账凭证

托收凭证 10 （受理回单） 1

委托日期 2018年10月04日

业务类型	委托收款（☑邮划、□电划） 托收承付（□邮划、□电划）					
付款人	全称	大同煤运公司	收款人	全称	北京宏达科技有限公司	
	账号	95533678901234577620		账号	3519000771106245001	
	地址	山西省大同市县 开户行 中国建设银行大同文明里支行		地址	北京省 市县 开户行 中国工商银行北京城关支行	
金额	人民币（大写）	壹拾壹万陆仟元整	亿千百十万千百十元角分	¥11600000		
款项内容	货款	托收凭据名称	银行承兑汇票	附寄单证张数	2	
商品发运情况	已发	合同名称号码	XS2018079			
备注： 复核 记账	款项收妥日期 年 月 日	收款人开户银行签章 年 月 日				

此联作收款人开户银行给收款人的受理回单

（印章：中国工商银行北京城关支行 2018.10.04 受理凭证章）

图 4-69 托收凭证（受理回单）

托收凭证 （汇款依据或收账通知） 4

委托日期 2018年10月04日　　付款期限 2018年10月08日

业务类型	委托收款（☑邮划、□电划） 托收承付（□邮划、□电划）					
付款人	全称	大同煤运公司	收款人	全称	北京宏达科技有限公司	
	账号	95533678901234577620		账号	3519000771106245001	
	地址	山西省大同市县 开户行 中国建设银行大同文明里支行		地址	北京省 市县 开户行 中国工商银行北京城关支行	
金额	人民币（大写）	壹拾壹万陆仟元整	亿千百十万千百十元角分	¥11600000		
款项内容	货款	托收凭据名称	银行承兑汇票	附寄单证张数	2	
商品发运情况	已发	合同名称号码	XS2018079			
备注： 复核 记账	上列款项已划回收入你方账户内 收款人开户银行签章 年 月 日					

此联付款人开户银行凭以汇款或收款人开户银行作收账通知

（印章：中国工商银行北京城关支行 2018.10.05 转讫）

图 4-70 托收凭证（收账通知）

收　款　凭　证

收字第 001 号

借方科目：银行存款　　　　2018 年 10 月 05 日

摘要	对方科目：总账科目	对方科目：明细科目	借或贷	金额（千百十万千百十元角分）	√
银行承兑汇票到期收款	应收票据	大同煤运公司	贷	11600000	
合计				¥11600000	

附单据 1 张

会计主管：　记账：王敏杰　出纳：李晓慧　复核：王敏杰　制单：周明

图 4-71　收款凭证

3. 商业承兑汇票结算

1）商业承兑汇票的概念

商业汇票是出票人签发的，委托付款人在指定日期无条件支付确定的金额给收款人或者持票人的票据。商业承兑汇票是由银行以外的付款人承兑。商业承兑汇票按交易双方约定，由销货企业或购货企业签发，但由购货企业承兑。

商业承兑汇票的出票人，为在银行开立存款账户的法人以及其他组织，与付款人具有真实的委托付款关系，具有支付汇票金额的可靠资金来源。

商业承兑汇票采用一式三联凭证，第一联卡片联，此联承兑行留存备查，到期支付票款时作借方凭证附件，基本格式见图 4-72。

商业承兑汇票（卡片）　1

39008591

出票日期（大写）　贰零壹捌 年　零柒 月　壹拾贰 日

付款人	全称	深圳迪奥科技有限公司	收款人	全称	北京宏达科技有限公司
	账号	9555900000123488001245		账号	3519000771106245001
	开户银行	交通银行深圳科技园支行		开户银行	中国工商银行北京城关支行
出票金额	人民币（大写）壹拾叁万玖仟贰佰元整			亿千百十万千百十元角分	¥13920000
汇票到期日（大写）	贰零壹玖年零壹月壹拾贰日		付款人开户行	行号	121000834056
交易合同号码	XS2018074			地址	深圳市南山区科苑路256号
深圳迪奥科技有限公司 财务专用章　丁凯 然印　出票人签章			备注		

此联承兑人留存

图 4-72　商业承兑汇票卡片联

第二联商业承兑汇票正联，此联收款人开户行随委托收款结算凭证寄给付款行作借方凭证的附件，可用于背书转让，基本格式见图 4-73。

第三联存根联，此联出票人查存，基本格式见图 4-74。

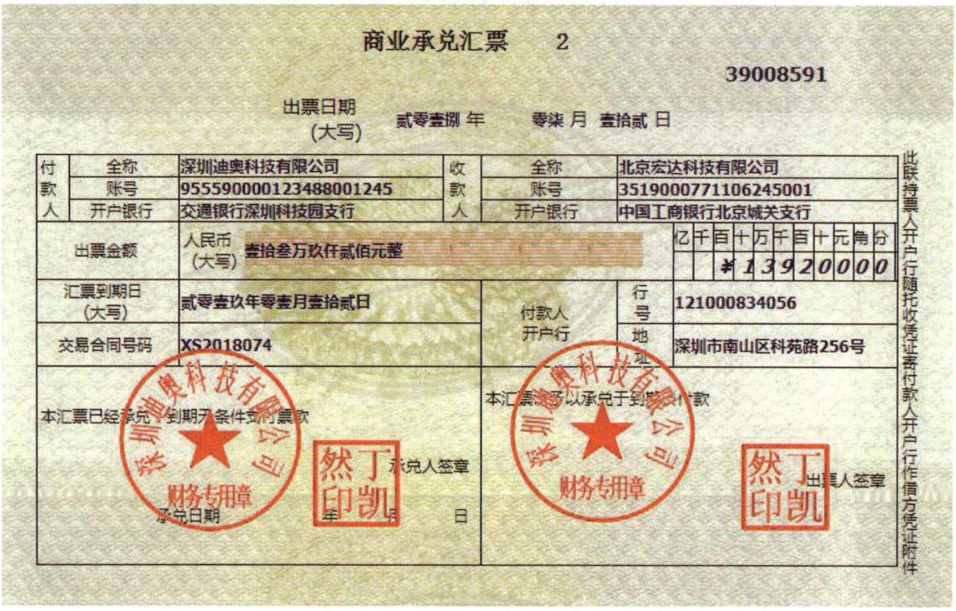

商业承兑汇票 2

39008591

出票日期（大写） 贰零壹捌 年 零柒 月 壹拾贰 日

付款人	全称	深圳迪奥科技有限公司	收款人	全称	北京宏达科技有限公司
	账号	9555900001234880001245		账号	3519000771106245001
	开户银行	交通银行深圳科技园支行		开户银行	中国工商银行北京城关支行
出票金额	人民币（大写） 壹拾叁万玖仟贰佰元整			亿千百十万千百十元角分	￥13920000
汇票到期日（大写）	贰零壹玖年零壹月壹拾贰日		付款人开户行	行号	121000834056
交易合同号码	XS2018074			地址	深圳市南山区科苑路256号
本汇票已经承兑，到期无条件支付票款 承兑人签章 承兑日期 年 月 日			本汇票请予以承兑于到期日付款 出票人签章		

此联持票人开户行随托收凭证寄付款人开户行作借方凭证附件

图 4-73 商业承兑汇票正联

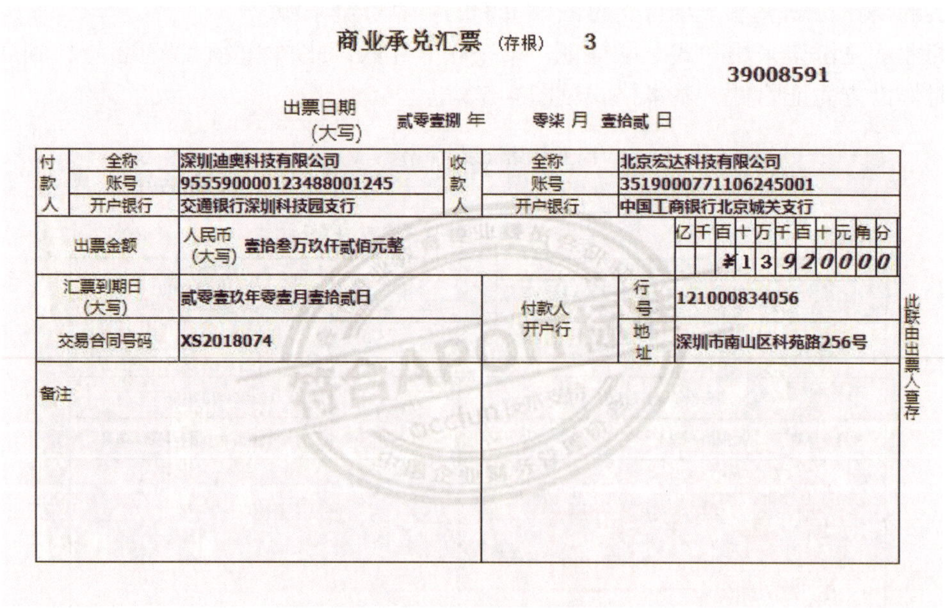

商业承兑汇票（存根） 3

39008591

出票日期（大写） 贰零壹捌 年 零柒 月 壹拾贰 日

付款人	全称	深圳迪奥科技有限公司	收款人	全称	北京宏达科技有限公司
	账号	9555900001234880001245		账号	3519000771106245001
	开户银行	交通银行深圳科技园支行		开户银行	中国工商银行北京城关支行
出票金额	人民币（大写） 壹拾叁万玖仟贰佰元整			亿千百十万千百十元角分	￥13920000
汇票到期日（大写）	贰零壹玖年零壹月壹拾贰日		付款人开户行	行号	121000834056
交易合同号码	XS2018074			地址	深圳市南山区科苑路256号
备注					

此联由出票人查存

图 4-74 商业承兑汇票存根联

2）商业承兑汇票结算的基本流程

商业承兑汇票的签发和兑付除以下几点外，其余手续和银行承兑汇票基本相同。

（1）签发汇票。商业承兑汇票按照双方协定，可以由付款单位签发，也可以由收款人签发。商业承兑汇票由付款单位承兑。付款单位承兑时，无须填写承兑协议，也不通过银行办理，因而也就无须向银行支付手续费，只需在商业承兑汇票的第二联正面签署“承兑”字样并加盖预留银行的印鉴后，交给收款单位。由收款人签发的商业承兑汇票，应先交付款单位承兑，再交收款单位保管。

（2）委托银行收款。作为收款单位，计算从本单位至付款人开户银行的邮程，在汇票到期前，提前委托银行收款。委托银行收款时，应填写一式五联的“委托收款凭证”，在其中“委托收款凭证名称”栏内注明“商业承兑汇票”字样及汇票号码，在商业承兑汇票第二联背面加盖收款单位公章后，一并送交开户银行。开户银行审查后办理有关收款手续，并将盖章后的“委托收款凭证”第一联退回给收款单位保存。

（3）到期兑付。商业承兑汇票到期，付款单位存款账户无款支付或不足支付时，付款单位开户银行将按规定按照商业承兑汇票的票面金额的5%收取罚金，不足50元的按50元收取，并通知付款单位送回委托收款凭证及所附商业承兑汇票。付款单位应在接到通知的次日起2天内将委托收款凭证第五联及商业承兑汇票第二联退回开户银行。付款单位开户银行收到付款单位退回的委托收款凭证和商业承兑汇票后，应在其收存的委托收款凭证第三联和第四联“转账原因”栏注明“无款支付”字样并加盖银行业务公章后，一并退回收款单位开户银行转交给收款单位，再由收款单位和付款单位自行协商票款的清偿问题。如果付款单位财务部门已将委托收款凭证第五联及商业承兑汇票第二联作了账务处理因而无法退回时，可以填制一式二联“应付款项证明单”，将其第一联送付款单位开户银行，由其连同其他凭证一并退回收款单位开户银行再转交收款单位。

商业承兑汇票结算的基本流程见图4–75。

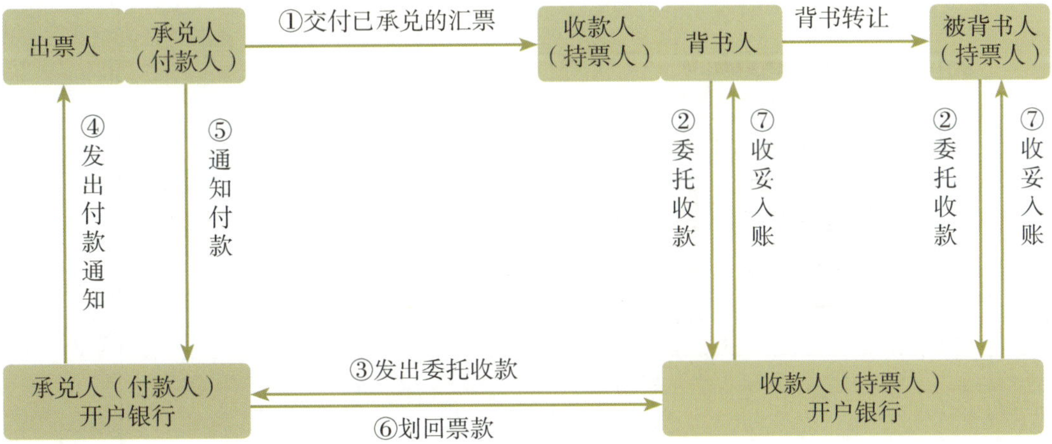

图4–75　商业承兑汇票结算的基本流程

3）商业承兑汇票业务办理

【任务案例 4-13】2018 年 7 月 30 日，北京宏达科技有限公司将深圳迪奥科技有限公司 2018 年 7 月 12 日签发的商业承兑汇票（见图 4-73）背书转让给北京圣鑫商贸公司，以支付前欠货款。

李晓慧做了如下工作：

（1）在应收票据备查簿（见图 4-76）上登记商业承兑汇票的“背书转让人”。

（2）在商业承兑汇票的背面“被背书人”处填写收款单位全称，“背书人签章”处加盖本单位银行预留印鉴（见图 4-77）。

应收票据备查簿

2018年度

收票日期	票据基本情况				承兑人名称	背书人名称	贴现		承兑		转让	
	票据号	出票人名称	出票日	票面金额			日期	净额	日期	净额	日期	被背书人名称
2018.07.12	39008591	深圳迪奥科技有限公司	2018.07.12	¥139200.00	深圳迪奥科技有限公司	北京宏达科技有限公司					2018.07.30	北京圣鑫商贸公司

图 4-76 应收票据备查簿

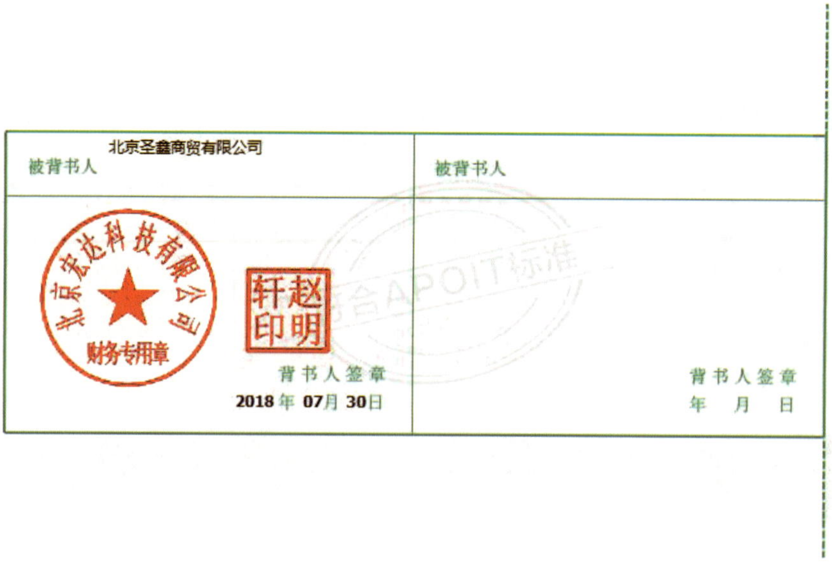

图 4-77 商业承兑汇票背面

（3）复印商业承兑汇票正反两面，作附件留底。

（4）将商业承兑汇票转交收款单位。

（5）制单会计根据商业承兑汇票的复印件及相关凭证编制转账凭证（见图4-78）。

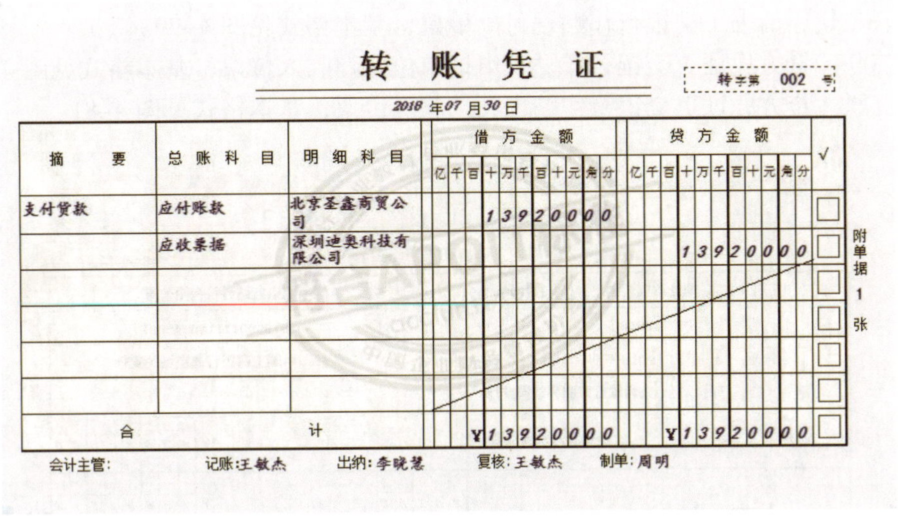
转账凭证

转字第 002 号

2018 年 07 月 30 日

摘要	总账科目	明细科目	借方金额	贷方金额	√
支付货款	应付账款	北京圣鑫商贸公司	13920000		
	应收票据	深圳迪奥科技有限公司		13920000	
合计			¥13920000	¥13920000	

附单据 1 张

会计主管：　记账：王敏杰　出纳：李晓慧　复核：王敏杰　制单：周明

图 4-78　转账凭证

小思考

请结合以上所学内容找出商业承兑汇票和银行承兑汇票的不同之处，如果你是一个企业的财务人员，发生经济业务后，你希望收到的是商业承兑汇票还是银行承兑汇票，为什么？

4. 商业汇票贴现

1）商业汇票贴现的基本条件

商业汇票贴现，是指商业汇票的持票人，将未到期的商业汇票转让给银行或非银行金融机构，银行或非银行金融机构按票面金额扣除贴现利息后，将余额付给持票人的票据融资行为。

商业汇票贴现的基本条件：

（1）商业汇票贴现申请人在贴现银行开立存款账户；

（2）商业汇票贴现申请人与出票人或其前手之间具有真实合法的商品、劳务交易关系；

（3）申请贴现的商业汇票合法有效，未注明“不得转让”“质押”字样；

（4）满足商业汇票的承兑人贴现银行信贷管理规定的准入条件；

（5）对不符合信用贷款条件的商业承兑汇票贴现还必须有足值合法的担保资产。

商业汇票贴现期限自贴现之日起至汇票到期日止，最长不得超过 6 个月。贴现主要用于贴现申请人的短期资金周转。需要注意的是，个人不可以办理商业汇票贴现。

2）商业汇票贴现办理流程

（1）申请贴现。汇票持有人向银行申请贴现，应填制一式五联贴现凭证。贴现凭证第一联（代申请书）交银行作贴现付出传票，基本格式见图 4-79。

第二联（贷方凭证）交银行作贴现申请单位账户收入传票，基本格式见图 4-80。

第三联（贷方凭证）交银行作贴现利息收入传票，基本格式见图 4-81。

贴 现 凭 证（代申请书） ①

填写日期 2018 年 09 月 12 日　　第 23550322 号

贴现汇票	种类	商业承兑汇票	号码 39008591	申请人	名称	北京宏达科技有限公司
	出票日	2018 年 07 月 12 日			账号	3519000771106245001
	到期日	2019 年 01 月 12 日			开户银行	中国工商银行北京城关支行
汇票承兑人(或银行)	名称	交通银行深圳科技园支行	账号		开户银行	
汇票金额（即贴现金额）	人民币（大写）	壹拾叁万玖仟贰佰元整		千百十万千百十元角分		Y 1 3 9 2 0 0 0 0
贴现率 每月	4 ‰	贴现利息	千百十万千百十元角分 Y 2 2 8 2 8 8	实付贴现金额	千百十万千百十元角分	Y 1 3 6 9 1 7 1 2
兹根据《银行结算办法》的规定，附送承兑汇票申请贴现，请审核。此致 中国工商银行北京（贴现银行） 申请人盖章	北京宏达科技有限公司 财务专用章	赵明印 轩	银行审批	同意 刘启明印 孟欣印 负责人 信贷员	科目(借)____ 对方科目(贷)____	复核 记账

此联银行作帖现借方凭证

图 4-79　贴现凭证（代申请书）

贴 现 凭 证（贷方凭证） ②

填写日期 2018 年 09 月 12 日　　第 23550322 号

贴现汇票	种类	商业承兑汇票	号码 39008591	申请人	名称	北京宏达科技有限公司
	出票日	2018 年 07 月 12 日			账号	3519000771106245001
	到期日	2019 年 01 月 12 日			开户银行	中国工商银行北京城关支行
汇票承兑人(或银行)	名称	交通银行深圳科技园支行	账号		开户银行	
汇票金额（即贴现金额）	人民币（大写）	壹拾叁万玖仟贰佰元整		千百十万千百十元角分		¥ 1 3 9 2 0 0 0 0
贴现率 每月	4 ‰	贴现利息	千百十万千百十元角分 ¥ 2 2 8 2 8 8	实付贴现金额	千百十万千百十元角分	¥ 1 3 6 9 1 7 1 2
备注：					科目(贷)____ 对方科目(借)____	复核 记账

此联银行作贴现申请人账户贷方凭证

图 4-80　贴现凭证（贷方凭证）

第四联（收款通知）交银行给贴现申请单位作收款通知，基本格式见图 4-82。

贴　现　凭　证（贷方凭证）　③

填写日期　2018 年　09 月　12 日　　第　23550322　号

贴现汇票	种　类	商业承兑汇票　号码 39008591	申请人	名　称	北京宏达科技有限公司
	出票日	2018 年　07 月　12 日		账　号	3519000771106245001
	到期日	2019 年　01 月　12 日		开户银行	中国工商银行北京城关支行
汇票承兑人（或银行）	名称	交通银行深圳科技园支行	账号		开户银行
汇票金额（即贴现金额）	人民币（大写）	壹拾叁万玖仟贰佰元整		千百十万千百十元角分	¥13920000
贴现率每月	4 ‰	贴现利息	¥228288	实付贴现金额	¥13591712
备注：				科目（贷）______ 对方科目（借）______ 复核　　记账	

此联银行作贴现利息贷方凭证

图 4-81　贴现凭证（贷方凭证）

贴　现　凭　证（收款通知）　④

填写日期　2018 年　09 月　12 日　　第　23550322　号

贴现汇票	种　类	商业承兑汇票　号码 39008591	申请人	名　称	北京宏达科技有限公司
	出票日	2018 年　07 月　12 日		账　号	3519000771106245001
	到期日	2019 年　01 月　12 日		开户银行	中国工商银行北京城关支行
汇票承兑人（或银行）	名称	交通银行深圳科技园支行	账号		开户银行
汇票金额（即贴现金额）	人民币（大写）	壹拾叁万玖仟贰佰元整		千百十万千百十元角分	¥13920000
贴现率每月	4 ‰	贴现利息	¥228288	实付贴现金额	¥13691712
上述款项已入你单位账号。 此致 贴现申请人		中国工商银行北京城关支行 2018.09.12 转讫 银行盖章		备注：	

此联银行给申请人的收款通知

图 4-82　贴现凭证（收款通知）

第五联（到期卡）交会计部门按到期日排列保管，于到期日作贴现收入凭证，基本格式见图 4-83。

（2）贴现材料申查。开户银行信贷部门按照有关规定对汇票及贴现凭证进行审查，重点是审查申请人持有的汇票是否合法，是否在本行开户，汇票联数是否完整，背书是否连续，贴现凭证的填写是否正确，汇票是否在有效期内，承兑银行是否已通知不应贴现以及是否超过本行信贷规模和资金承受能力等。审查无误后在贴现凭证“银行审批”栏签注“同意”字样，并加盖有关人员印章后送银行会计部门。

贴现凭证（到期卡）　⑤

填写日期　2018 年　09 月　12 日　　　第　23550322　号

贴现汇票	种　类	商业承兑汇票	号码 39008591	申请人	名　称	北京宏达科技有限公司
	出票日	2018 年　07 月　12 日			账　号	35190007711062450001
	到期日	2019 年　01 月　12 日			开户银行	中国工商银行北京城关支行
汇票承兑人(或银行)	名称	交通银行深圳科技园支行	账号		开户银行	
汇票金额（即贴现金额）	人民币（大写）	壹拾叁万玖仟贰佰元整			千百十万千百十元角分	¥ 1 3 9 2 0 0 0 0
贴现率 每月	4 ‰	贴现利息	¥ 2 2 8 2 8 8	实付贴现金额		¥ 1 3 6 9 1 7 1 2
备注：			年　月　日		科目（贷）______ 对方科目（借）______	复核　记账

此联会计部门按到期日排列保管，到期日作贴现贷方凭证

图 4-83　贴现凭证（到期卡）

（3）办理贴现。银行会计部门对银行信贷部门审查的内容进行复核，并审查汇票盖印及压印金额是否真实有效。审查无误后即按规定计算并在贴现凭证上填写贴现率、贴现利息和实付贴现金额，并划拨资金。

不带息商业汇票：贴现利息 = 票面金额 × 贴现天数 × 日贴现率

贴现金额 = 票面金额 − 贴现利息

带息商业汇票：到期值 = 票面金额 + 票面金额 × 票面利率 × 票据期限

贴现利息 = 到期值 × 贴现天数 × 日贴现率

贴现金额 = 到期值 − 贴现利息

在实际工作中，贴现的期限从其贴现之日起至汇票到期日止（算头不算尾或算尾不算头），一般按实际天数计算；贴现率由银行统一规定，一般以年利率表示，如贴现息按天计算，应将年贴现率换算成日贴现率，即年贴现率除以 360 天。承兑人在异地的，贴现的期限以及贴现利息的计算应另加 3 天的划款周期。

（4）票据到期收款。汇票到期，由贴现银行通过付款单位开户银行向付款单位办理清算，收回票款。不获付款时，贴现银行应向其前手追索票款，贴现银行追索票款时可从贴现申请人的存款账户直接收取票款。

3）商业汇票贴现业务办理

【任务案例 4–14】承【任务案例 4–13】，如果北京宏达科技有限公司在 7 月 30 日未将深圳迪奥科技有限公司签发的面值为 139 200 元的商业承兑汇票背书转让。9 月 12 日，北京宏达科技有限公司因急需用款持该汇票（见图 4–73）到银行申请贴现，经银行同意后于 9 月 12 日办理贴现。假定银行年贴现率为 4.8%。

李晓慧及贴现银行做了如下工作：

（1）李晓慧根据汇票内容逐项填写贴现凭证（见图 4–79 至图 4–83）。

（2）填完贴现凭证后，在第一联贴现凭证“申请人盖章”处和商业汇票第二联、第三联背面加盖预留银行印鉴，然后一并送交开户银行信贷部门。

（3）开户银行信贷部门按照有关规定对汇票及贴现凭证进行审查，审查无误后在贴现凭证“银行审批”栏签注“同意”字样，加盖有关人员印章后送银行会计部门。

（4）银行会计部门对银行信贷部门审查的内容进行复核，审查无误后即按规定计算并在贴现凭证上填写贴现率、贴现利息和实付贴现金额。然后，将贴现凭证第四联加盖“转讫”章交给贴现单位作为收账通知，同时将实付贴现金额转入贴现单位账户。

（5）将开户银行转回的贴现凭证第四联（见图 4-82）交制单会计，按实付贴现金额与贴现利息作银行存款收款凭证、转账凭证（见图 4-84、图 4-85）。

（6）根据审核无误的收款凭证登记银行存款日记账。

收款凭证

收字第 001 号

借方科目：银行存款　　2018 年 09 月 12 日

摘要	对方科目：总账科目	对方科目：明细科目	借或贷	金额（千百十万千百十元角分）	√
商业承兑汇票贴现	应收票据	深圳迪奥科技有限公司	贷	13691712	
合计				¥13691712	

附单据 1 张

会计主管：　记账：王敏杰　出纳：李晓慧　复核：王敏杰　制单：周明

图 4-84　收款凭证

转账凭证

转字第 001 号

2018 年 09 月 12 日

摘要	总账科目	明细科目	借方金额（亿千百十万千百十元角分）	贷方金额（亿千百十万千百十元角分）	√
商业承兑汇票贴现	财务费用	利息支出	228288		
	应收票据	深圳迪奥科技有限公司		228288	
合计			¥228288	¥228288	

附单据 1 张

会计主管：　记账：王敏杰　出纳：李晓慧　复核：王敏杰　制单：周明

图 4-85　转账凭证

小思考

请你根据所学知识，列出上述商业承兑汇票贴现利息的计算过程，并与上述结果进行核对，你能既快又准地算出答案吗？

任务 4.5 汇兑结算

1. 汇兑结算的概念及种类

汇兑是汇款单位委托银行将款项汇往异地收款单位的一种结算方式。这种结算方式划拨款项简便、灵活。根据划转款项方法的不同以及传递方式的不同，汇兑可以分为信汇和电汇两种。

信汇是汇款人向银行提出申请，同时交存一定金额及手续费，汇出行将信汇委托书以邮寄方式寄给汇入行，授权汇入行向收款人解付一定金额的一种汇兑结算方式。

电汇是汇款人将一定款项交存汇款银行，汇款银行通过电报或电传转至目的地分行或汇入行（代理行），指示汇入行向收款人支付一定金额的一种汇款方式。

以上两种结算方式可由汇款人根据需要选择使用，两者的区别如下：

（1）从支付工具来看，电汇使用的方式是电报、电传或 SWIFT，用密押证实。信汇使用的方式是信汇委托书或是支付委托书，用签字证实。

（2）从汇款人的成本费用来看，电汇的收费较高，信汇较低。

（3）从安全方面来看，电汇比较安全，而且在短时间内能够收到汇款。信汇没有电汇安全。

（4）从汇款速度来看，电汇是一种最快捷的方式，也是目前使用最广泛的方式。信汇方式由于资金在途时间较长，操作手续多，故日趋落后，基本已不使用。下面主要介绍电汇结算的内容。

采用电汇结算的，汇款单位出纳员应填制银行业务委托书，办理汇款业务。中国工商银行业务委托书基本格式见图 4-86。

2. 汇兑结算的特点

（1）无金额起点限制。汇兑结算，无论是信汇还是电汇，都没有金额起点的限制，不管款多款少都可使用。

（2）适用范围广泛。汇兑结算属于汇款人向异地主动付款的一种结算方式。它对于异地上下级单位之间的资金调剂、清理旧欠以及往来款项的结算等都十分方便。汇兑结算方式还广泛地用于先汇款后发货的交易结算。如果销货单位对购货单位的资信情况缺乏了解或者在商品较为紧俏的情况下，可以让购货单位先汇款，等收到货款后再发货，以免收不回货款。

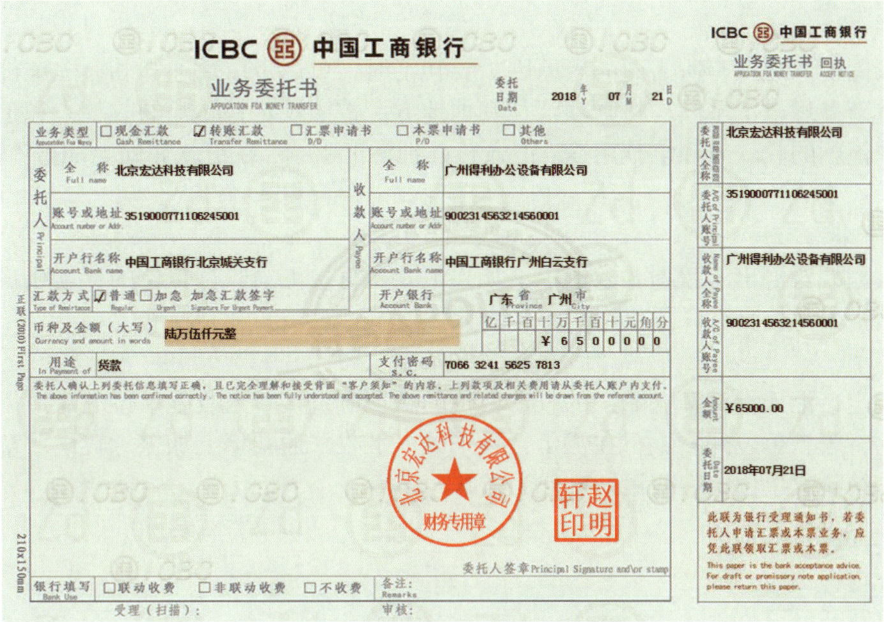
ICBC 中国工商银行
业务委托书
APPLICATION FOR MONEY TRANSFER
委托日期 Date 2018 年 07 月 21 日
业务类型：□现金汇款 Cash Remittance　☑转账汇款 Transfer Remittance　□汇票申请书 D/D　□本票申请书 P/D　□其他 Others
委托人 Principal
全称 Full name：北京宏达科技有限公司
账号或地址 Account number or Addr.：35190007711106245001
开户行名称 Account Bank name：中国工商银行北京城关支行
收款人 Payee
全称 Full name：广州得利办公设备有限公司
账号或地址 Account number or Addr.：90023145632145600001
开户行名称 Account Bank name：中国工商银行广州白云支行
汇款方式 Type of Remittance：☑普通 Regular　□加急 Urgent　加急汇款签字 Signature For Urgent Payment
开户银行 Account Bank：广东 省 Province　广州 市 City
币种及金额（大写）Currency and amount in words：陆万伍仟元整
亿 千 百 十 万 千 百 十 元 角 分：¥ 6 5 0 0 0 0 0
用途 In Payment of：货款
支付密码 S.C.：7066 3241 5625 7813
委托人确认上列委托信息填写正确，且已完全理解和接受背面"客户须知"的内容，上列款项及相关费用请从委托人账户内支付。
The above information has been confirmed correctly. The notice has been fully understood and accepted. The above remittance and related charges will be drawn from the referent account.
北京宏达科技有限公司 财务专用章
赵轩印明
委托人签章 Principal Signature and/or stamp
银行填写 Bank Use：□联动收费　□非联动收费　□不收费
受理（扫描）：
备注：Remarks
审核：
正联（20)0 First Page　210x150mm

ICBC 中国工商银行
业务委托书 回执
委托人全称：北京宏达科技有限公司
委托人账号 A/C of Principal：35190007711106245001
收款人全称 Name of Payee：广州得利办公设备有限公司
收款人账号 A/C of Payee：90023145632145600001
金额 Amount：¥65000.00
委托日期 Date：2018年07月21日
此联为银行受理通知书，若委托人申请汇票或本票业务，应凭此联领取汇票或本票。
This paper is the bank acceptance advice. For draft or promissory note application, please return this paper.

图 4-86　中国工商银行业务委托书

（3）用途广泛。汇兑结算方式除了适用于单位之间的款项划拨外，也可用于单位对异地的个人支付有关款项，如退休工资、医药费、各种劳务费、稿酬等，还可适用于个人对异地单位所支付的有关款项，如邮购商品、书刊等。

（4）手续简便。汇兑结算手续简便易行，单位或个人很容易办理。

3. 汇兑结算的基本流程

1）电汇办理

汇款人委托银行办理电汇，应向汇出银行填写银行结算业务委托书，详细填明汇入地点、汇入银行名称、收款人名称、汇款金额、汇款用途（军工产品可以免填）等各项内容；交印鉴管理员在申请人签章处加盖预留银行印鉴；向开户银行递交结算业务申请书，申请办理汇款，并按规定支付手续费；银行办理转账后，取回结算业务申请书回单联；根据回单联等编制记账凭证，登记日记账。汇兑结算的基本流程见图 4-87。

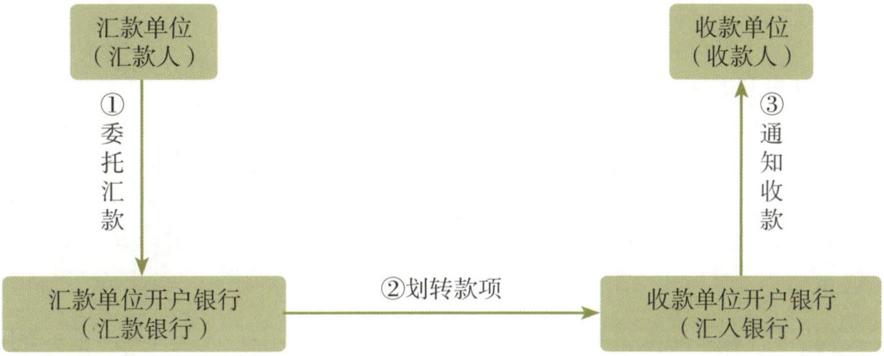

图 4-87　汇兑结算的基本流程

2）转汇办理

汇款人因汇入地没有所需商品等原因需要转汇时，可以带取款通知和有关证件，请求汇入行重新办理电汇手续，将款项汇往其他地方。按照规定，转汇的收款人和汇款用途必须是原汇款的收款人和汇款用途。汇入行办理转汇手续，在汇款凭证上加盖“转汇”戳记。

3）退汇办理

汇款人因故对汇出的款项要求退汇，如果汇款是直接汇给收款单位的存款账户入账的，退汇由汇出单位自行联系，银行不予介入。

4）汇款领取

按照规定，汇入行对开立账户的收款单位的款项应直接转入收款单位的账户。采用电汇方式的，收款单位开户银行在汇出行发来的电汇收账通知单上加盖“转讫”章，作收账通知交给收款单位，表明银行已代为进账。

4. 汇兑结算业务办理

1）付款方办理汇款

【任务案例 4-15】7 月 21 日，北京宏达科技有限公司以电汇方式支付前欠广州得利办公设备有限公司货款共计 65 000 元。银行按规定收取手续费 6.5 元，从账户中扣收。

李晓慧根据业务内容及公司内部结算意见，做了如下工作：

（1）填写中国工商银行业务委托书（见图 4-86）。

（2）将业务委托书交会计主管审核（假定支付密码为 7066 3241 5625 7813），会计主管审核无误后在业务委托书上加盖预留银行印鉴——财务专用章；然后交单位负责人授权的印鉴管理员审核后加盖预留银行印鉴——法人名章。

（3）向开户银行提交银行结算业务委托书，申请办理汇款，并支付手续费，银行受理后，取回业务委托书回执（见图 4-88）和电汇手续费支付凭证（见图 4-89）。

（4）将业务委托书回执和手续费支付凭证传递给制单会计，制单会计审核无误后据此编制付款凭证（见图 4-90）。

（5）根据审核后的付款凭证登记银行存款日记账。

2）收款方办理收款

【任务案例 4-16】2018 年 7 月 22 日，北京宏达科技有限公司收到江苏和泰公司以电汇方式汇来的前欠货款 48 000 元。

李晓慧做了如下工作：

（1）审核银行转来的电汇凭证收账通知（见图 4-91）。

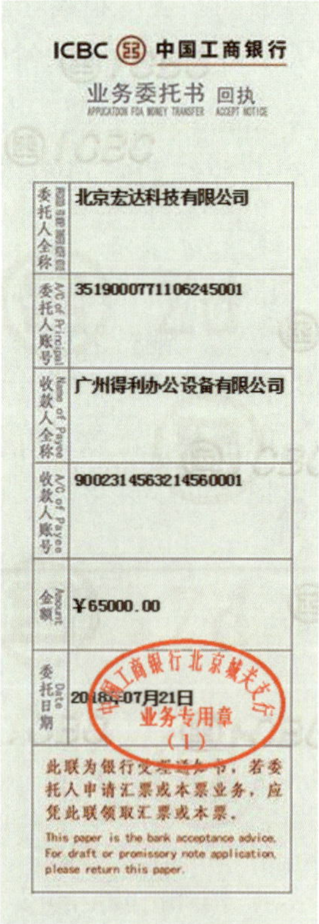
ICBC 中国工商银行
业务委托书 回执
APPLICATION FOR MONEY TRANSFER ACCEPT NOTICE

委托人全称	北京宏达科技有限公司
委托人账号 A/C of Principal	35190007711062450001
收款人全称 Name of Payee	广州得利办公设备有限公司
收款人账号 A/C of Payee	90023145632145600001
金额 Amount	¥65000.00
委托日期 Date	2018年07月21日

中国工商银行北京城关支行 业务专用章 （1）

此联为银行受理通知书，若委托人申请汇票或本票业务，应凭此联领取汇票或本票。
This paper is the bank acceptance advice. For draft or promissory note application, please return this paper.

图 4-88 业务委托书回执

ICBC 中国工商银行　**业务回单**（付款）

日期：2018年 07月 21日　　回单编号：1534900002

付款人户名：北京宏达科技有限公司　　付款人开户行：中国工商银行北京城关支行

付款人账号（卡号）：3519000771106245001

收款人户名：　　收款人开户行：

收款人账号（卡号）：

金额：陆元伍角整　　小写：6.50元

业务（产品）种类：结算业务凭证　　凭证种类：000000000000　　凭证号码：00000000000000000

摘要：支付手续费　　用途：转账　　币种：人民币

交易机构：0410000292　记账柜员：03741　交易代码：02108　渠道：柜面

产品名称：　　费用名称：

应收金额：6.50　实收金额：6.50　收费渠道：

本回单为第一次打印，注意重复　打印日期：2018年 07月 21日　打印柜员：9　验证码：0A87640EF006

中国工商银行北京城关支行 业务专用章（1）

图 4-89　电汇手续费支付凭证

付　款　凭　证

付字第 001 号

贷方科目：银行存款　　2018 年07 月21 日

摘　要	对方科目 总账科目	对方科目 明细科目	借或贷	千	百	十	万	千	百	十	元	角	分	√
支付前欠货款	应付账款	广州得利办公设备有限公司	借				6	5	0	0	0	0	0	□
	财务费用	手续费	借								6	5	0	□
														□
														□
														□
														□
合　计						¥	6	5	0	0	6	5	0	□

附单据 2 张

会计主管：　记账：王敏杰　出纳：李晓慧　复核：王敏杰　制单：周明

图 4-90　付款凭证

ICBC 中国工商银行　**业务回单**（付款）

日期：2018年 07月 22日　　回单编号：18071000167

付款人户名：江苏和泰公司　　付款人开户行：中国工商银行南京光华门支行

付款人账号（卡号）：9558800912345534001

收款人户名：北京宏达科技有限公司　　收款人开户行：中国工商银行北京城关支行

收款人账号（卡号）：3519000771106245001

金额：肆万捌仟元整　　小写：48000.00元

业务（产品）种类：结算业务凭证　　凭证种类：0000000000　　凭证号码：00000000000000000

摘要：支付货款　　用途：转账　　币种：人民币

交易机构：0410000292　记账柜员：03741　交易代码：02108　渠道：柜面

产品名称：　　费用名称：

应收金额：48000.00　实收金额：48000.00　收费渠道：

本回单为第一次打印，注意重复　打印日期：2018年 07月 22日　打印柜员：9　验证码：0A87640EF006

中国工商银行北京城关支行 业务专用章（1）

图 4-91　电汇收款凭证

（2）将收款凭证传递给制单会计，制单会计审核无误后据此编制收款凭证（见图 4-92）。

（3）根据收款凭证及所附原始凭证登记银行存款日记账。

收　款　凭　证

收字第 001 号

借方科目：银行存款　　2018 年 07 月 22 日

摘要	对方科目：总账科目	对方科目：明细科目	借或贷	金额（千百十万千百十元角分）	√
收回货款	应收账款	江苏和泰公司	贷	4800000	
合计				¥4800000	

附单据 1 张

会计主管：　记账：王敏杰　出纳：李晓慧　复核：王敏杰　制单：周明天

图 4-92　收款凭证

任务 4.6　委托收款结算

1. 委托收款结算的概念及特点

1）委托收款结算的概念

委托收款结算是收款人向银行提供收款依据，委托银行向付款人收取款项的一种结算方式。

委托收款结算是一种建立在商业信用基础上的结算方式，即由收款人先发货或提供劳务，然后通过银行收款，银行不参与监督，结算中发生的争议由双方自行协商解决。因此收款人在选用此种结算方式时应当慎重，应当了解付款方的资信状况，以免发货或提供劳务后不能及时收回款项。

收款人办理委托收款，应向开户银行填写委托收款凭证，凭证分为“委邮”“委电”两种，均为一式五联。

第一联为回单，由银行盖章后退给收款人，基本格式见图 4-93。

第二联为贷方凭证，收款人开户银行作收入传票，基本格式见图 4-94。

第三联为借方凭证，付款人开户银行作付出传票，基本格式见图 4-95。

第四联为“委邮”收账通知，是收款人开户银行在款项收妥后给收款人的收账通知；“委电”第四联为发电报的依据，付款人开户银行凭此向收款人开户银行拍发电报，基本格式见图 4-96。

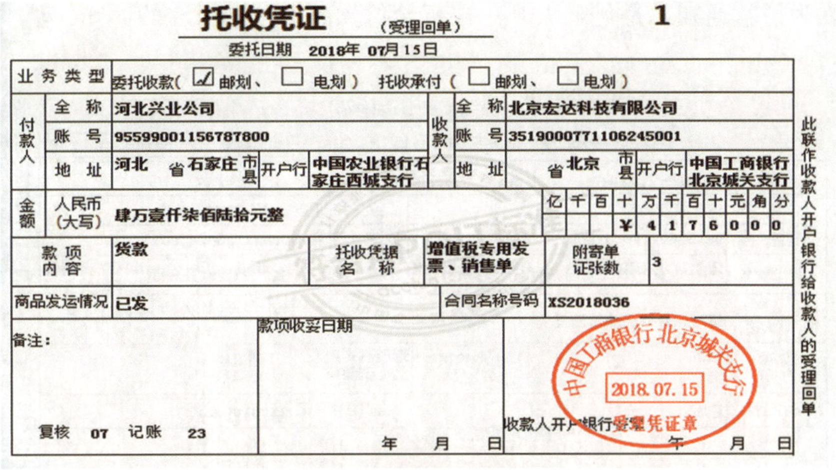

托收凭证　（受理回单）　　1

委托日期　2018年 07月 15日

业务类型	委托收款（☑邮划、□电划）　托收承付（□邮划、□电划）				
付款人	全　称	河北兴业公司	收款人	全　称	北京宏达科技有限公司
	账　号	95599001156787800		账　号	3519000771106245001
	地　址	河北省石家庄市/县　开户行　中国农业银行石家庄西城支行		地　址	省北京市/县　开户行　中国工商银行北京城关支行
金额	人民币（大写）	肆万壹仟柒佰陆拾元整		亿千百十万千百十元角分	¥ 4 1 7 6 0 0 0
款项内容	货款	托收凭据名称	增值税专用发票、销售单	附寄单证张数	3
商品发运情况	已发			合同名称号码	XS2018036
备注：复核 07　记账 23		款项收妥日期　年　月　日		收款人开户银行签章　年　月　日	

中国工商银行北京城关支行 2018.07.15 受理凭证章

此联作收款人开户银行给收款人的受理回单

图 4-93　托收凭证（受理回单）

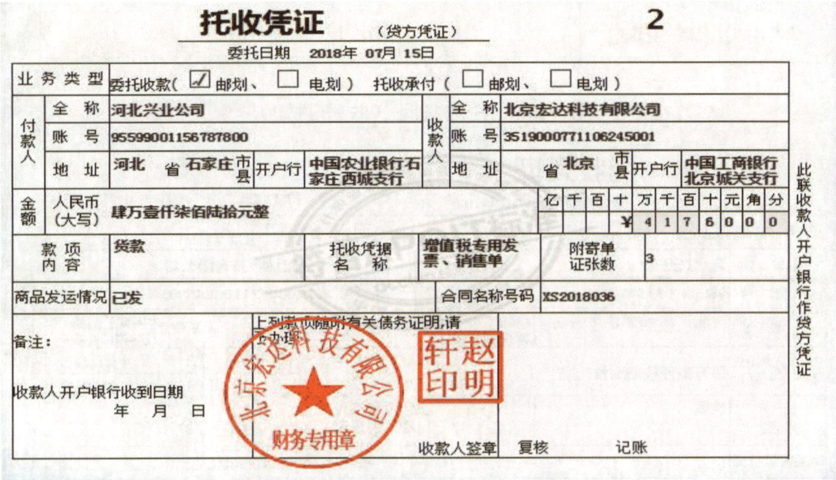

托收凭证　（贷方凭证）　　2

委托日期　2018年 07月 15日

业务类型	委托收款（☑邮划、□电划）　托收承付（□邮划、□电划）				
付款人	全　称	河北兴业公司	收款人	全　称	北京宏达科技有限公司
	账　号	95599001156787800		账　号	3519000771106245001
	地　址	河北省石家庄市/县　开户行　中国农业银行石家庄西城支行		地　址	省北京市/县　开户行　中国工商银行北京城关支行
金额	人民币（大写）	肆万壹仟柒佰陆拾元整		亿千百十万千百十元角分	¥ 4 1 7 6 0 0 0
款项内容	货款	托收凭据名称	增值税专用发票、销售单	附寄单证张数	3
商品发运情况	已发			合同名称号码	XS2018036
备注： 收款人开户银行收到日期　年　月　日		上列款项随附有关债务证明，请予办理。 收款人签章　复核　记账			

北京宏达科技有限公司 财务专用章　赵明轩印

此联收款人开户银行作贷方凭证

图 4-94　托收凭证（贷方凭证）

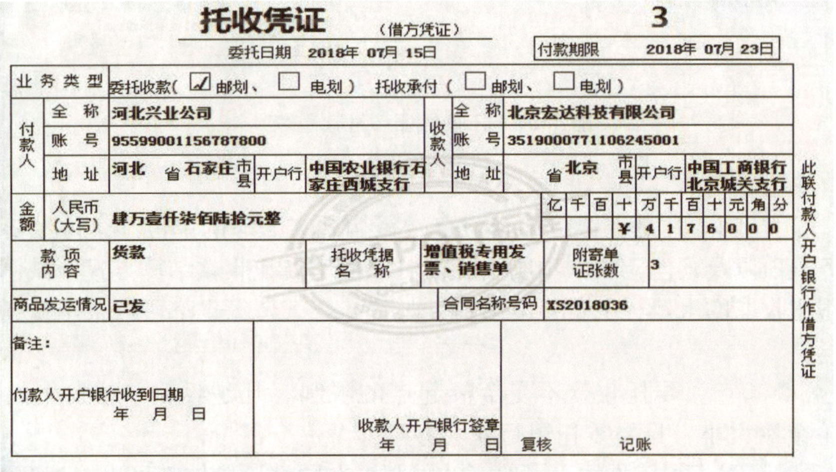

托收凭证　（借方凭证）　　3

委托日期　2018年 07月 15日　　付款期限　2018年 07月 23日

业务类型	委托收款（☑邮划、□电划）　托收承付（□邮划、□电划）				
付款人	全　称	河北兴业公司	收款人	全　称	北京宏达科技有限公司
	账　号	95599001156787800		账　号	3519000771106245001
	地　址	河北省石家庄市/县　开户行　中国农业银行石家庄西城支行		地　址	省北京市/县　开户行　中国工商银行北京城关支行
金额	人民币（大写）	肆万壹仟柒佰陆拾元整		亿千百十万千百十元角分	¥ 4 1 7 6 0 0 0
款项内容	货款	托收凭据名称	增值税专用发票、销售单	附寄单证张数	3
商品发运情况	已发			合同名称号码	XS2018036
备注： 付款人开户银行收到日期　年　月　日		收款人开户银行签章 年　月　日		复核　记账	

此联付款人开户银行作借方凭证

图 4-95　托收凭证（借方凭证）

第五联为付款通知，是付款人开户银行给付款单位按期付款的通知，基本格式见图4–97。

托收凭证（汇款依据或收账通知） 4

委托日期 2018年 07月 15日　　付款期限 2018年 07月 23日

业务类型	委托收款（☑邮划、□电划） 托收承付（□邮划、□电划）				
付款人 全称	河北兴业公司		收款人 全称	北京宏达科技有限公司	
账号	95599001156787800		账号	3519000771106245001	
地址	河北省石家庄市/县	开户行 中国农业银行石家庄西城支行	地址	省北京市/县	开户行 中国工商银行北京城关支行
金额 人民币（大写）	肆万壹仟柒佰陆拾元整		亿千百十万千百十元角分	¥ 4 1 7 6 0 0 0	
款项内容	货款	托收凭据名称 增值税专用发票、销售单	附寄单证张数	3	
商品发运情况	已发	合同名称号码	XS2018036		
备注： 复核 记账	上列款项已划回收入你方账户内 中国工商银行北京城关支行 2018.07.23 转讫 收款人开户银行签章 年 月 日				

此联付款人开户银行凭以汇款或收款人开户银行作收账通知

图 4–96　托收凭证（收账通知）

托收凭证（付款通知） 5

委托日期 2018年 07月 15日　　付款期限 2018年 07月 23日

业务类型	委托收款（☑邮划、□电划） 托收承付（□邮划、□电划）				
付款人 全称	河北兴业公司		收款人 全称	北京宏达科技有限公司	
账号	95599001156787800		账号	3519000771106245001	
地址	河北省石家庄市/县	开户行 中国农业银行石家庄西城支行	地址	省北京市/县	开户行 中国工商银行北京城关支行
金额 人民币（大写）	肆万壹仟柒佰陆拾元整		亿千百十万千百十元角分	¥ 4 1 7 6 0 0 0	
款项内容	货款	托收凭据名称 增值税专用发票、销售单	附寄单证张数	3	
商品发运情况	已发	合同名称号码	XS2018036		
备注： 付款人开户银行收到日期 年 月 日 复核 记账	付款人开户银行签章 年 月 日	付款人注意：1. 根据支付结算办法，上列委托收款（托收承付）款项在付款期限内未提出拒付，即视为同意付款，以此代付款通知。2. 如需提出全部或部分拒付，应在规定期限内，将拒付理由书并附债务证明退交开户银行。			

此联付款人开户银行给付款人按期付款通知

图 4–97　托收凭证（付款通知）

2）委托收款结算的特点

（1）使用范围。凡是在银行和其他金融机构开立账户的单位和个体经济户的商品交易、劳务款项以及其他应收款项的结算都可以使用委托收款结算方式。城镇公用企事业单位向用户收取的水费、电费、电话费、邮费、煤气费等也都可以采用委托收款结算方式。

（2）金额起点。委托收款不受金额起点的限制。凡是收款单位发生的正当应收款项，不论金额大小，只要委托银行就会办理。

（3）适用范围。委托收款不受地点的限制，在同城、异地都可以办理。

（4）种类。委托收款有邮寄和电报划回两种方式，收款单位可以根据需要灵活选择。

（5）付款期限。委托收款付款期为 3 天，凭证索回期为 2 天。

（6）拒付理由。银行不负责审查付款单位拒付理由。

2. 委托收款结算的基本流程

1）委托收款

（1）收款人办理委托收款应填写邮划委托收款凭证或电划委托收款凭证并签章。将委托收款凭证和有关的债务证明一起提交开户银行。

（2）银行审查委托收款凭证和有关的债务证明是否符合有关规定。

（3）将委托收款凭证和有关的债务证明寄交付款人开户行办理委托收款。

2）付款

（1）付款人应于接到通知的 3 日内书面通知银行付款。付款人未在规定期限内通知银行付款的，视同同意付款，银行应于付款人接到通知日的次日起第 4 日上午开始营业时，将款项划给收款人。

（2）银行在办理划款时，付款人存款账户不足支付的，应通过被委托银行向收款人发出未付款项通知书。按照有关办法规定，债务证明留存付款人开户银行的，应将债务证明连同未付款项通知书邮寄被委托银行，转交收款人。

3）拒绝付款

（1）付款人审查有关债务证明后，认为所发货物的品种、规格、质量等与双方签订的合同不符或者因其他原因对收款单位委托收取的款项需要全部或部分拒绝付款的，应在付款期内出具“委托收款结算部分或全部拒绝付款理由书”（见图 4-98），办理拒绝付款。

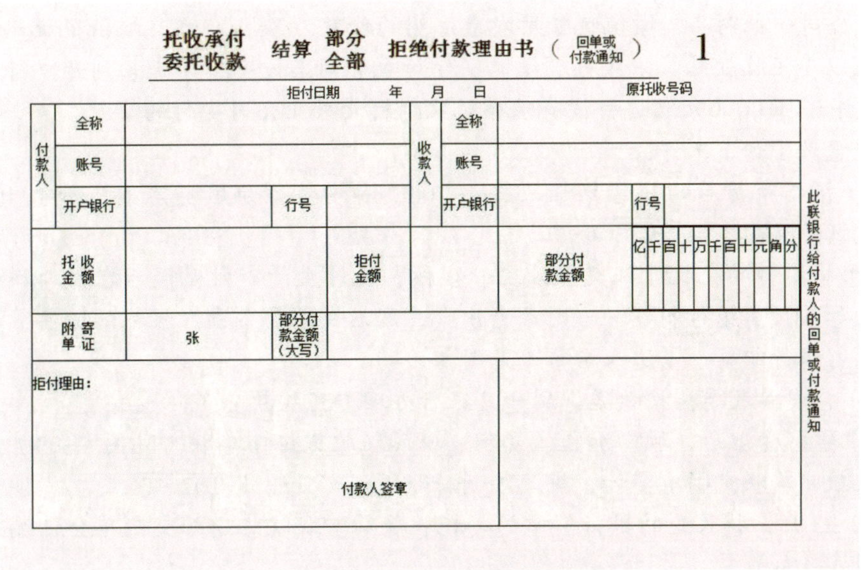

托收承付/委托收款　结算　部分/全部　拒绝付款理由书（回单或付款通知）　1

拒付日期　年　月　日　　原托收号码

付款人	全称			收款人	全称		
	账号				账号		
	开户银行		行号		开户银行		行号
托收金额		拒付金额		部分付款金额		亿千百十万千百十元角分	
附寄单证	张	部分付款金额（大写）					

拒付理由：

付款人签章

此联银行给付款人的回单或付款通知

图 4-98　拒绝付款理由书

“拒绝付款理由书”一式四联：第一联（回单或付款通知）作付款单位的支款通知；第二联（借方凭证）作银行付出传票或存查；第三联（贷方凭证）作银行收入传票或存查；第四联（代通知或收账通知）作收款单位收账通知或全部拒付通知书。

（2）以银行为付款人的，应自收到委托收款及债务证明的次日起 3 日内出具拒绝证明，连同有关债务证明、凭证寄给被委托银行，转交收款人。

（3）以单位为付款人的，应自付款人接到通知的次日起 3 日内出具拒绝证明，持有债务证明的，应将其送交开户银行。银行将拒绝证明、债务证明和有关凭证一并寄给被委托银行，转交收款人。

委托收款结算的基本流程见图 4–99。

图 4–99　委托收款结算的基本流程

3. 委托收款结算业务办理

1）收款方委托收款

【任务案例 4–17】2018 年 7 月 15 日，北京宏达科技有限公司销售给河北兴业公司一批商品，增值税专用发票注明的价款为 36 000 元，增值税税率为 16%，双方协商以委托收款结算方式办理结算。会计主管刘志俊安排李晓慧到开户行办理委托收款。7 月 23 日，北京宏达科技有限公司收到河北兴业公司支付的货款。

李晓慧做了如下工作：

（1）根据审核后的销售单（见图 4–100）和增值税专用发票（见图 4–101），填写托收凭证（见图 4–93 至图 4–97）。

（2）将填好的托收凭证交会计主管审核，会计主管审核无误后在第二联“收款人签章”处加盖预留银行印鉴——财务专用章；然后交单位负责人授权的印鉴管理员审核后加盖预留银行印鉴——法人名章（见图 4–94）。

（3）持发票及委托收款凭证到开户银行办理委托收款。

（4）银行受理后，取回加盖“受理”章的托收凭证回单联（见图 4–93），将发票及委托收款回单联交制单会计，据此编制转账凭证（见图 4–102）。

（5）23 日，将收到的银行签章的委托收款第四联收账通知交制单会计编制收款凭证（见图 4–103）。

（6）根据审核无误的收款凭证登记银行存款日记账。

销售单

购货单位：河北兴业公司　地址和电话：石家庄市桥西区裕华路177号 0311-83034567　单据编号：20046

纳税人识别号：911404007891234556　开户行及账号：中国农业银行石家庄西城支行 95599001156787800　制单日期：2018年07月15日

编码	产品名称	规格	单位	单价	数量	金额	备注
	移动电源箱	YD02	台	1800.00	20	36000.00	不含税价
	人民币(大写)：叁万陆仟元整					¥36000.00	

会计联

销售经理：武建英　会计：　仓管：　签收人：　经办人：赵晨

图 4-100　销售单

北京增值税专用发票

1100082172　№ 80882627　1100082172 80882627

此联不作报销、扣税凭证使用

校验码 36200 59126 35694 85660　开票日期：2018年07月15日

购买方	名称：河北兴业公司 纳税人识别号：911404007891234556 地址、电话：石家庄市桥西区裕华路177号 0311-83034567 开户行及账号：中国农业银行石家庄西城支行 95599001156787800	密码区	03/50/*36677-*8*42<-087*6591 *><360892/+54151*7>5/27/-880 36<6985**445810**-+4<-/6+/7+ 1><8793*6501794+19>51795*+<*

货物或应税劳务、服务名称	规格型号	单位	数量	单价	金额	税率	税额
*电源装置*移动电源箱	YD02	台	20	1800.00	36000.00	16%	5760.00
合计					¥36000.00		¥5760.00
价税合计（大写）	⊗肆万壹仟柒佰陆拾元整				（小写）¥41760.00		

销售方	名称：北京宏达科技有限公司 纳税人识别号：9114010074602685X3 地址、电话：北京市昌平区东大街369号 010-69719688 开户行及账号：中国工商银行北京城关支行 3519000771106245001	备注	北京宏达科技有限公司 9114010074602685X3 发票专用章

收款人：　复核：　开票人：赵晨　销售方：（章）

税总函〔2015〕562号海南华森实业公司

第一联：记账联 销售方记账凭证

图 4-101　增值税专用发票

转账凭证

2018年07月15日　转字第 003 号

摘要	总账科目	明细科目	借方金额	贷方金额	√
销售商品	应收账款	河北兴业公司	4176000		
	主营业务收入			3600000	
	应交税费	应交增值税（销项税额）		576000	
合计			¥4176000	¥4176000	

附单据 2 张

会计主管：　记账：王敏杰　出纳：李晓慧　复核：王敏杰　制单：周明

图 4-102　转账凭证

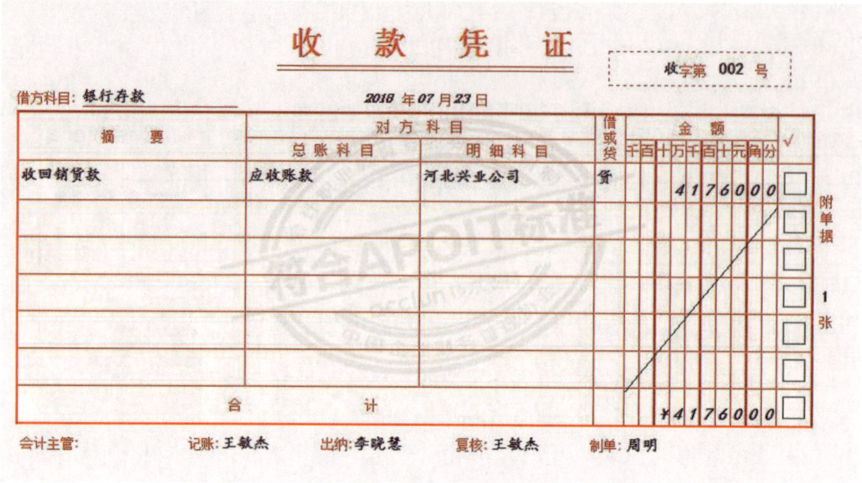

收款凭证

收字第 002 号

借方科目：银行存款　　2018 年 07 月 23 日

摘要	对方科目 总账科目	对方科目 明细科目	借或贷	金额	√
收回销货款	应收账款	河北兴业公司	贷	4176000	
合计				¥4176000	

附单据 1 张

会计主管：　记账：王敏杰　出纳：李晓慧　复核：王敏杰　制单：周明

图 4-103　收款凭证

2）付款方办理付款业务

【任务案例 4-18】2018 年 7 月 20 日，北京宏达科技有限公司从四川长林公司购入原材料 1 500 千克，单价 70 元 / 千克，增值税税率为 16%，价税合计 121 800 元，销货方代垫运费 1 100 元，运费增值税税率为 10%，购销双方约定以委托收款方式结算，材料尚未到达。

会计主管安排李晓慧办理付款业务，李晓慧做了如下工作：

（1）23 日，从银行取回长林公司开具的增值税专用发票（见图 4–104）、运费发票（见图 4–105）、托收凭证第五联银行付款通知（见图 4–106）及相关债务证明。

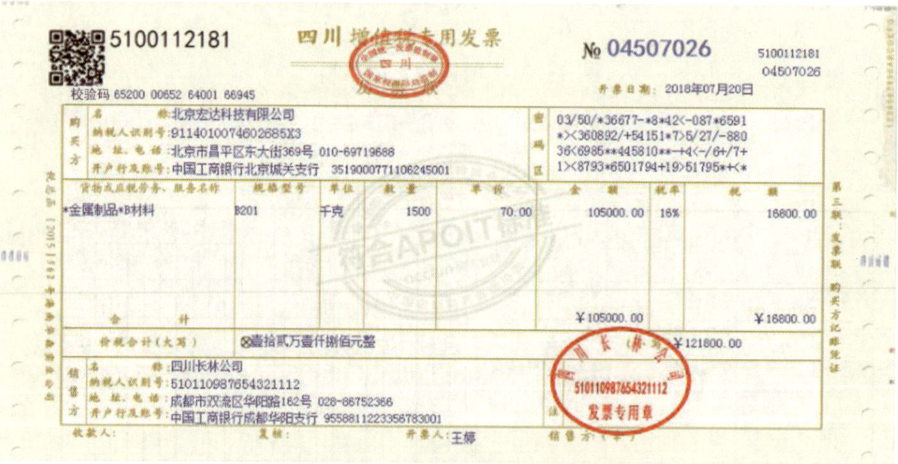

5100112181　四川增值税专用发票　№ 04507026　5100112181　04507026

校验码 65200 00652 64001 66945　开票日期：2018年07月20日

购买方　名称：北京宏达科技有限公司
纳税人识别号：91140100746026885X3
地址、电话：北京市昌平区东大街369号 010-69719688
开户行及账号：中国工商银行北京城关支行 3519000771106245001

密码区：03/50/*36677-*8*42<-087*6591 *><360892/+54151*7>5/27/-880 36<6985**445810**-+4<-/6+/7+ 1><8793*6501794+19>51795*+<*

货物或应税劳务、服务名称	规格型号	单位	数量	单价	金额	税率	税额
*金属制品*B材料	B201	千克	1500	70.00	105000.00	16%	16800.00
合计					¥105000.00		¥16800.00

价税合计（大写）⊗壹拾贰万壹仟捌佰元整　（小写）¥121800.00

销售方　名称：四川长林公司
纳税人识别号：510110987654321112
地址、电话：成都市双流区华阳路162号 028-86752366
开户行及账号：中国工商银行成都华阳支行 9558811223358783001

收款人：　复核：　开票人：王婷　销售方（章）

第三联：发票联　购买方记账凭证

图 4-104　增值税专用发票

（2）将上述凭证交会计主管审核，审核无误后通知开户银行付款。

（3）将托收凭证第五联付款通知及购货发票交制单会计编制付款凭证（见图 4–107）。

（4）根据审核无误的付款凭证及所附原始凭证登记银行存款日记账。

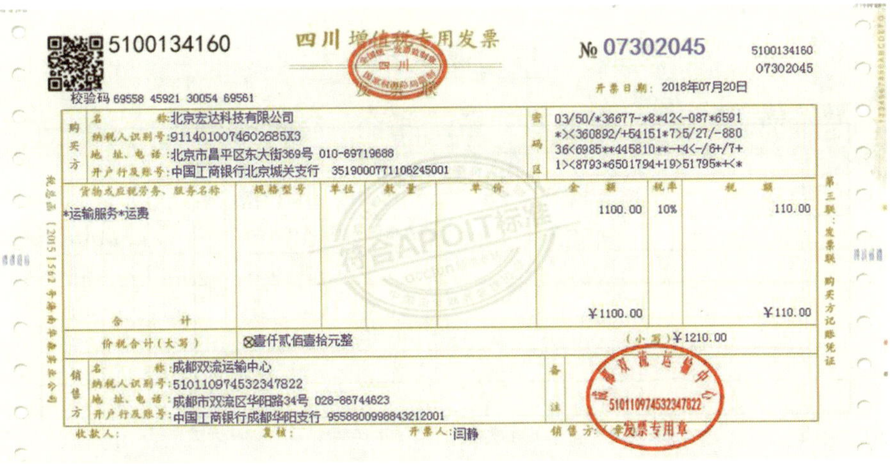

5100134160　　四川增值税专用发票　　№ 07302045　　5100134160 07302045

发　票　联　　开票日期：2018年07月20日

校验码 69558 45921 30054 69561

购买方	名　称：北京宏达科技有限公司 纳税人识别号：9114010074602685X3 地址、电话：北京市昌平区东大街369号 010-69719688 开户行及账号：中国工商银行北京城关支行 3519000771106245001			密码区	03/50/*36677-*8*42<-087*6591 *><360892/+54151*7>5/27/-880 36<6985**445810**-+4<-/6+/7+ 1><8793*6501794+19>51795*+<*		
货物或应税劳务、服务名称	规格型号	单位	数量	单价	金额	税率	税额
*运输服务*运费					1100.00	10%	110.00
合　计					¥1100.00		¥110.00
价税合计（大写）	⊗壹仟贰佰壹拾元整				（小写）¥1210.00		
销售方	名　称：成都双流运输中心 纳税人识别号：510110974532347822 地址、电话：成都市双流区华阳路34号 028-86744623 开户行及账号：中国工商银行成都华阳支行 9558800998843212001			备注	510110974532347822 发票专用章		

收款人：　　复核：　　开票人：闫静　　销售方：（章）

第三联：发票联　购买方记账凭证

图 4-105　运费发票

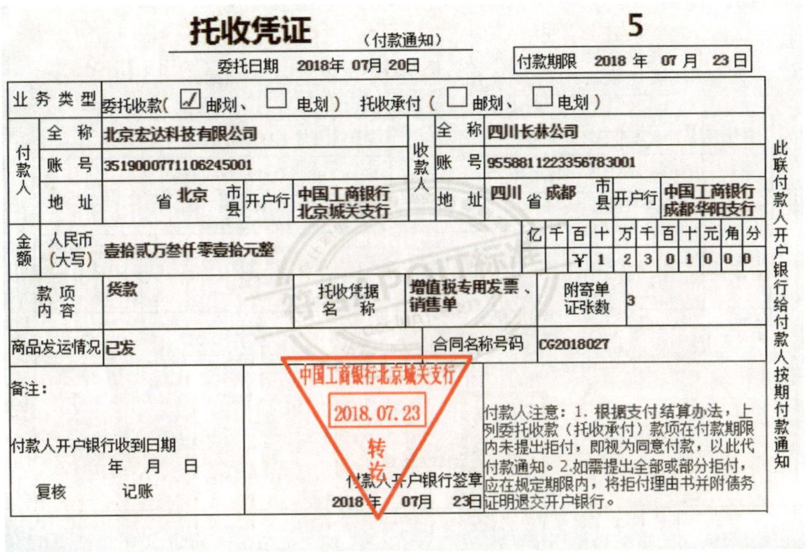

托收凭证（付款通知）　5

委托日期　2018年 07月 20日　　付款期限　2018 年 07 月 23 日

业务类型	委托收款（☑邮划、☐电划）　托收承付（☐邮划、☐电划）				
付款人	全称	北京宏达科技有限公司	收款人	全称	四川长林公司
	账号	3519000771106245001		账号	9558811223356783001
	地址	北京 省 市/县　开户行 中国工商银行北京城关支行		地址	四川 省 成都 市/县　开户行 中国工商银行成都华阳支行
金额	人民币（大写）	壹拾贰万叁仟零壹拾元整			¥12301000（亿千百十万千百十元角分）
款项内容	货款	托收凭据名称	增值税专用发票、销售单	附寄单证张数	3
商品发运情况	已发		合同名称号码	CG2018027	
备注： 付款人开户银行收到日期　年　月　日 复核　记账	中国工商银行北京城关支行 2018.07.23 转讫 付款人开户银行签章　2018年 07月 23日		付款人注意：1. 根据支付结算办法，上列委托收款（托收承付）款项在付款期限内未提出拒付，即视为同意付款，以此代付款通知。2.如需提出全部或部分拒付，应在规定期限内，将拒付理由书并附债务证明退交开户银行。		

此联付款人开户银行给付款人按期付款通知

图 4-106　托收凭证（付款通知）

3）付款方办理拒付业务

【任务案例 4-19】承【任务案例 4-18】，假如 2018 年 7 月 23 日，北京宏达科技有限公司收到开户银行传来的下列凭证：1 张托收凭证（第五联付款通知），托收金额为 123 010 元，3 张发票，经业务部门审核，发票上所列商品与双方签订的购销合同不符，拟全部拒付。会计主管刘志俊安排李晓慧到开户行办理拒绝付款手续。

李晓慧做了如下工作：

（1）审核单据，填写拒绝付款理由书（见图 4-108）。

（2）交印鉴管理员在付款人签章处加盖本单位公章后，送交开户银行办理拒付手续。

（3）银行受理后，取回加盖“受理”章的回单联。

（4）将回单联单独保管，并在委托收款登记簿上登记全部拒付理由。

付 款 凭 证

付字第 002 号

贷方科目：银行存款　　　　2018 年07 月23 日

摘要	对方科目：总账科目	对方科目：明细科目	借或贷	金额	√
采购材料	在途物资		借	10610000	□
	应交税费	应交增值税（进项税额）	借	1691000	□
					□
					□
					□
					□
合计				¥12301000	□

附单据 3 张

会计主管：　记账：王敏杰　出纳：李晓慧　复核：王敏杰　制单：周明

图 4-107　付款凭证

托收承付/委托收款 结算 部分/全部 拒绝付款理由书（回单或付款通知）1

拒付日期 2018 年 07月 23日　　原托收号码 148231

付款人			收款人		
全称	北京宏达科技有限公司		全称	四川长林公司	
账号	3519000771106245001		账号	9558811223356783001	
开户银行	中国工商银行北京城关支行	行号	开户银行	中国工商银行成都华阳支行	行号
托收金额	¥123 010.00	拒付金额	¥123 010.00	部分付款金额	亿千百十万千百十元角分
附寄单证	1 张	部分付款金额（大写）			

拒付理由：产品不符合合同规定，拒绝付款。

付款人签章

此联银行给付款人的回单或付款通知

图 4-108　拒绝付款理由书

任务 4.7　托收承付结算

1. 托收承付结算的概念及特点

1）托收承付结算的概念

托收承付结算是指根据购销合同，由收款人发货后委托银行向异地购货单位收取货款，购货单位根据合同核对单证或验货后，向银行承认付款的一种结算方式。

托收承付结算款项的划分方法，分邮寄和电报两种，由收款人选用。因而相应地托收承付结算凭证也分为邮划托收承付结算凭证和电划托收承付结算凭证两种。

托收承付结算凭证一式五联，基本格式与委托收款凭证相同（见图 4–93 至图 4–97）。

第一联（回单）是收款单位开户银行给收款单位的回单；第二联（贷方凭证）是收款单位委托开户银行办理托收款项后的收款凭证；第三联（借方凭证）是付款单位向开户银行支付货款的支款凭证；第四联（收账通知）是收款单位开户银行在款项收妥后给收款单位的收账通知；第五联（承付支款通知）是付款单位开户银行通知付款单位按期承付货款的承付（支款）通知。

2）托收承付结算的特点

托收承付结算具有使用范围较窄、监督严格和信用度较高的特点，具体内容如下：

（1）结算起点。《支付结算办法》规定，托收承付结算的每笔金额起点为 10 000 元；新华书店系统每笔金额起点为 1 000 元。

（2）结算适用范围。使用该结算方式的收款单位和付款单位，必须是国有企业、供销合作社以及经营较好并经开户银行审查同意的城乡集体所有制工业企业；办理结算的款项必须是商品交易以及因商品交易而产生的劳务供应款项；代销、寄销、赊销商品款项，不得办理托收承付结算。

（3）结算适用条件。《支付结算办法》规定，办理托收承付，除符合以上 2 个条件外，还必须具备以下 3 个前提条件：收付双方使用托收承付结算必须签有符合《中华人民共和国合同法》的购销合同，并在合同中注明使用异地托收承付结算方式；收款人办理托收，必须具有商品确已发运的证件；收付双方办理托收承付结算，必须重合同、守信誉。

（4）其他条件。《支付结算办法》规定，若收款人对同一付款人发货托收累计 3 次收不回货款的，收款人开户银行应暂停收款人向付款人办理托收；付款人累计 3 次提出无理拒付的，付款人开户银行应暂停其向外办理托收。

2. 托收承付结算的基本流程

1）托收

销货单位（收款单位）委托开户银行收取结算款项。在托收阶段，销货单位根据经济合同发货，取得发运证件后，填制托收承付结算凭证。托收承付结算凭证一式五联，连同发票、托运单和代垫运费等单据，一并送交开户银行办理托收手续。

2）承付

购货单位（付款单位）在承付期内，向银行承认付款。在承付阶段，购货单位开户银行将托收承付结算凭证及所附单证送交购货单位，通知承付货款。购货单位根据经济合同核对单证或验货后，在规定的承付期内，向银行承认付款，银行则据以划转款项。划转托收款项的方式分为邮寄划回（简称邮划）和电报划回（简称电划）两种，由销货单位根据不同情况选择使用。

承付方式有两种，即验单承付和验货承付。验单付款的承付期为 3 天，从付款人开户银行发出承付通知的次日算起（承付期内遇法定休息日和节假日顺延）；验货付款的承付期为 10 天（对收付双方在合同中明确规定并在托收凭证上注明验货付款期限的，银行从其规定），从运输部门向付款人发出提货通知的次日算起。

3）拒付

付款人在承付期内，若有正当理由，可向银行提出全部或部分拒绝付款。提出拒绝付款时，必须填写“拒绝付款理由书”，并加盖单位公章，注明拒绝付款理由。涉及合同的，应引证合同上的有关条款；属于商品质量问题，需要提交商品检验部门的检验证明；属于商品数量问题，需要提交数量问题的证明及有关数量的记录；属于外贸部门进口商品，应当提交国家商品检验或运输等部门出具的证明，一并送交开户银行。

托收承付结算的基本流程见图 4-109。

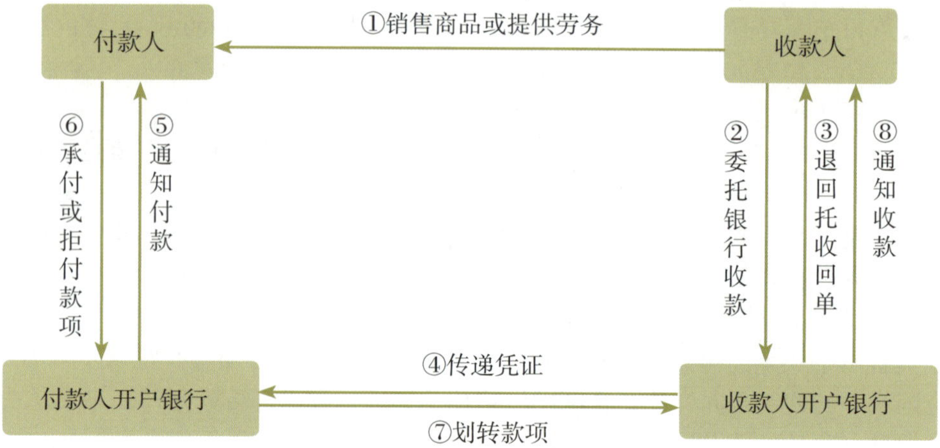

图 4-109　托收承付结算的基本流程

3. 托收承付结算业务办理

1）收款方办理托收

【任务案例 4-20】2018 年 7 月 24 日，北京宏达科技有限公司向上海创丰集团有限公司销售红外感应器一批，货已发出，增值税专用发票注明的价款为 168 000 元，增值税税率为 16%，签发转账支票支付运费 1 500 元，双方约定采用托收承付结算方式结算款项，运费由销货方承担，公司销售人员已从仓库提货，并已办妥托运手续。（合同号 XS2018046，邮划）

李晓慧做了如下工作：

（1）根据增值税专用发票（见图 4-110）填写托收承付凭证。

（2）将托收凭证及发票等资料一同送交开户银行办理托收承付手续。

（3）银行受理后，取回加盖“受理”章的托收凭证回单联（见图 4-111）。

（4）将运费发票（见图 4-112）及转账支票存根（见图 4-113）交制单会计审核后编制付款凭证（见图 4-114）。

（5）将托收承付凭证回单联及相关发票交制单会计审核后编制转账凭证（见图 4-115）。

（6）7 月 26 日，收到托收承付凭证第四联收账通知（见图 4-116）并交制单会

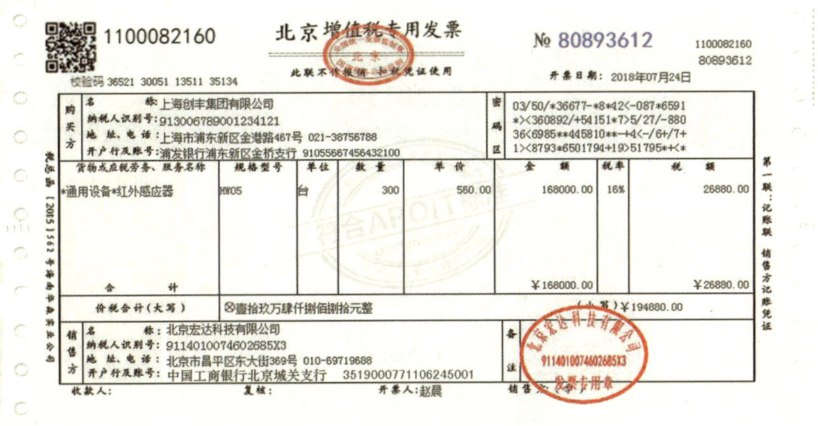

北京增值税专用发票
1100082160
№ 80893612
1100082160
80893612
此联不作报销、扣税凭证使用
校验码 36521 30051 13511 35134
开票日期：2018年07月24日

购买方	名称：上海创丰集团有限公司 纳税人识别号：913006789001234121 地址、电话：上海市浦东新区金港路467号 021-38756788 开户行及账号：浦发银行浦东新区金桥支行 91055667456432100			密码区	03/50/*36677-*8*42<-087*6591 *><360892/+54151*7>5/27/-880 36<6985**445810**-+4<-/6+/7+ 1><8793*6501794+19>51795*+<*		
货物或应税劳务、服务名称	规格型号	单位	数量	单价	金额	税率	税额
*通用设备*红外感应器	HW05	台	300	560.00	168000.00	16%	26880.00
合计					¥168000.00		¥26880.00
价税合计（大写）	⊗壹拾玖万肆仟捌佰捌拾元整				（小写）¥194880.00		
销售方	名称：北京宏达科技有限公司 纳税人识别号：9114010074602685X3 地址、电话：北京市昌平区东大街369号 010-69719688 开户行及账号：中国工商银行北京城关支行 3519000771106245001			备注			

收款人：　复核：　开票人：赵晨　销售方：（章）

第一联：记账联　销售方记账凭证

图 4-110　增值税专用发票

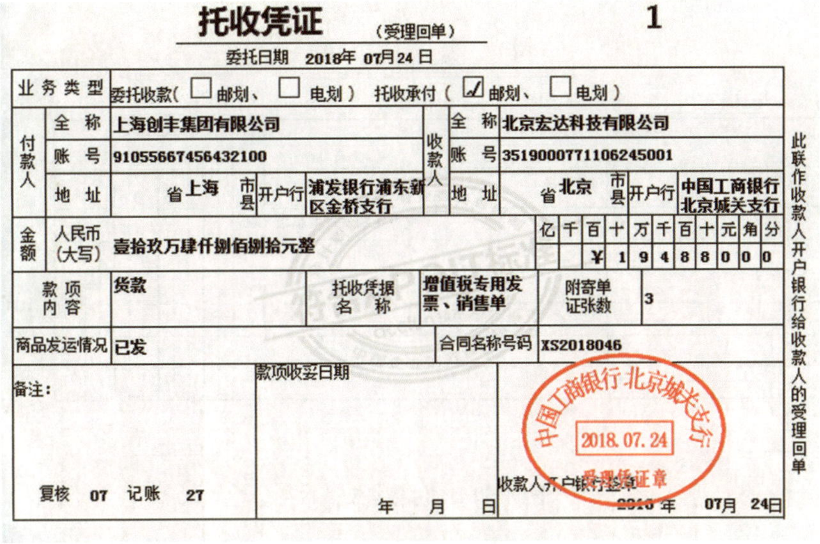

托收凭证（受理回单）　1

委托日期 2018年07月24日

业务类型	委托收款（□邮划、□电划）　托收承付（☑邮划、□电划）						
付款人	全称	上海创丰集团有限公司		收款人	全称	北京宏达科技有限公司	
	账号	91055667456432100			账号	3519000771106245001	
	地址	上海 省 市县	开户行 浦发银行浦东新区金桥支行		地址	北京 省 市县	开户行 中国工商银行北京城关支行
金额	人民币（大写）	壹拾玖万肆仟捌佰捌拾元整			亿千百十万千百十元角分	¥ 1 9 4 8 8 0 0 0	
款项内容	货款	托收凭据名称	增值税专用发票、销售单	附寄单证张数	3		
商品发运情况	已发			合同名称号码	XS2018046		
备注： 复核 07 记账 27		款项收妥日期 年 月 日		收款人开户银行签章 2018 年 07月 24日			

中国工商银行北京城关支行 2018.07.24 受理凭证章

此联作收款人开户银行给收款人的受理回单

图 4-111　托收凭证（受理回单）

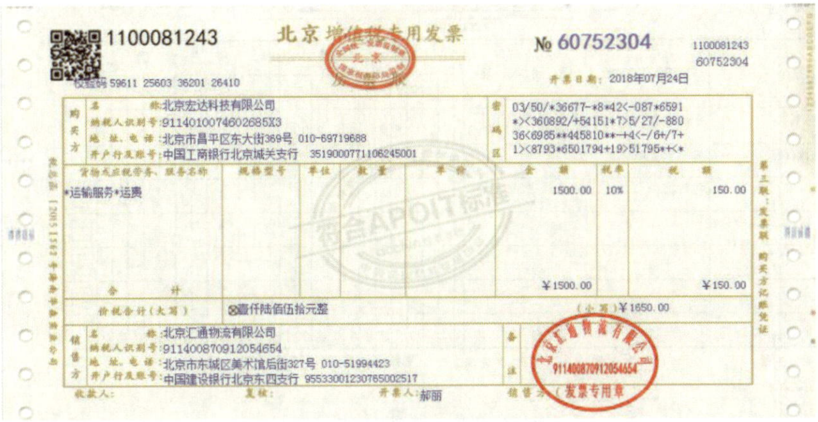

北京增值税专用发票
1100081243
№ 60752304
1100081243
60752304
校验码 59611 25603 36201 26410
开票日期：2018年07月24日

购买方	名称：北京宏达科技有限公司 纳税人识别号：9114010074602685X3 地址、电话：北京市昌平区东大街369号 010-69719688 开户行及账号：中国工商银行北京城关支行 3519000771106245001			密码区	03/50/*36677-*8*42<-087*6591 *><360892/+54151*7>5/27/-880 36<6985**445810**-+4<-/6+/7+ 1><8793*6501794+19>51795*+<*		
货物或应税劳务、服务名称	规格型号	单位	数量	单价	金额	税率	税额
*运输服务*运费					1500.00	10%	150.00
合计					¥1500.00		¥150.00
价税合计（大写）	⊗壹仟陆佰伍拾元整				（小写）¥1650.00		
销售方	名称：北京汇通物流有限公司 纳税人识别号：911400870912054654 地址、电话：北京市东城区美术馆后街327号 010-51994423 开户行及账号：中国建设银行北京东四支行 95533001230765002517			备注			

收款人：　复核：　开票人：郝丽　销售方：（章）

第三联：发票联　购买方记账凭证

图 4-112　运费发票

中国工商银行
转账支票存根
10201438
01007246
附加信息

出票日期2018 年07 月24 日

收款人：北京汇通物流有限公司
金 额：¥1650.00
用 途：运费

单位主管 会计

图 4-113 转账支票存根

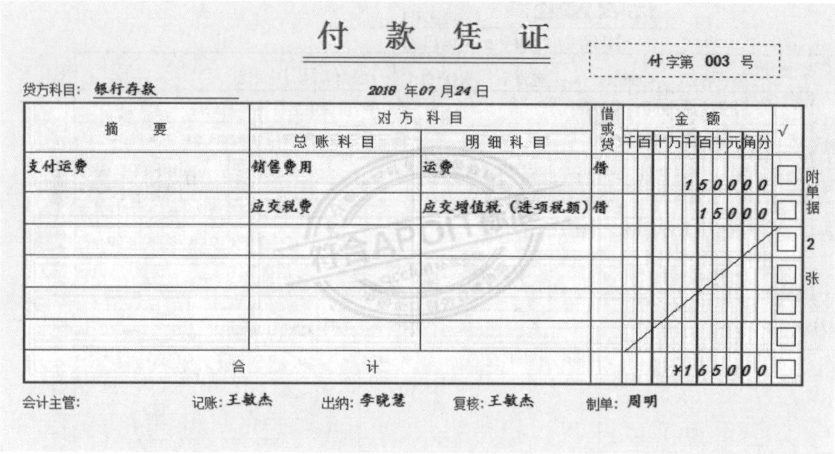

付 款 凭 证

付字第 003 号

贷方科目：银行存款 2018 年07 月24 日

摘要	对方科目 总账科目	对方科目 明细科目	借或贷	金额（千百十万千百十元角分）	√
支付运费	销售费用	运费	借	150000	
	应交税费	应交增值税（进项税额）	借	15000	
合计				¥165000	

附单据 2 张

会计主管： 记账：王敏杰 出纳：李晓慧 复核：王敏杰 制单：周明

图 4-114 付款凭证

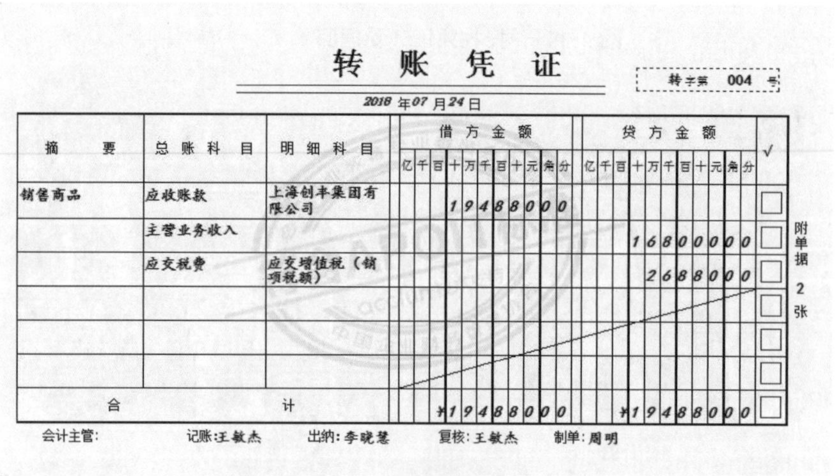

转 账 凭 证

转字第 004 号

2018 年07 月24 日

摘要	总账科目	明细科目	借方金额（亿千百十万千百十元角分）	贷方金额（亿千百十万千百十元角分）	√
销售商品	应收账款	上海创丰集团有限公司	19488000		
	主营业务收入			16800000	
	应交税费	应交增值税（销项税额）		2688000	
合计			¥19488000	¥19488000	

附单据 2 张

会计主管： 记账：王敏杰 出纳：李晓慧 复核：王敏杰 制单：周明

图 4-115 转账凭证

计编制收款凭证（见图 4-117）。

（7）根据审核后的付款凭证、收款凭证登记银行存款日记账。

托收凭证（汇款依据或收账通知）　　4

委托日期　2018年07月24日　　付款期限　2018年07月27日

业务类型	委托收款（□邮划、□电划）托收承付（☑邮划、□电划）					
付款人	全称	上海创丰集团有限公司	收款人	全称	北京宏达科技有限公司	
	账号	91055667456432100		账号	35190007711062450001	
	地址	上海省（市/县）　开户行：浦发银行浦东新区金桥支行		地址	省　市/县　开户行：中国工商银行北京城关支行	
金额	人民币（大写）	壹拾玖万肆仟捌佰捌拾元整				
款项内容	货款	托收凭据名称	增值税专用发票、销售单	附寄单证张数	3	
商品发运情况	已发	合同名称号码	XS2018046			
备注：	复核　记账	上列款项已划回收入你方账户内　中国工商银行北京城关支行　2018.07.26　转讫　收款人开户银行签章　2018年07月26日				

亿	千	百	十	万	千	百	十	元	角	分
		¥	1	9	4	8	8	0	0	0

此联付款人开户银行凭以汇款或收款人开户银行作收账通知

图 4-116　托收凭证（收账通知）

收　款　凭　证

收字第 003 号

借方科目：银行存款　　2018年07月26日

摘要	总账科目	明细科目	借或贷	千	百	十	万	千	百	十	元	角	分	√
收回货款	应收账款	上海创丰集团有限公司	贷			1	9	4	8	8	0	0	0	□
														□
														□
														□
														□
														□
合计					¥	1	9	4	8	8	0	0	0	□

附单据 1 张

会计主管：　记账：王敏杰　出纳：李晓慧　复核：王敏杰　制单：周明

图 4-117　收款凭证

小提示

托收承付的款项被无理拒付怎么办？

作为收款单位，如果遇到被无理拒付的托收款项，可在收到退回的结算凭证及其所附单证后，委托银行重办托收。此时财务人员需要填写四联“重办托收理由书”，将其中三联连同经济合同、有关证据、退回的原托收凭证及交易单证，一并送交银行。经开户银行审查，确属无理拒付是可以重办托收的。

2）付款方办理承付

【任务案例 4-21】2018 年 7 月 27 日，北京宏达科技有限公司收到广西蓝海有限公司的托收承付凭证，要求承付购买原材料 A202 的款项，共 121 800 元，双方约定运费由销货方承担，材料尚未到达。（合同号 CG2018043，邮划）

李晓慧做了如下工作：

（1）7 月 27 日从开户行取回购货发票（见图 4-118）及托收凭证第五联付款通知（见图 4-119）。

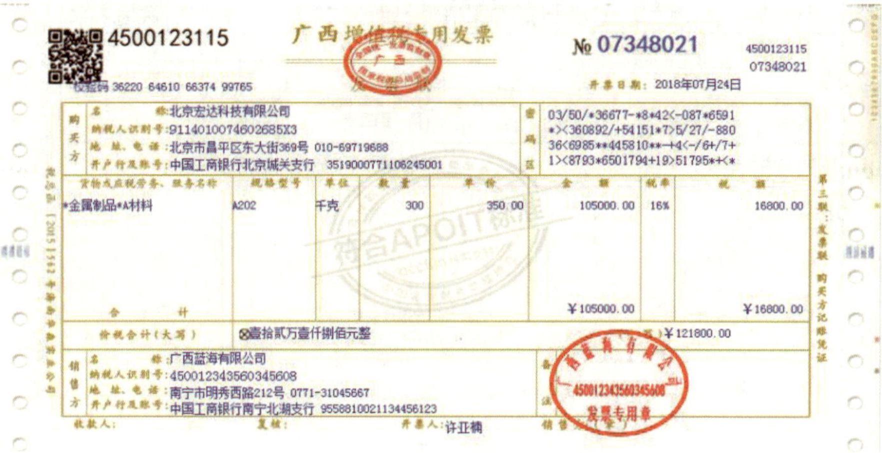

4500123115 广西增值税专用发票 № 07348021 4500123115 07348021

校验码 36220 64610 66374 99765 开票日期：2018年07月24日

购买方 名称：北京宏达科技有限公司
纳税人识别号：91140100746026 85X3
地址、电话：北京市昌平区东大街369号 010-69719688
开户行及账号：中国工商银行北京城关支行 3519000771106245001

密码区 03/50/*36677-*8*42<-087*6591 *><360892/+54151*7>5/27/-880 36<6985**445810**-+4<-/6+/7+ 1><8793*6501794+19>51795*+<*

货物或应税劳务、服务名称	规格型号	单位	数量	单价	金额	税率	税额
*金属制品*A材料	A202	千克	300	350.00	105000.00	16%	16800.00
合计					¥105000.00		¥16800.00
价税合计（大写）	⊗壹拾贰万壹仟捌佰元整				（小写）¥121800.00		

销售方 名称：广西蓝海有限公司
纳税人识别号：450012343560345608
地址、电话：南宁市明秀西路212号 0771-31045667
开户行及账号：中国工商银行南宁北湖支行 9558810021134456123

收款人： 复核： 开票人：许亚楠 销售方（章）

第三联：发票联 购买方记账凭证

图 4-118 增值税专用发票

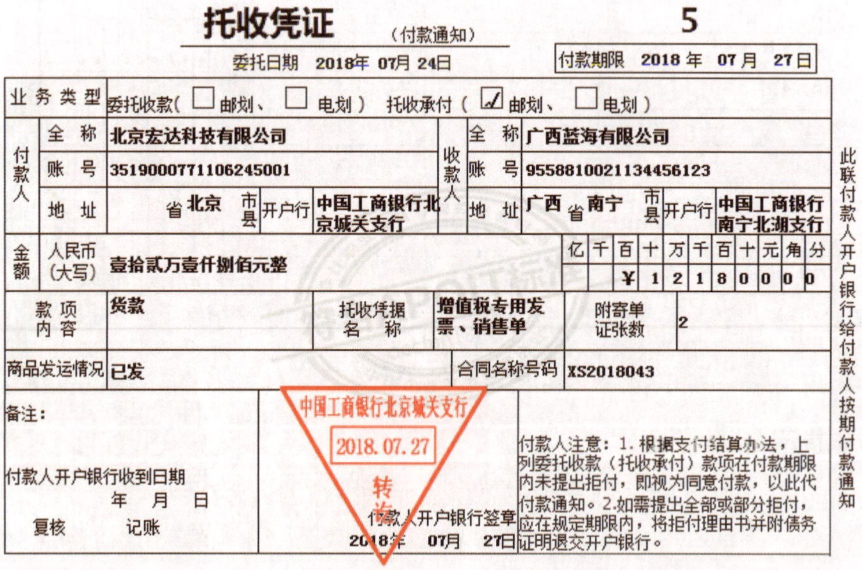

托收凭证（付款通知） 5

委托日期 2018年 07月 24日 付款期限 2018 年 07 月 27日

业务类型	委托收款（□邮划、□电划） 托收承付（☑邮划、□电划）				
付款人 全称	北京宏达科技有限公司	收款人 全称	广西蓝海有限公司		
付款人 账号	3519000771106245001	收款人 账号	9558810021134456123		
付款人 地址	北京 省 市/县 开户行 中国工商银行北京城关支行	收款人 地址	广西 省 南宁 市/县 开户行 中国工商银行南宁北湖支行		
金额 人民币（大写）	壹拾贰万壹仟捌佰元整	亿千百十万千百十元角分	¥ 1 2 1 8 0 0 0 0		
款项内容	货款	托收凭据名称	增值税专用发票、销售单	附寄单证张数	2
商品发运情况	已发	合同名称号码	XS2018043		
备注： 付款人开户银行收到日期 年 月 日 复核 记账	中国工商银行北京城关支行 2018.07.27 转讫 付款人开户银行签章 2018年 07月 27日	付款人注意：1.根据支付结算办法，上列委托收款（托收承付）款项在付款期限内未提出拒付，即视为同意付款，以此代付款通知。2.如需提出全部或部分拒付，应在规定期限内，将拒付理由书并附债务证明退交开户银行。			

此联付款人开户银行给付款人按期付款通知

图 4-119 托收凭证（付款通知）

（2）将上述凭证交会计主管刘志俊审核并通知开户行付款。

（3）将增值税专用发票及托收凭证付款通知交制单会计审核并编制付款凭证（见图 4-120）。

（4）根据审核后的付款凭证登记银行存款日记账。

付　款　凭　证

付字第 004 号

贷方科目：银行存款　　　　2018 年07 月27 日

摘要	对方科目：总账科目	对方科目：明细科目	借或贷	金额（千百十万千百十元角分）	√
支付货款	在途物资		借	10500000	
	应交税费	应交增值税（进项税额）	借	1680000	
合　　计				¥12180000	

附单据 3 张

会计主管：　记账：王敏杰　出纳：李晓慧　复核：王敏杰　制单：周明

图 4-120　付款凭证

任务 4.8　信用卡结算

1. 信用卡结算的概念及特点

信用卡是指商业银行向个人和单位发行的凭以向特约单位购物、消费和向银行存取现金，且具有消费信用的特别载体卡片。信用卡是一种非现金交易付款的方式，是简单的信贷服务。

我国目前发行的信用卡主要有牡丹卡、长城卡、万事达卡、维萨卡、金穗卡、龙卡、太平洋卡等（见图 4-121）。

图 4-121　信用卡

信用卡结算的主要特点如下：

（1）信用卡是当今发展最快的金融业务之一，它是一种可在一定范围内替代传统现金流通的电子货币。

（2）信用卡同时具有支付和信

贷两种功能。持卡人可用其购买商品或享受服务，还可以通过使用信用卡从发卡机构获得一定的贷款。

（3）信用卡是集金融业务与电脑技术于一体的高科技产物。

（4）信用卡能减少现金货币的使用。

（5）信用卡能提供结算服务，方便购物、消费，增强安全感。

（6）信用卡能简化收款手续，节约社会劳动力。

（7）信用卡能促进商品销售，刺激社会需求。

2. 信用卡的种类

1）按发卡机构可分为银行卡和非银行卡

（1）银行卡。这是银行所发行的信用卡，持卡人可以在发卡银行的特约商户购物、消费，也可以在发卡行所有的分支机构或设有自动柜员机的地方随时提取现金。

（2）非银行卡。这种卡又可以具体地分成零售信用卡和旅游娱乐卡。零售信用卡是商业机构所发行的信用卡，如百货商城、石油公司等，专用于在指定商店购物或在加油站加油等，并定期结账。旅游娱乐卡是服务业，如航空公司、旅游公司等发行的信用卡，用于购票、用餐、住宿、娱乐等。

2）按发卡对象可分为公司卡和个人卡

（1）公司卡。公司卡的发行对象为各类工商企业、科研教育等事业单位、国家党政机关、部队、团体等法人组织。

（2）个人卡。个人卡的发行对象则为城乡居民个人，包括工人、干部、教师、科技工作者、个体经营户以及其他成年的、有稳定收入来源的城乡居民。个人卡是以个人的名义申领并由其承担用卡的一切责任。

3）按持卡人的信誉等级可分为普通卡和金卡

（1）普通卡。普通卡是对经济实力和信誉、地位一般的持卡人发行的，对其各种要求并不高。

（2）金卡。金卡是一种交纳高额会费、享受特别待遇的高级信用卡。发卡对象为信用度较高、偿还能力及信用较强或有一定社会地位者。金卡的授权限额起点较高，附加服务项目及范围也宽得多，因而对有关服务费用和担保金的要求也比较高。

4）按清偿方式可分为贷记卡和准贷记卡

（1）贷记卡。它是发卡银行提供银行信用，先行透支使用，然后再还款或分期付款，国际上流通使用的大部分都是这类卡。也就是说，允许持卡人在信用卡账户上无存款，其清偿的方式为“先消费，后存款”。

（2）准贷记卡。它是银行发行的一种先存款后消费的信用卡。持卡人在申领信用卡时，需要事先在发卡银行存有一定的款项以备用，持卡人在用卡时需以存款余额为依据，一般不允许透支。目前我国各银行发行的信用卡基本上属于准贷记卡，但是允许持卡人用于消费的善意、短期、小额的透支，根据不同的卡种，规定不同的限额，并在规定的期限内还款，有时需要支付利息。因此，其实质上是具有一定透支功能的借记卡。

5）按流通范围可分为国际卡和地区卡

（1）国际卡。国际卡是一种可以在发行国之外使用的信用卡，全球通用。境外五大集团（万事达卡组织、维萨国际组织、美国运通公司、JCB信用卡公司和大莱信用卡公司）分别发行的万事达卡（Master Card）、维萨卡（VISA Card）、运通卡（American Express Card）、JCB卡（JCB Card）和大莱卡（Diners Club Card）多数属于国际卡。

（2）地区卡。地区卡是一种只能在发行国国内或一定区域内使用的信用卡。我国商业银行所发行的各类信用卡大多数属于地区卡。

小提示

中国人民银行关于信用卡业务有关事项的通知

2016年4月15日，央行发布《中国人民银行关于信用卡业务有关事项的通知》，取消信用卡滞纳金，引入违约金，并禁止收取超限费。同时，还对信用卡透支利率、免息还款期和最低还款额等作了相应调整。信用卡提现金额，也从每卡每日2 000元提高至10 000元。通知自2017年1月1日起正式施行。

3. 信用卡结算的基本规定

（1）单位账户的资金一律从基本存款账户转账存入，不得交存现金，不得将销货收入的款项存入其账户。

（2）信用卡仅限于合法持卡人本人使用，持卡人不得出租或转借信用卡。

（3）单位信用卡不得用于10万元以上的商品交易，劳务供应款项的结算。

（4）持卡人带卡购物、消费时需将信用卡和身份证一并交特约单位，并在签购单上签名确认。

（5）特约单位不得通过压卡、签单和退货等方式支付持卡人现金。

（6）单位卡一律不得支取现金。

（7）信用卡透支额，一般而言，金卡最高不得超过10 000元，普通卡最高不得超过5 000元，透支期限最长60天。

（8）持卡人不得恶意透支，持卡人不得超过规定限额或规定期限还款，如果经发卡银行催收仍无效，则属于恶意透支行为。

（9）持卡人不需要继续使用信用卡的，应持信用卡主动到发卡银行办理销户。销户时，单位卡账户余额转入其基本存款账户，不得提取现金。

各银行对于其发行的信用卡也有自己的一些规定。

4. 信用卡结算的基本流程

1）信用卡申请

凡是申请办理信用卡的单位和个人，应向发行信用卡的银行填交信用卡申请书。

申请方式一般是通过填写信用卡申请表来申请，申请表的内容一般包括申领人的姓名、基本情况、经济状况或收入来源、担保人及其基本情况等，并向发卡行提交一定的证件复印件与证明等。

2）信用卡审查

发卡银行接到申请人交来的申请表及有关材料后，要对申请人的信誉情况进行审查。审查的内容主要在于申请表的内容是否属实，同时，对申请的单位要评估其资信程度，对个人要审查担保人的有关情况。

发卡行审核的具体因素与过程属于商业机密，外界一般很难了解。各个发卡行的标准也不尽相同，因此，同样的材料在不同的银行可能会出现核发的信用额度不同、信用卡的种类不同，甚至会出现有的银行审核通过而有的银行拒发的情况。

3）发卡开卡

申请人申领信用卡成功后，发卡行将为持卡人在发卡银行开立单独的信用卡账户，以供购物、消费和取现后进行结算。

由于信用卡申请通过后主要是通过邮寄方式将卡片寄出，所以并不能保证领取人就是申请人。为了使申请人和银行免遭盗刷损失，信用卡在正式启用前设置了开卡程序。开卡主要是通过电话或者网络等，用于核对申请时提供的相关个人信息，符合的话即完成开卡程序。此时申请人变为卡片持有人，在卡片背面签名后就可以正式开始使用。信用卡开卡后一般需同时设置密码。

4）使用信用卡购物或直接消费

单位持卡人在取得信用卡后，可用于支付差旅费和采购零星物品，可在发卡银行在各地约定的饭店、宾馆、商店等特约单位记账付款，也可凭卡在发卡银行各地分支机构提取一定数额的现金。

信用卡结算的基本流程见图 4-122。

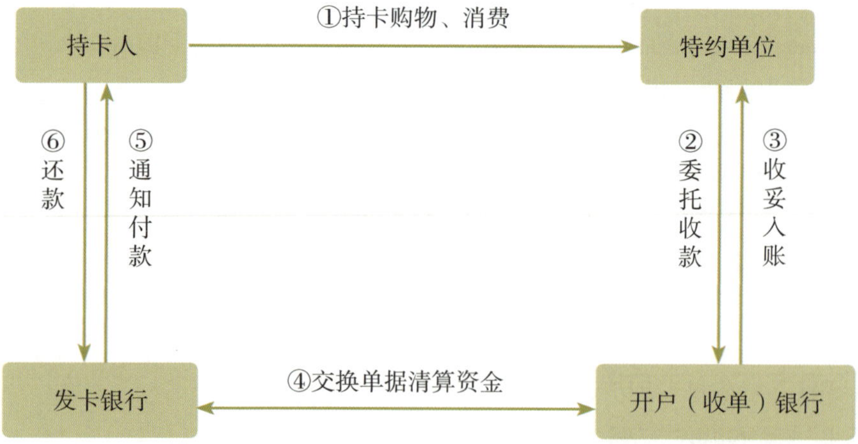

图 4-122 信用卡结算的基本流程

5. 信用卡结算业务办理

1）申请信用卡

【任务案例 4–22】2018 年 7 月 28 日，北京宏达科技有限公司为本单位申领牡丹信用卡一张，用转账支票存入信用卡 20 000 元。

李晓慧做了如下工作：

（1）填写信用卡申请书，详细写明申请单位持卡人的姓名、年龄、地址，单位财产及负债情况，持卡人的职业、职务等，送发卡行审查。

（2）发卡行审查符合发卡条件批准发卡，向申请人发出信用卡通知书并通知李晓慧到发卡行办理开户手续。

（3）李晓慧签发转账支票（见图 4–123）一张，存入信用卡 20 000 元，并填制进账单交开户银行。

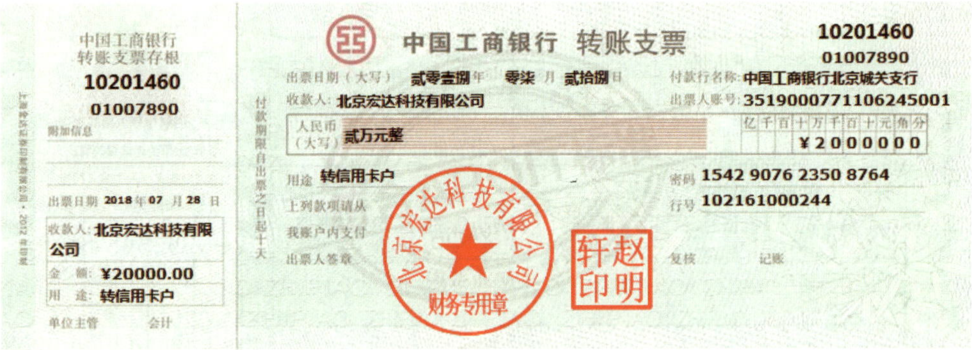
中国工商银行 转账支票存根
10201460
01007890
附加信息
出票日期 2018 年 07 月 28 日
收款人：北京宏达科技有限公司
金　额：¥20000.00
用　途：转信用卡户
单位主管　会计

中国工商银行 转账支票　10201460　01007890
出票日期（大写）贰零壹捌年 零柒 月 贰拾捌日　付款行名称：中国工商银行北京城关支行
收款人：北京宏达科技有限公司　出票人账号：3519000771106245001
付款期限自出票之日起十天
人民币（大写）贰万元整　¥2000000
用途 转信用卡户　密码 1542 9076 2350 8764
上列款项请从　行号 102161000244
我账户内支付
出票人签章　复核　记账
北京宏达科技有限公司 财务专用章
赵明 轩印

图 4–123　转账支票

（4）将银行盖章退回的进账单回单（见图 4–124）和转账支票存根（见图 4–125）交制单会计编制银行存款付款凭证（见图 4–126）。

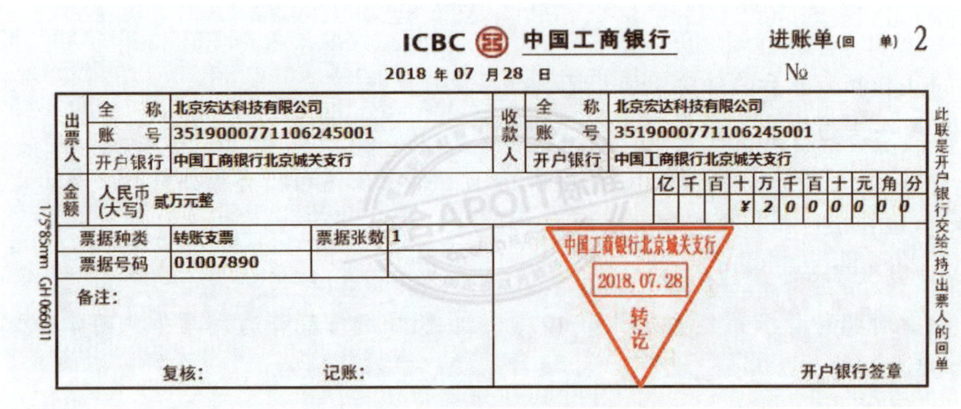
ICBC 中国工商银行　进账单（回　单）2
2018 年 07 月 28 日　№

出票人	全　称	北京宏达科技有限公司	收款人	全　称	北京宏达科技有限公司
	账　号	3519000771106245001		账　号	3519000771106245001
	开户银行	中国工商银行北京城关支行		开户银行	中国工商银行北京城关支行
金额	人民币（大写）	贰万元整		亿千百十万千百十元角分	¥2000000
票据种类	转账支票	票据张数	1		
票据号码	01007890				
备注：					
复核：	记账：			开户银行签章	

中国工商银行北京城关支行 2018.07.28 转讫
此联是开户银行交给（持）出票人的回单
175×85mm GH066011

图 4–124　进账单回单

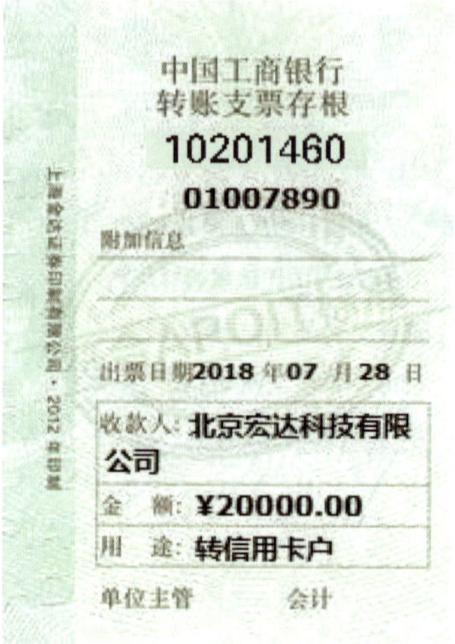
中国工商银行
转账支票存根
10201460
01007890
附加信息
出票日期2018年07月28日
收款人：北京宏达科技有限公司
金　额：¥20000.00
用　途：转信用卡户
单位主管　　会计

图 4-125　转账支票存根

付　款　凭　证

付字第 005 号

贷方科目：银行存款　　　　2018 年07 月28 日

摘　要	对方科目：总账科目	对方科目：明细科目	借或贷	金额（千百十万千百十元角分）	√
申请办理信用卡	其他货币资金	信用卡存款	借	2000000	
合　计				¥2000000	

附单据 3 张

会计主管：　　记账：王敏杰　　出纳：李晓慧　　复核：王敏杰　　制单：周明

图 4-126　付款凭证

（5）根据审核后的付款凭证登记银行存款日记账。

2）信用卡结算办理

【任务案例 4-23】2018 年 8 月 10 日，北京宏达科技有限公司行政部林文君用牡丹信用卡支付业务招待费 858.60 元。

李晓慧做了如下工作：

（1）对招待费报销单（见图 4-127）、餐饮费增值税普通发票（见图 4-128）和签购单进行核对。

（2）将以上报销单据交制单会计编制转账凭证（见图 4-129）。

报　销　单

填报日期：2018 年 08 月 10 日　　　　单据及附件共 1 张

姓名	林文君	所属部门	行政部	报销形式	
				支票号码	

报销项目	摘要	金额	备注：
招待费	付招待费	858.60	
合计		¥858.60	
金额大写：零拾零万零仟捌佰伍拾捌元陆角零分		原借款：0.00 元	应退(补)款：858.60 元

总经理：赵明轩　财务经理：刘志俊　部门经理：张斌　会计：周明　出纳：李晓慧　报销人：林文君

图 4-127　报销单

北京增值税普通发票

1100427531　　№ 48123076　1100427531　48123076

开票日期：2018年08月10日

校验码 36599 89461 35064 30056

购买方		密码区	
名称：北京宏达科技有限公司 纳税人识别号：91140100746026 85X3 地址、电话：北京市昌平区东大街369号 010-69719688 开户行及账号：中国工商银行北京城关支行 3519000771106245001		03/50/*36677-*8*42<-087*6591 *><360892/+54151*7>5/27/-880 36<6985**445810**-+4<-/6+/7+ 1><8793*6501794+19>51795*+<*	

货物或应税劳务、服务名称	规格型号	单位	数量	单价	金额	税率	税额
*餐饮服务*餐饮费		次	1	810.00	810.00	6%	48.60
合计					¥810.00		¥48.60
价税合计（大写）	⊗捌佰伍拾捌元陆角整				（小写）¥858.60		

销售方	备注
名称：北京芙蓉大酒店 纳税人识别号：911104557823418901 地址、电话：北京市东城区南里路234号 010-85934676 开户行及账号：中国工商银行北京东城支行 9558867001234086001	

收款人：　　复核：　　开票人：张洁　　销售方：（章）

第二联：发票联　购买方记账凭证

图 4-128　增值税普通发票

转　账　凭　证

转字第 001 号

2018 年 08 月 10 日

摘要	总账科目	明细科目	借方金额	贷方金额	√
报销业务招待费	管理费用	招待费	85860		
	其他货币资金	信用卡存款		85860	
合计			¥85860	¥85860	

附单据 2 张

会计主管：　　记账：王敏杰　　出纳：李晓慧　　复核：王敏杰　　制单：周明

图 4-129　转账凭证

任务 4.9 网上银行结算

1. 网上银行的概念及功能

网上银行（简称网银），又称网络银行、在线银行，是指银行利用 Internet 技术，通过 Internet 向客户提供开户、查询、对账、行内转账、跨行转账、信贷、网上证券、投资理财等传统服务项目，使客户可以足不出户就能够安全、便捷地管理活期和定期存款、支票、信用卡及个人投资等。可以说，网上银行是在 Internet 上的虚拟银行柜台。网上银行又被称为“3A 银行”，因为它不受时间、空间限制，能够在任何时间（Anytime）、任何地点（Anywhere）、以任何方式（Anyway）为客户提供金融服务。

企业网上银行是指通过互联网或专线网络，为企业客户提供账户查询、转账结算、在线支付等金融服务的渠道，根据功能、介质和服务对象的不同可分为普及版、标准版和中小企业版。其业务功能分为基本功能和特定功能。基本功能包括账户管理、网上汇款、在线支付等功能；特定功能包括贵宾室、网上支付结算代理、网上收款、网上信用证、网上票据和账户高级管理等业务功能。

在银行开立账户、信誉良好的企业客户，包括企业、行政事业单位、社会团体等均可开通企业网上银行。

2. 网上银行的特点

1）全面实现无纸化交易

以前使用的票据和单据大部分被电子支票、电子汇票和电子收据所代替；原有的纸币被电子货币（电子现金、电子钱包、电子信用卡）所代替；原有纸质文件的邮寄变为通过数据通信网络进行传送。

2）服务方便、快捷、高效、可靠

通过网上银行，用户可以享受到方便、快捷、高效和可靠的全方位服务，可以在任何需要的时候使用网上银行的服务，可以不受时间、地域的限制，轻松享受 3A 服务。

3）经营成本低廉

由于网上银行采用了计算机网络信息处理技术，因此可以在保证原有业务量不降低的前提下，减少营业点的数量。

4）简单易用

网上电子邮件的通信方式也非常灵活、方便，便于客户与银行之间以及银行内部之间的沟通。与传统银行业务相比，网上银行业务有许多优势。

小知识

我国网上银行的发展

1998 年，招商银行率先推出网上银行“一网通”，成为中国网上银行业务的市场导引者。20 世纪 90 年代末，中行、建行、工行等陆续推出网上银行，开通了网上支付、网上自助转账和网上缴费等业务，初步实现了真正的在线金融服务。2013 年中国网上银行市场整体交易规模达到 317.19 万亿元人民币，大多数银行的网银替代率已经超过或接近 80%。未来，网上银行将成为银行业务办理的主渠道，传统银行将全面融入网上银行，甚至不再单独区分网上银行，网上银行的发展将迎来稳定的增长时期。

3. 网上银行的认证介质

目前，网上银行常用的认证介质有密码、文件数字证书、动态口令卡、动态手机口令、移动口令牌、移动数字证书。各种介质各有其特点。

1）密码

密码是每个网上银行必备的认证介质，记得要使用安全、好记的密码，但是密码非常容易被木马盗取或被他人偷窥。

安全系数：30%；便捷系数：100%。

2）文件数字证书

文件数字证书是存放在电脑中的数字证书，每次交易时都需要用到，如果你的电脑没有安装数字证书是无法完成付款的；已安装文件数字证书的用户只需要输入密码即可。未安装文件数字证书的用户安装证书需要验证大量的信息，相对比较安全。但是文件数字证书不可移动，对经常换电脑的用户来说不方便（支付宝等验证手机即可，而网上银行一般要去银行办理）；而且文件数字证书有可能被盗取，所以也不是绝对安全的。

安全系数：70%；便捷系数：100%（家庭用户）、30%（网吧用户）。提供商：招商银行、中国农业银行等。

3）动态口令卡

动态口令卡是一种类似游戏的密保卡样式的卡。卡面上有一个表格，表格内有几十个数字。当进行网上交易时，银行会随机询问你某行某列的数字，如果能正确地输入对应格内的数字便可以成功交易；反之则不能。

动态口令卡可以随身携带，非常轻便，不需要驱动，使用起来也很方便，但是如果木马长期在电脑中，就可以渐渐地获取口令卡上的很多数字，当获知的数字达到一定数量时，资金便不再安全，而且如果在外使用，也容易被人拍照。

安全系数：50%；便捷系数：80%。提供商：中国工商银行、中国农业银行等。

4）动态手机口令

当你尝试进行网上交易时，银行会向你的手机发送短信，如果你能正确地输入收到的短信则可以成功付款，反之则不能。不需要安装驱动，只需要随身携带手机即可，不怕偷窥，不怕木马，相对安全。但是，必须随身带手机，手机不能停机，不能没电，不能丢失。而且，有时会因通信运营商服务质量低导致短信迟迟没到，也会影响使用效率。

安全系数：80%～90%；便捷系数：80%（手机随身，话费充足，信号良好）、30%～80%（手机不随身，经常停机，信号差，有时还会遗失）。提供商：招商银行、中国工商银行、中国光大银行、中国邮政储蓄银行等。

5）移动口令牌

移动口令牌一定时间换一次号码。付款时只需按移动口令牌上的键，就会出现当前的代码。在网上银行付款时一分钟内就可以凭这个编码付款。如果无法获得该编码，则无法成功付款。不需要驱动，不需要安装，只要随身带就行，不怕偷窥，不怕木马。口令牌的编码使用过就立即失效，不用担心付款时输入的编码被别人看到。

安全系数：80%～90%；便捷系数：80%；提供商：中国银行等。

6）移动数字证书

移动数字证书在各大银行的叫法都不一样，如中国工商银行称为U盾，中国农业银行称为K宝，中国建设银行称为网上银行盾，中国光大银行称为阳光网盾，支付宝称为支付盾。它存放着个人的数字证书，并不可读取。同样，银行也记录着用户的数字证书。

安全系数：95%；便捷系数：50%（持有需要驱动的移动数字证书的网吧用户）、80%（持有免驱的移动数字证书的网吧用户或家庭用户）。提供商：中国工商银行、中国农业银行、中国建设银行、招商银行、中国光大银行、中国民生银行等。

小知识

电子银行和网上银行是一回事儿吗？

电子银行是指商业银行通过互联网终端、电话、手机等电子设备渠道向社会提供的银行服务，具有信息查询、支付结算、投资理财等金融服务功能。电子银行是一种新型的银行服务方式或渠道，客户不需要到银行网点，只要通过电脑、电话、手机、ATM、POS等电子终端，就可以方便地获得账户查询、转账汇款、缴费、网上购物、外汇买卖、国债、基金、保险、股票等多方位的金融服务。电子银行包括电话银行、网上银行、手机银行和短信银行。网上银行是电子银行的一种。

4. 网上银行结算的基本流程

1）开通企业网银

（1）企业申请。企业相关人员持营业执照原件、单位介绍信、经办人身份证件到开户网点签订“简版（或其他版本）网上银行客户服务协议”、填写“企业客户服务申请表”。

（2）银行审核。银行柜员审核客户提交信息的真实性，包括核对银行预留印鉴，确认无误后办理签约手续。

（3）下载并安装网银安全组件。登录银行主页，点击“登录网上银行”，在证书下载中选择“简版企业银行证书”，点击下载。按照提示安装组件直至完成。

（4）设置网银盾密码。插入网银盾，按照页面操作提示逐步完成网银盾口令的设置。网银盾密码设置完成后，插入网银盾，单击企业网银登录链接，输入网银盾密码，即可正常跳转到登录页面。

2）登录网银办理业务

（1）登录网上银行，如中国工商银行网站 http://www.icbc.com，点击企业网上银行登录（见图 4-130）。

（2）插入 U 盾，输入密码登录企业网上银行（见图 4-131）。

图 4-130　企业网上银行登录

图 4-131　企业网上银行 U 盾登录

（3）点击付款业务（见图 4–132）办理付款。

付款方网上银行付款业务办理工作流程见图 4–133。

图 4-132　企业网上银行付款业务

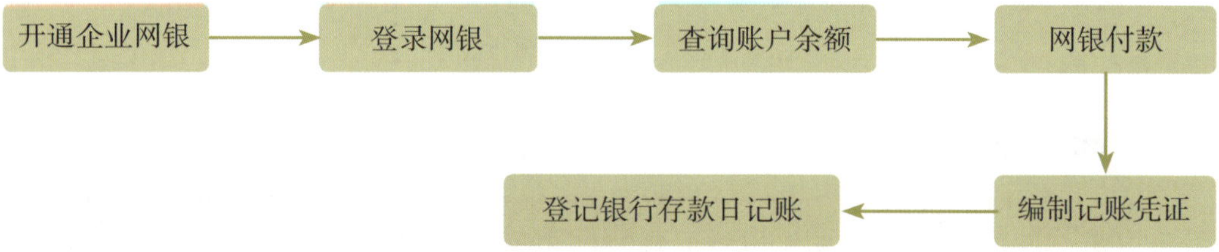

图 4-133　企业网上银行付款业务流程

（4）点击收款业务（见图 4–134）办理收款。

收款方网上银行业务办理工作流程（见图 4–135）。

5. 网上银行业务办理

1）查询打印

【任务案例 4–24】2018 年 8 月 10 日，李晓慧开具现金支票一张提取备用金 5 000 元。

李晓慧通过网上银行，做了如下查询工作：

（1）进入中国工商银行企业网上银行，插入网银 U 盾并登录。

（2）打开“账户管理”，点击“账户余额”，查询开户银行账户余额是否大于取款金额（见图 4–136）。

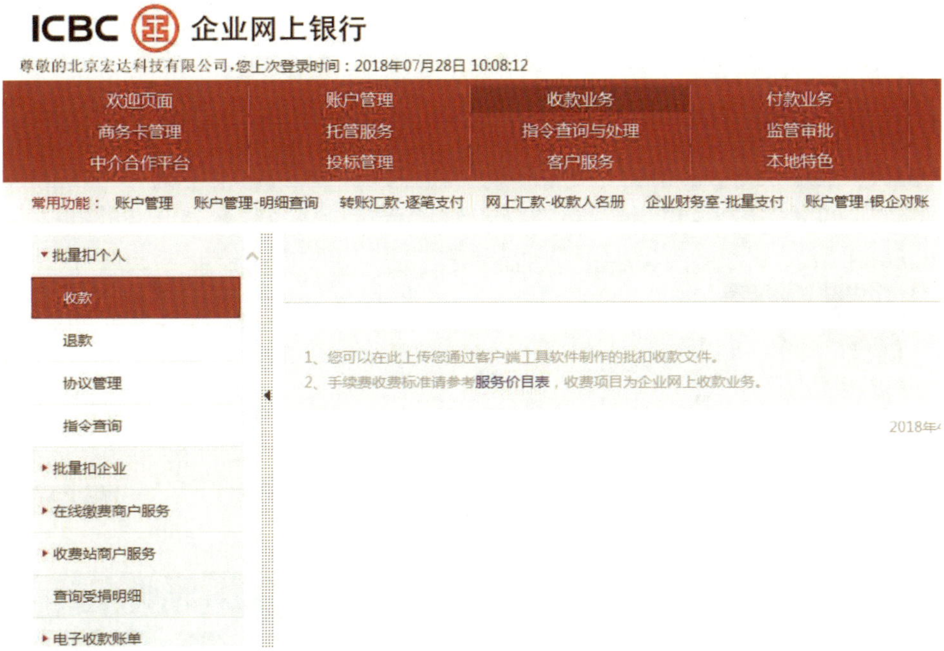

图 4-134　企业网上银行收款业务

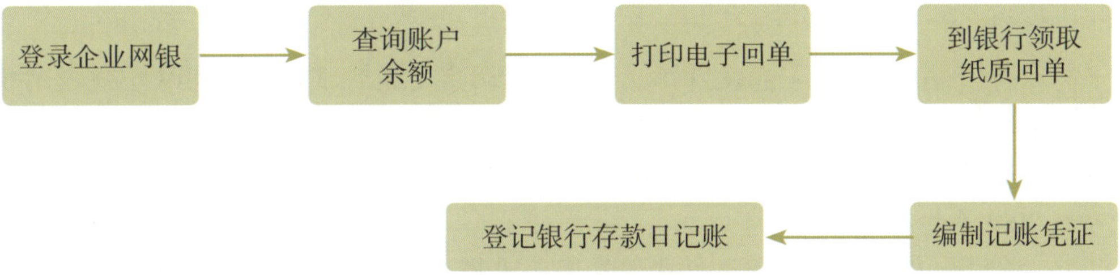

图 4-135　企业网银收款业务流程

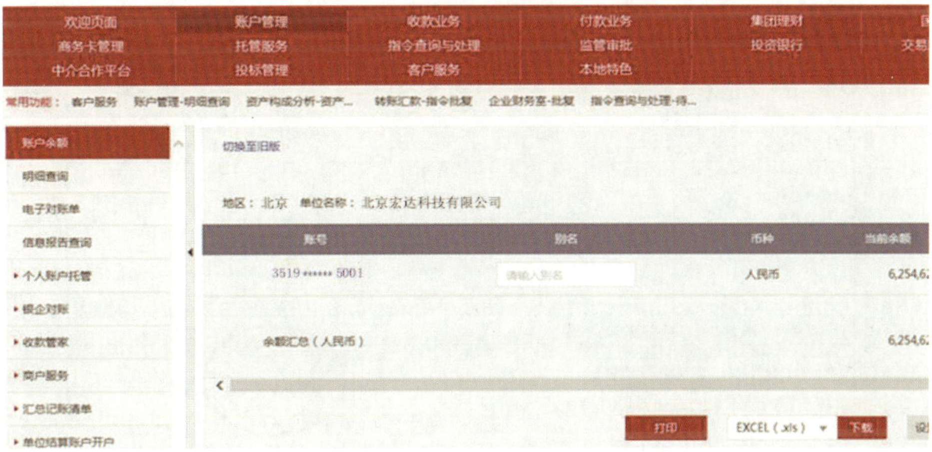

图 4-136　企业网银账户余额查询

（3）提回现金 5 000 元后，打开“账户管理”，点击“明细查询”，查询该笔交易明细（见图 4−137）。

图 4−137 企业网银账户明细查询

2）转账付款

【任务案例 4−25】2018 年 8 月 11 日，北京宏达科技有限公司从小规模纳税人企业北京居悠美家居公司购买一批办公桌椅，价税合计 10 300 元，对方公司要求通过网银支付。

李晓慧做了如下工作：

（1）对购买办公桌椅的增值税普通发票（见图 4−138）进行核对。

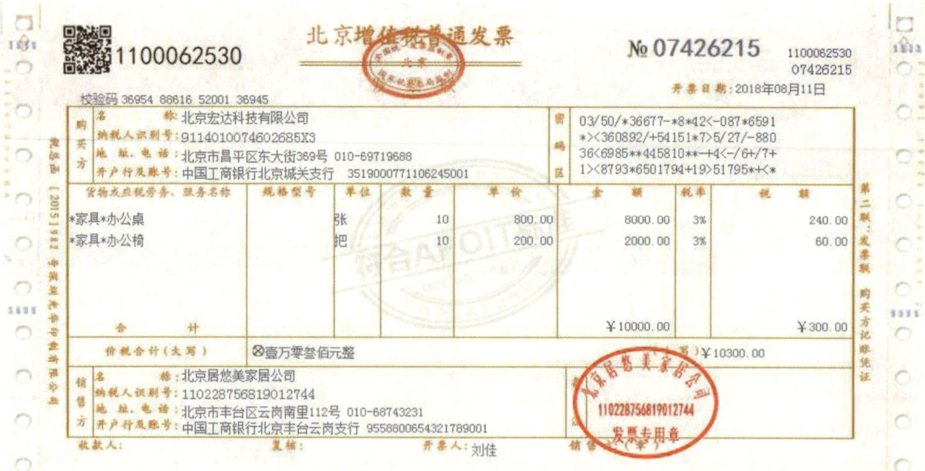

北京增值税普通发票

1100062530 №07426215 1100062530 07426215

开票日期：2018年08月11日

校验码 36954 88616 52001 36945

购买方 名称：北京宏达科技有限公司
纳税人识别号：9114010074602685X3
地址、电话：北京市昌平区东大街369号 010-69719688
开户行及账号：中国工商银行北京城关支行 3519000771106245001

密码区 03/50/*36677-*8*42<-087*6591 *><360892/+54151*7>5/27/-880 36<6985**445810**-+4<-/6+/7+ 1><8793*6501794+19>51795*+<*

货物或应税劳务、服务名称	规格型号	单位	数量	单价	金额	税率	税额
*家具*办公桌		张	10	800.00	8000.00	3%	240.00
*家具*办公椅		把	10	200.00	2000.00	3%	60.00
合计					¥10000.00		¥300.00

价税合计（大写） ⊗壹万零叁佰元整 （小写）¥10300.00

销售方 名称：北京居悠美家居公司
纳税人识别号：110228756819012744
地址、电话：北京市丰台区云岗南里112号 010-68743231
开户行及账号：中国工商银行北京丰台云岗支行 9558800654321789001

收款人： 复核： 开票人：刘佳 销售方：（章）

第二联：发票联 购买方记账凭证

图 4−138 增值税普通发票

（2）进入工商银行企业网上银行，插入网银U盾并登录。

（3）打开“付款业务”，选择“转账汇款”，点击“指令提交”，在提交方式选择“逐笔”，录入付款信息（账号、收款人、金额等）并录入“用途”，点击提交（输入U盾密码及验证码）。

（4）付款信息录入完毕后点击“确定”，进入付款信息核对页面，选择“保存常用收款账户”，输入交易密码，提交复核员复核。

（5）复核员插入审核网银U盾并登录，选择“付款业务”，选择“转账汇款”，点击“指令批复”，在提交方式选择“逐笔”，点击“确定”，进入付款信息核对页面，输入U盾密码完成付款（见图4-139）。

（6）确认支付后及时打印电子回单（见图4-140），并携带银行回单提取卡随时到银行回单柜中提取纸质回单（见图4-141）。

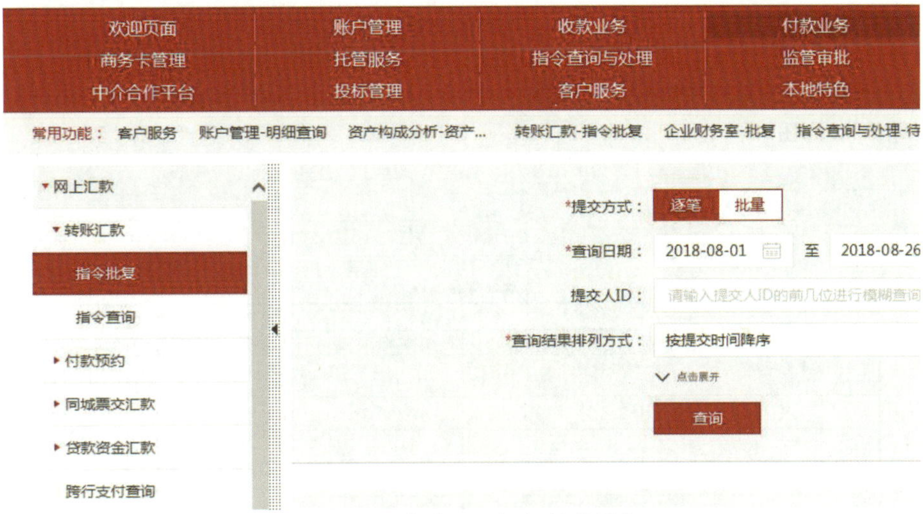

图4-139　企业网上银行付款批复

中国工商银行　网上银行电子回单

电子回单号码:0019-1436-3362-1134

付款人	户　名	北京宏达科技有限公司	收款人	户　名	北京居悠美家居公司
	账　号	3519000771106245001		账　号	9558800654321789001
	开户银行	中国工商银行北京城关支行		开户银行	中国工商银行北京丰台云岗支行
金　额		¥10300.00元	金额（大写）		人民币　壹万零叁佰元整
摘　要		购买办公桌椅	业务（产品）种类		转账
用　途		购买办公桌椅			
交易流水号		00018001	时间戳		2018-08-11-10.20.52.881371
中国工商银行 电子回单 专用章		备注：购买办公桌椅 汇出行：102161000244 汇出行名称：工行北京分行城关支行　汇入行：0050201210　指令编号：HQP1713833605　提交人：0920001835600001.c.0901　最终授权人： 验证码：av/DbD11HHFKKJYZtI56+760bvNQ=			
记账网点	01223	记账柜员	04906	记账日期	2018年08月11日

图4-140　网银付款电子回单

ICBC 中国工商银行 业务回单（付款）

日期：2018年 08月 11日　　回单编号：18008000056

付款人户名：北京宏达科技有限公司　　付款人开户行：中国工商银行北京城关支行

付款人账号（卡号）：3519000771106245001

收款人户名：北京居悠美家居公司　　收款人开户行：中国工商银行北京丰台云岗支行

收款人账号（卡号）：9558800654321789001

金额：壹万零叁佰元整　　小写：10300.00元

业务（产品）种类：转账　　凭证种类：000000000　　凭证号码：0000000000000000

摘要：购买办公桌椅　　用途：购买办公桌椅　　币种：人民币

交易机构：0050201334　记账柜员：04906　交易代码：09484　渠道：其他

产品名称：　　费用名称：

应收金额：　　实收金额：　　收费渠道：

本回单为第一次打印，注意重复　打印日期：2018年 08月 11日　打印柜员：9　验证码：0A87640EF006

（印章：中国工商银行北京城关支行 自助回单机专用章 (002)）

图 4-141　网银付款银行纸质回单

（7）将网银付款电子回单、网银纸质回单和增值税专用发票交制单会计审核并编制付款凭证（见图 4-142）。

付　款　凭　证

付字第 001 号

贷方科目：银行存款　　2018 年08 月11 日

摘要	对方科目 总账科目	明细科目	借或贷	金额（千百十万千百十元角分）	√
购买办公桌椅一批	周转材料		借	1030000	
合　计				¥1030000	

附单据 3 张

会计主管：　记账：王敏杰　出纳：李晓慧　复核：王敏杰　制单：周明

图 4-142　付款凭证

（8）根据审核后的付款凭证登记银行存款日记账。

【任务案例 4-26】2018 年 8 月 12 日，行政部朱杰购买办公用品 620 元（发票略），即日持已审批的报销单到财务处报销。

李晓慧做了如下工作：

（1）审核报销单及（见图 4-143）所附原始凭证。

（2）进入中国工商银行企业网上银行，插入网银 U 盾并登录。

（3）打开“付款业务”，选择“转账汇款”，点击“指令提交”，在提交方式选择“逐笔”，录入付款信息（报销人朱杰的工资卡号等），并录入“用途”，点击提交（输入 U 盾密码及验证码）。

报 销 单

填报日期：2018年08 月12 日　　　　单据及附件共 1 张

姓名	朱杰	所属部门	行政部	报销形式	
				支票号码	
报 销 项 目		摘　要		金　额	备注：
办公费		报销办公费		620.00	
合		计		¥620.00	
金额大写：零拾 零万 零仟 陆佰 贰拾 零元 零角 零分				原借款：0.00 元	应退(补)款：620.00 元

总经理：赵明轩　财务经理：刘志俊　部门经理：张斌　会计：周明　出纳：李晓慧　报销人：朱杰

图 4-143　报销单

（4）付款信息录入完毕点击“确定”，进入付款信息核对页面，选“保存常用收款账户”，输入交易密码，提交复核员复核。

（5）复核员插入审核网银U盾并登录，选“付款业务”，选“转账汇款”，点击“指令批复”，在提交方式选择“逐笔”，点击“确定”，进入付款信息核对页面，输入U盾密码完成付款。

（6）将网银付款电子回单、网银纸质回单和报销单交制单会计审核并编制付款账凭证（见图 4-144）。

（7）根据审核后的记账凭证登记银行存款日记账。

付 款 凭 证

付字第 002 号

贷方科目：银行存款　　　2018 年08 月12 日

摘　要	对方科目：总账科目	对方科目：明细科目	借或贷	千	百	十	万	千	百	十	元	角	分	√
报销办公费	管理费用	办公费	借						6	2	0	0	0	□
														□
														□
														□
														□
														□
合　计									¥6	2	0	0	0	□

附单据 2 张

会计主管：　记账：王敏杰　出纳：李晓慧　复核：王敏杰　制单：周明

图 4-144　付款凭证

【任务案例 4-27】2018 年 8 月 15 日，北京宏达科技有限公司通过网银支付员工工资，合计实际应付金额为 104 685.14 元，已转换成格式为 .bxt 的工资基本信息表（见表 4-1）。工资发放业务操作如下：

表 4-1　　工资基本信息表

单位名称：北京宏达科技有限公司　　2018 年 8 月 15 日

职工编码	职工账号	职工姓名	工资金额	备　注
1001	6217023502002938094	赵明轩	6 890.47	
1002	6217023502002938078	刘志俊	4 980.75	
1003	6217023502002938053	周明	4 212.20	
1004	6217023502002938066	李晓慧	3 140.78	
1005	6217023502002938089	林文君	3 220.50	
1006	6217023502002938055	朱杰	2 874.10	
1007	6217023502002938088	王敏杰	4 121.30	
1008	6217023502002938032	赵晨	3 651.61	
1009	6217023502002938032	许鹏	4 068.08	
…	…	…	…	
合 计			104 685.14	

（1）进入工商银行企业网上银行，插入网银 U 盾并登录。

（2）点击“付款业务”，选择“企业财务室”下的“批量提交”，上传员工工资表，并输入“总金额”“总笔数”，点击“确定”后，退出网银。

（3）复核会计选择角色“复核员”，输入密码，登录企业网上银行，审核批准。

（4）出纳李晓慧登录企业网上银行查询（见图 4-145）并打印“银行电子回单”和“批量支付明细表”。

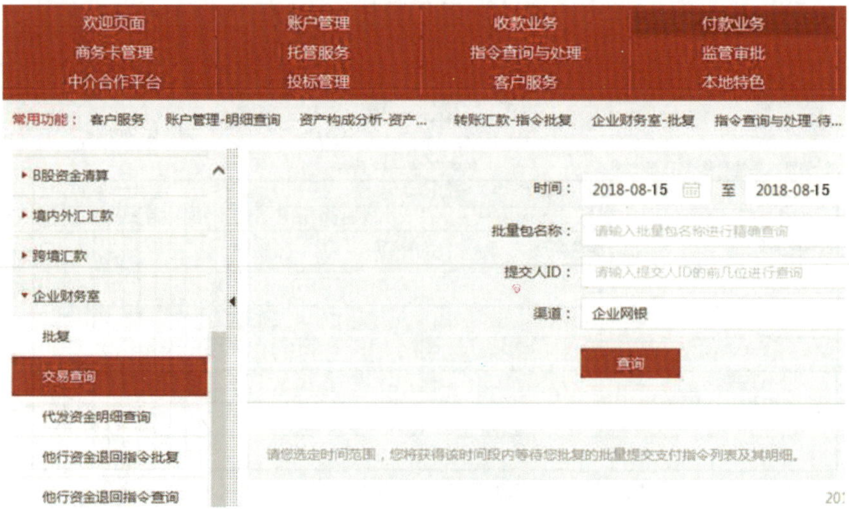

图 4-145　网上银行交易查询

（5）制单会计周明根据“银行电子回单”“批量支付明细表”“工资单”编制记账凭证（见图 4-146）。

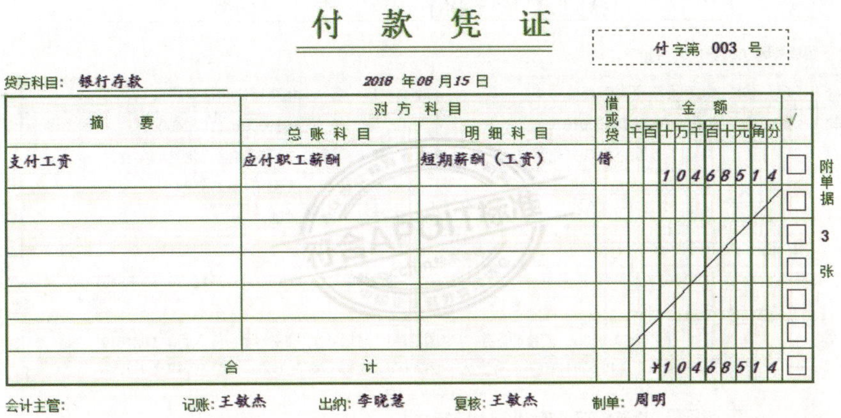
付款凭证

付字第 003 号

贷方科目：银行存款　　2018 年08 月15 日

摘要	对方科目 总账科目	对方科目 明细科目	借或贷	金额（千百十万千百十元角分）	√
支付工资	应付职工薪酬	短期薪酬（工资）	借	10468514	
合计				¥10468514	

附单据 3 张

会计主管：　记账：王敏杰　出纳：李晓慧　复核：王敏杰　制单：周明

图 4-146　付款凭证

（6）出纳李晓慧根据审核无误的记账凭证登记银行存款日记账。

小提示

批量代付数据提交后，单位结算账户被实时全额扣账，成功的明细实时到账，不成功的明细，其金额当天返还到单位结算户。

3）转账收款

【任务案例 4-28】2018 年 8 月 12 日，北京宏达科技有限公司通过网上银行收到北京天宇有限责任公司支付的前欠货款 30 000 元。

李晓慧做了如下工作：

（1）查询收到款项。登录网上银行进行查询，选择“账户管理”，点击“明细查询”，输入相关信息，单击“确定”，提交查询。

（2）到账回执。查询到款项到账后向相关人员说明回执结果，包括款项到账时间、汇款单位和金额等。

（3）打印回执。收到款项后及时打印网银电子回单（见图 4-147），可以从查询到的电子回单页面直接打印。将打印的回单分别交给财务经理和销售人员，通知款项已收到。

（4）到银行领取回单。携带银行回单提取卡随时到银行回单柜中提取回单，或者到银行柜台索取加盖银行印鉴的纸质回单（见图 4-148）。

（5）编制记账凭证。将网银电子回单和网银纸质回单交制单会计编制收款凭证（见图 4-149）。

（6）根据审核无误的收款凭证登记银行存款日记账。

4）银企对账

【任务案例 4-29】2018 年 8 月 30 日，出纳李晓慧通过网银查询该银行账户余额是否与银行存款日记账相符。

中国工商银行　网上银行电子回单

电子回单号码:0034-1508-4407-1256

付款人	户　名	北京天宇有限责任公司	收款人	户　名	北京宏达科技有限公司
	账　号	9558050220789000187		账　号	3519000771106245001
	开户银行	中国工商银行北京文化路支行		开户银行	中国工商银行北京城关支行
金　额		¥30000.00元	金额（大写）		人民币 叁万元整
摘　要		货款	业务（产品）种类		转账
用　途		货款			
交易流水号		00018023	时间戳		2018-08-12-11.20.53.881374
中国工商银行 电子回单专用章		备注：货款 汇出行：0050201356 汇出行名称：中国工商银行北京文化路支行 汇入行：102161000244 指令编号：HQP1809411004 提交人：0920001297800003.c.0802 最终授权人： 验证码：HoBGu7UG7c4WUz2Uf9RdcXjJG74=			
记账网点	01210	记账柜员	00012	记账日期	2018年08月12日

图 4-147　网银收款电子回单

ICBC 中国工商银行　业务回单（收款）

日期：2018年 08月 11日　　回单编号：18008000056

付款人户名：北京天宇有限责任公司　　付款人开户行：中国工商银行北京文化路支行

付款人账号（卡号）：9558050220789000187

收款人户名：北京宏达科技有限公司　　收款人开户行：中国工商银行北京城关支行

收款人账号（卡号）：3519000771106245001

金额：叁万元整　　小写：30000.00元

业务（产品）种类：转账　　凭证种类：000000000　　凭证号码：000000000000000000

摘要：货款　　用途：货款　　币种：人民币

交易机构：0410000292　记账柜员：03741　交易代码：02108　渠道：柜面

产品名称：　　费用名称：

应收金额：30000.00 实收金额：30000.00 收费渠道：其他

本回单为第一次打印，注意重复　打印日期：2018年 08月 12日　打印柜员：9　验证码：0AC7640C1F006

中国工商银行北京城关支行 自助回单机专用章 (002)

图 4-148　网银收款银纸质回单

收　款　凭　证

收字第 001 号

借方科目：银行存款　　2018 年 08 月 12 日

摘　要	对方科目 总账科目	对方科目 明细科目	借或贷	千	百	十	万	千	百	十	元	角	分	√
收回前欠货款	应收账款	北京天宇有限责任公司	贷				3	0	0	0	0	0	0	
合　计						¥	3	0	0	0	0	0	0	

附单据 2 张

会计主管：　　记账：王敏杰　　出纳：李晓慧　　复核：王敏杰　　制单：周明

图 4-149　收款凭证

李晓慧做了如下工作：

（1）登录网上银行进行查询，选择“账户管理”。

（2）打开“银行对账”，对银行账户余额与银行存款日记账进行核对（见图 4-150）。

图 4-150　企业网上银行银企对账

任务 4.10　银行存款日记账登记

银行存款日记账是用来逐日反映银行存款的增减变化和结余情况的特种日记账。通过银行存款日记账的设置和登记，可以加强对银行存款进行日常的监督和管理，并便于与开户银行进行账页的核对。

1. 银行存款日记账的格式及登记

银行存款日记账应按企业在银行开立的账户和币种分别设置，每个银行存款账户设置一本银行存款日记账。银行存款日记账的格式有三栏式和多栏式两种，其基本结构与库存现金日记账基本相同。由于银行存款的收付，都是根据特定的银行结算凭证进行的，因此设有“结算凭证——种类、号数”栏。三栏式银行存款日记账的格式见图 4-151。

银行存款日记账的登记方法：

银行存款日记账是由出纳人员根据银行存款收款凭证、银行存款付款凭证和现金付款凭证，按经济业务发生时间的先后顺序，逐日逐笔进行登记的序时账簿。

（1）银行存款日记账中的“年、月、日”和“摘要”等栏，根据有关记账凭证登记。

（2）凭证“种类”“号数”栏填写银行存款收支的凭据名称和编号。

（3）“借方”栏根据银行存款收款凭证和引起银行存款增加的现金付款凭证登记（将现金存入银行，只编制现金付款凭证）。

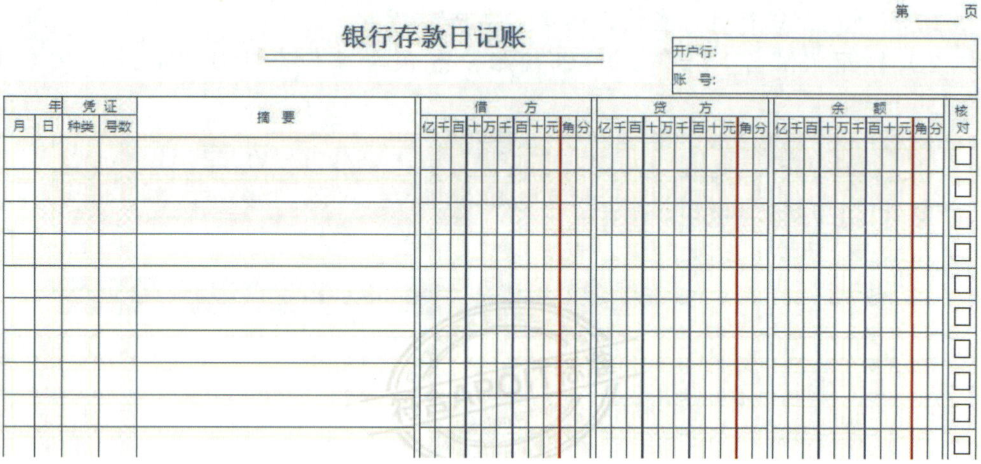

第＿＿页

银行存款日记账

开户行:

账 号:

年		凭证		摘要	借方	贷方	余额	核对
月	日	种类	号数		亿千百十万千百十元角分	亿千百十万千百十元角分	亿千百十万千百十元角分	

图 4-151　银行存款日记账

（4）“贷方”栏根据银行存款付款凭证登记。

（5）银行存款日记账和库存现金日记账一样，每日终了，应分别计算银行存款收入、支出的合计数和本日余额，做到日清，以便于检查监督银行存款的收支情况，避免出现透支现象，同时也便于同银行对账单进行核对。

小思考

北京宏达科技有限公司的记账凭证采用收、付、转凭证，出纳员李晓慧在登记银行存款日记账“收入”栏时，可根据什么记账凭证登记？为什么？

【任务案例 4-30】李晓慧根据 2018 年 6 月份的银行存款收付款凭证和现金收付款凭证登记银行存款日记账（见图 4-152）。

小任务

请根据本项目 2018 年 7、8 月份的银行存款收付款凭证采用手工记账的方法登记银行存款日记账。（账页自备）

要求：（1）按照经济业务发生的时间顺序，根据收付款凭证逐日、逐笔、序时登记。（不要求本日合计）；（2）月末划线结账。

2. 银行存款清查业务办理

企业应当定期或不定期地进行银行存款的清查。银行存款的清查是指企业银行存款日记账的账面余额与其开户银行转来的对账单的余额进行核对。双方余额不一致的原因

第 1 页

银行存款日记账

开户行：中国工商银行北京城关支行

账　号：3519000771106245001

2018年 月	日	凭证 种类	凭证 号数	摘要	借方	贷方	余额	核对
06	01			月初余额			150228186	□
06	04	收	001	销售商品	2320000		152548186	□
06	04			本日合计	2320000		152548186	□
06	05	付	001	付广告费		318000	152230186	□
06	05			本日合计		318000	152230186	□
06	12	付	002	采购材料		9280000	142950186	□
06	12			本日合计		9280000	142950186	□
06	15	付	003	申请办理银行汇票		15000000	127950186	□
06	15			本日合计		15000000	127950186	□
06	20	收	002	采购材料并以银行汇票结算	1080000		129030186	□
06	20			本日合计	1080000		129030186	□
06	23	收	003	销售商品并收到银行汇票	18560000		147590186	□
06	23			本日合计	18560000		147590186	□
06	25	付	004	申请办理银行本票		4680000	142910186	□
06	25			本日合计		4680000	142910186	□
06	26	收	004	收回前欠货款	11000000		153910186	□
06	26			本日合计	11000000		153910186	□
06	30	付	005	付银行承兑手续费		6380	153903806	□
06	30			本日合计		6380	153903806	□
				本月合计	32960000	29284380	153903806	□

图 4-152　银行存款日记账

除记账错误外，还有存在未达账项。所谓未达账项，是企业单位与银行之间，对同一项经济业务由于凭证传递上的时间差所形成的一方已登记入账，而另一方因未收到相关凭证，尚未登记入账的事项。具体有以下四种情况。

一是企业已收款入账，银行尚未收款入账；

二是企业已付款入账，银行尚未付款入账；

三是银行已收款入账，企业尚未收款入账；

四是银行已付款入账，企业尚未付款入账。

出现第一种和第四种情况时，会使开户单位银行存款账面余额大于银行对账单的存款余额，出现第二种和第三种情况时，会使开户单位银行存款账面余额小于银行对账单的存款余额。无论出现哪种情况，都会使开户单位存款余额与银行对账单存款余额不一致，很容易开出空头支票，对此，必须编制“银行存款余额调节表”进行调节。如企业和银行没有记账错误，调节后的双方余额应相等。未达账项应在企业收到有关凭证后再入账。

【任务案例 4-31】北京宏达科技有限公司 2018 年 7 月末的银行存款日记账的余额为 63 000 元，银行对账单的余额为 92 000 元，经逐笔核对，查明有下列未达账项：

（1）公司于月末送存银行的 0315 号转账支票 60 000 元，银行尚未入账。

（2）公司开出的 0543 号转账支票 45 000 元，持票人尚未送存银行，银行未予销账。

（3）向M购货单位收取的销货款48 000元，银行已收妥入账，公司未收到银行收账通知，尚未入账。

（4）公司应付N单位承兑汇票一张，金额4 000元，现已到期；对方开出委托收款凭证，银行已主动代企业划款给对方，公司尚未收到银行的付款通知，未减少账目。

根据上述未达账项，编制银行存款余额调节表，见图4-153。

银行存款余额调节表

开户银行：中国工商银行北京城关支行　　账号：3519000771106245001　　2018 年 07 月 31 日止

摘要	凭证号	金额（十亿千百十万千百十元角分）	摘要	凭证号	金额（十亿千百十万千百十元角分）
银行存款日记账余额		6300000	银行对账单余额		9200000
加：银行已收,企业未收		4800000	加：企业已收,银行未收		6000000
1 M购货单位归还的销货款		4800000	1 送存银行的0315号支票		6000000
2			2		
3			3		
4			4		
5			5		
6			6		
7			7		
减：银行已付,企业未付		400000	减：企业已付,银行未付		4500000
1 支付N单位银行承兑汇票		400000	1 开出的0543号转账支票		4500000
2			2		
3			3		
4			4		
5			5		
6			6		
7			7		
8			8		
9			9		
10			10		
11			11		
12			12		
调节后余额		10700000	调节后余额		10700000

财务主管：刘志俊　　制表：周明

图4-153　银行存款余额调节表

小思考

银行存款余额调节表能否作为调整企业银行存款日记账的账面记录？【任务案例4-31】中企业实际可动用的银行存款余额为多少？

财务部门应加强对银行存款的管理，并定期对银行存款进行检查。如果有确凿证据表明存在银行或其他金融机构的款项已经部分不能收回，或者全部不能收回的，例如，吸收存款的单位已宣告破产，其破产财产不足以清偿的部分，或者全部不能清偿的，应当作为当期损失，并冲减银行存款，借记“营业外支出”科目，贷记“银行存款”科目。

能力充电宝

◆2018年6月20日下午，李晓慧收到乙企业签发的一张金额为3 000元的转账支票后，同时签发了一张金额为3 000元的现金支票，然后一并到银行办理银行存款进账和提取现金的业务。

李晓慧的这种做法是否属于正常的经济业务范畴？为什么？

对这两笔经济业务应如何进行账务处理？

◆鹏程贸易有限公司是一家国有企业，目前公司有一笔结算业务要李晓慧办理，但对方企业资料不详。

（1）请问，李晓慧可以通过哪些途径了解对方企业资料？

（2）请帮李晓慧总结一下各项结算方式的特点、适用范围、有效期限、金额起点。

职业判断与职业能力测试

职业判断测一测

◆ 单项选择题

1. 如果企业目前没有足够资金支付货款，可以选择的结算方式是（　　）。

A. 银行汇票　　　　B. 银行本票

C. 支票　　　　D. 商业承兑汇票

2. 由出票人签发、承诺在指定日期无条件支付确定金额给收款人或持票人的结算方式是（　　）。

A. 支票　　　　B. 银行本票

C. 银行汇票　　　　D. 商业汇票

3. 现行银行结算办法规定，下列结算方式中，只能用于商品交易款项结算的是(　　)。

A. 银行本票结算方式　　　　B. 银行汇票结算方式

C. 委托收款结算方式　　　　D. 商业汇票结算方式

4. 某企业持有一张 2018 年 2 月 28 日签发、期限为 90 天的商业汇票。该商业汇票的到期日为（　　）。

A. 5 月 28 日　　　　B. 5 月 29 日

C. 5 月 30 日　　　　D. 5 月 31 日

5. 银行汇票是（　　）签发的，由其在见票时按照实际结算金额无条件支付给收款人或者持票人的票据。

A. 出票银行　　　　B. 付款人

C. 收款人　　　　D. 保证人

6. 根据《支付结算办法》的规定，甲企业发现其持有由乙公司签发的销售金额为 30 万元的转账支票为空头支票后，可以要求乙公司赔偿（　　）。

A. 30 000 元　　　　B. 15 000 元

C. 12 000 元　　　　D. 6 000 元

7. 以下只能用于同城结算的是（　　）。

A. 银行汇票　　　　B. 银行本票

C. 商业汇票　　　　D. 汇兑

8. 下列关于商业汇票的说法中，正确的是（　　）。

A. 商业汇票的付款人只可以为承兑人

B. 商业汇票的出票人为付款人

C. 商业汇票提示付款期限为自汇票到期日起 10 日内

D. 商业汇票提示付款期限为自汇票到期日起 6 个月内

9. 银行本票适用于（　　）范围内各种款项的支付。

A. 同城本系统　　B. 同一票据交换区域

C. 同城和异地　　D. 异地

10. 以下可以办理贴现的票据是（　　）。

A. 银行本票　　B. 支票

C. 商业汇票　　D. 银行汇票

11. 信用卡存款应在（　　）账户核算。

A. 银行存款　　B. 其他应收款

C. 其他货币资金　　D. 其他应付款

12. 用银行承兑汇票结算方法购进货物，签发的银行承兑汇票经开户银行承兑时，支付的承兑手续费应计入（　　）。

A. 管理费用　　B. 财务费用

C. 营业外支出　　D. 其他业务成本

13. 某企业 2018 年 4 月 9 日将一张到期日为 6 月 11 日的银行承兑汇票贴现，贴现天数为（　　）。

A. 61 天　　B. 62 天

C. 63 天　　D. 64 天

14. 商业汇票的付款期限，最长不得超过（　　），提示付款期限为自汇票到期日起（　　）内。

A. 1 个月、10 日　　B. 1 个月、30 日

C. 3 个月、1 个月　　D. 6 个月、10 日

15. 根据《支付结算办法》的规定，有金额起点限制的结算方式是（　　）。

A. 汇兑　　B. 托收承付

C. 商业汇票　　D. 银行汇票

◆ 多项选择题

1. 可以用于同城结算的票据有（　　）。

A. 支票　　B. 商业汇票

C. 银行汇票　　D. 银行本票

2. 下列各项中，通过“其他货币资金”账户核算的有（　　）。

A. 银行汇票存款　　B. 银行本票存款

C. 支票存款　　D. 备用金

3. 下列说法中，不正确的有（　　）。

A. 所有结算方式都可用于同城结算　　B. 只有商业汇票不能用于同城结算

C. 委托收款只能用于同城结算　　D. 银行本票只能用于同城结算

4. 下列做法中，正确的有（　　）。

A. 出纳人员收到结算票据后应先审核

B. 收到开户行付款通知，审核后不是本单位债务，不用办理拒付手续

C. 办理银行汇票时，须在业务申请书上签章

D. 银行本票提示付款不用签章

5. 商业汇票按其承兑人的不同，可分为（　　）。

A. 商业承兑汇票　　B. 银行汇票

C. 银行本票　　D. 银行承兑汇票

6. 下列银行结算方式中，可以用于异地结算的有（　　）。

A. 支票　　B. 银行本票

C. 托收承付　　D. 委托收款

7. 需要用“应收票据”账户核算的有（　　）。

A. 银行本票　　B. 银行汇票

C. 银行承兑汇票　　D. 商业承兑汇票

8. 网上银行的特点有（　　）。

A. 简单易用　　B. 服务方便、快捷、高效、可靠

C. 经营成本低廉　　D. 全面实现无纸化交易

9. 康辉公司的出纳李华签发现金支票 2 000 元到银行提取现金，在该现金支票上的签章为（　　）。

A. 预留银行的该单位财务专用章　　B. 经授权的出纳人员李华的印章

C. 该单位会计机构负责人的印章　　D. 银行预留该单位法定代表人的印章

10. 根据《中华人民共和国票据法》的规定，下列属于无效票据的有（　　）。

A. 更改签发日期的票据

B. 更改收款单位名称的票据

C. 更改中文大写金额的票据

D. 出票日期使用中文大写，但未按要求规范填写的票据

11. 下列关于办理支付结算的表述中，符合有关法律规定的为（　　）。

A. 未使用按中国人民银行统一规定印制的票据，票据无效

B. 票据上存在变造的签章的，票据无效

C. 单位和银行签发票据时，名称应当记载全称，使用简称的，银行不予受理

D. 填写票据和结算凭证应当规范

12. 下列说法中，错误的有（　　）。

A. 票据的金额可以更改　　B. 票据的金额不得更改

C. 票据的出票日期不得更改　　D. 票据的收款人名称可以背书更改

13. 下列关于背书的表述中，符合《支付结算办法》规定的为（　　）。

A. 背书不得附有条件

B. 背书可以附有条件且所附条件具有票据效力

C. 未注明“现金”字样的支票仅限于其交换区域内背书

D. 票据背书人背书后不再承担票据责任

14. 单位和个人都可以采用的结算方式有（　　）。

A. 商业汇票　　B. 银行本票

C. 银行汇票　　D. 支票

15. 关于银行汇票结算方式，下列说法中，正确的有（　　）。

A. 银行汇票的提示付款期限自出票日起 2 个月

B. 单位和个人的各种款项结算，均可使用银行汇票

C. 银行汇票未填明实际结算金额和多余金额的，银行不受理

D. 实际结算金额超过出票金额的银行汇票不得背书转让

◆ 判断题

1. 支票的提示付款期限为自出票日起 1 个月。（　　）

2. 单位和个人在异地的各种款项结算只能采用银行汇票结算方式。（　　）

3.《支付结算办法》规定，单位、个人和银行办理支付结算未使用按中国人民银行统一规定印制的票据，则票据无效。（　　）

4. 商业承兑汇票到期日付款人账户不足支付时，其开户银行应代为付款。（　　）

5. 银行承兑汇票既可以由付款人签发，也可以由收款人签发，但商业承兑汇票只能由付款人签发。（　　）

6. 企业用银行汇票支付购货款时，应通过“应付票据”账户核算。（　　）

7. 银行汇票的提示付款期为 2 个月。（　　）

8. 商业汇票的贴现金额是按到期值扣除贴现利息计算的。（　　）

9. 银行本票按实际金额结算，余款自动退回。（　　）

10. 付款单位必须在其银行存款余额范围内签发转账支票，不得签发空头支票。（　　）

11. 票据和结算凭证金额以中文大写和阿拉伯数字同时记载，二者必须一致，二者不一致的票据无效，二者不一致的结算凭证，银行不予受理。（　　）

12. 票据的出票日期必须使用中文大写，如果大写日期未按要求规范书写，银行不受理。（　　）

13. 对金额、出票日期、收款人名称进行更改的票据，为无效票据。（　　）

14. 银行汇票是汇款人将款项存入当地银行，由汇款人签发，持往异地支取库存现金或办理转账结算的票据。（　　）

15. 票据的签发、取得和转让，必须具有真实的交易关系和债权债务关系。（　　）

16. 某企业 4 月 1 日签发的 90 天商业汇票，其到期日为 7 月 1 日。（　　）

17. 根据《中华人民共和国票据法》的规定，付款人承兑汇票，不得附有条件，承兑附有条件的，所附条件不具备票据上的效力。（　　）

18. 委托收款不存在金额起点，且同城托收多用于公用事业费用。（　　）

19. 委托收款是付款人委托银行将款项支付给收款人的结算方式。（　　）

20. 商业汇票贴现是指商业汇票的持票人将未到期的商业汇票转让给银行，银行将票面金额支付给持票人的一种融通资金行为。（　　）

职业能力测一测

◇ 实训内容

（1）完成各种银行转账结算业务的办理。

（2）完成银行存款的清查核对。

（3）完成银行存款日记账的登记。

（4）完成银行存款余额调节表的编制。

◇ 实训资料

1.2018 年 6 月，山西华悦照明有限公司发生如下与银行相关的经济业务：

（1）1 日，财务部收到销售部交来的增值税专用发票（价税合计 48 720 元）及转账支票（48 720 元），出纳员对发票和转账支票审核后填制进账单，办理入账手续。

（2）6 日，山西华悦照明有限公司签发转账支票，预付山西东方有限公司货款 100 000 元。

（3）9 日，收到托收凭证第五联付款通知书，要求交纳网络服务费 3 816 元。根据增值税专用发票填制托收凭证第五联付款通知书。

（4）15 日，山西华悦照明有限公司向开户银行申请签发银行汇票一份用于结清广州珠江贸易公司往来款 89 450 元。

（5）18 日，会计主管安排出纳张茹办理一张 30 000 元的银行本票，以备支付太原华联超市货款。

收款企业资料如下：企业名称：太原华联超市；开户银行：交通银行兴华支行。

账号：230021580012345369；联系电话：13930006688。

（6）21 日，山西华悦照明有限公司从上海立华机械公司购入不需要安装的生产设备一台，价税合计 116 000 元，签发为期 4 个月的商业承兑汇票一张，并于当日承兑。（合同号 201825）

（7）24 日，山西华悦照明有限公司收到天津飞扬有限公司背书的银行承兑汇票（出票日期为 2018 年 3 月 23 日，到期日为 2018 年 9 月 23 日，出票金额为 158 000 元），于当日到银行办理贴现。（年贴现率为 4.8%）

（8）25 日，采用邮划委托收款结算方式向山东宜家公司收取销售款 92 800 元。

（9）26 日，山西华悦照明有限公司预付购置计算机的货款 8 120 元到深圳名天科技有限公司，双方约定通过网上银行付款结算，根据背景资料登录网上银行办理付款业务。

2. 山西华悦照明有限公司 2018 年 7 月 1—31 日银行存款日记账账面记录和银行存款对账单分别见表 4-2、表 4-3。

表 4-2 **银行存款日记账** 单位：元

2018年		凭证字号	摘要	结算凭证		对方科目	借方	贷方	余额
月	日			种类	号数				
7	1		承前页						380 500.00
7	2	银付 01	购入材料	转支	#3603	原材料		48 000.00	332 500.00
7	3	银付 02	偿付货款	转支	#2003	应付账款		36 800.00	295 700.00
7	4	银付 03	提取现金	现支	#8653	库存现金		4 000.00	291 700.00
7	8	银付 04	支付广告费	转支	#3605	销售费用		37 200.00	254 500.00
7	10	银收 01	收回货款	委收	#1004	应收账款	26 140.00		280 640.00
7	14	银付 05	支付保险费	转支	#3609	预付账款		40 000.00	240 640.00
7	14	银付 06	代垫运杂费	转支	#3611	应收账款		6 000.00	234 640.00
7	15	银付 07	预付差旅费	现支	#8654	其他应收款		3 500.00	231 140.00
7	16	银收 02	销售产品	委收	#1006	主营收入	18 950.00		250 090.00
7	18	银付 08	购入设备	汇票	#2005	固定资产		57 400.00	192 690.00
7	20	银收 03	预收货款	本票	#8461	预收账款	95 380.00		288 070.00
7	21	银付 09	购办公用品	转支	#3614	管理费用		600.00	287 470.00
7	22	银付 10	支付咨询费	转支	#3617	管理费用		2 600.00	284 870.00
7	25	银付 11	预付货款	转支	#3618	预付账款		50 000.00	234 870.00
7	29	银收 04	收回货款	转支	#3685	应收账款	17 390.00		252 260.00
7	30	现付 01	存入现金	回单	#24	库存现金	2 000.00		254 260.00
7	30	银付 12	预付差旅费	现支	#8658	其他应收款		2 780.00	251 480.00
7	31		本月合计				159 860.00	288 880.00	251 480.00

表 4-3 **银行存款对账单** 单位：元

2018年		摘要	结算凭证		借方	贷方	余额
月	日		种类	号数			
7	1	承前页					380 500.00
7	3	付货款	转支	#3603	48 000.00		332 500.00
7	4	提现金	现支	#8653	4 000.00		328 500.00
7	9	付广告费	转支	#3605	37 200.00		291 300.00
7	15	存款利息	特转	#1480		5 900.00	297 200.00
7	15	提差旅费	现支	#8654	3 500.00		293 700.00
7	16	付保险费	转支	#3609	40 000.00		253 700.00
7	20	存入货款	本票	#8461		95 380.00	349 080.00
7	22	付办公用品款	转支	#3614	600.00		348 480.00
7	29	付货款	转支	#2003	36 800.00		311 680.00
7	29	付电话费	专托	#5721	3 800.00		307 880.00
7	30	付咨询费	转支	#3617	2 600.00		305 280.00
7	30	贷款利息	特转	#1902	3 500.00		301 780.00
7	30	存入现金				2 000.00	303 780.00
7	31	支付水电费	专托	#1195	4 800.00		298 980.00
7	31	代收运费	委收	#1009		4 000.00	302 980.00
7	31	购设备	汇票	#2005	57 400.00		245 580.00
7	31	月末余额			242 200.00	107 280.00	245 580.00

◇ 实训要求

（1）以出纳张茹的身份和银行工作人员的身份填制 2018 年 6 月份相关银行结算凭证。

（2）以会计李凡的身份对 2018 年 6 月份的原始凭证进行审核，并编制记账凭证，采用一类编号法，从 01 开始起编。

（3）以出纳张茹的身份根据 2018 年 6 月份记账凭证及相关原始凭证登记银行存款日记账，并进行结账处理。2018 年 5 月 31 日银行存款日记账的余额为 407 083.07 元。

（4）以出纳张茹的身份根据 2018 年 7 月的银行存款日记账和银行对账单编制银行存款余额调节表。

◇ 实训成果及评价

（1）填制完整附有原始凭证的记账凭证 9 张（原始凭证按规定方法进行粘贴）。

（2）登记完成的银行存款日记账 1 张。

（3）编制完成的银行存款余额调节表 1 张。

学习效果评价

银行存款结算业务学习评价参考表见表 4–4。

表 4–4　银行存款结算业务学习评价参考表

项目	评价标准	小组评价（30%）	小组互评（30%）	教师评价（40%）	小计
素养培养（30 分）	具有良好的综合素质，原则性强、工作严谨				
	了解国家财经政策和会计、税务法规，熟悉银行结算业务				
	有较强的敬业精神、执行能力，良好的沟通能力和团队精神				
能力提升（30 分）	能根据业务资料填制各种银行转账结算凭证				
	能根据相关收付款业务进行各种方式的银行转账结算业务处理				
	能根据银行收付款业务相关凭证规范登记银行存款日记账				
知识应用（20 分）	明确各种银行转账结算方式的结算规则和结算程序				
	明确银行存款日记账的启用与登记				
项目成果展示（20 分）	以实物和图片的形式展示填制完成的各种银行转账结算凭证和记账凭证				
	以图片和实物的形式展示填制完整的银行存款日记账				
合计					

注：每组可将实训成果拍摄成图片，并将图片转发到班级讨论群，一方面同学之间可相互借鉴学习，另一方面可作为小组互评的依据。

项目五 出纳工作交接与档案管理

任务目标

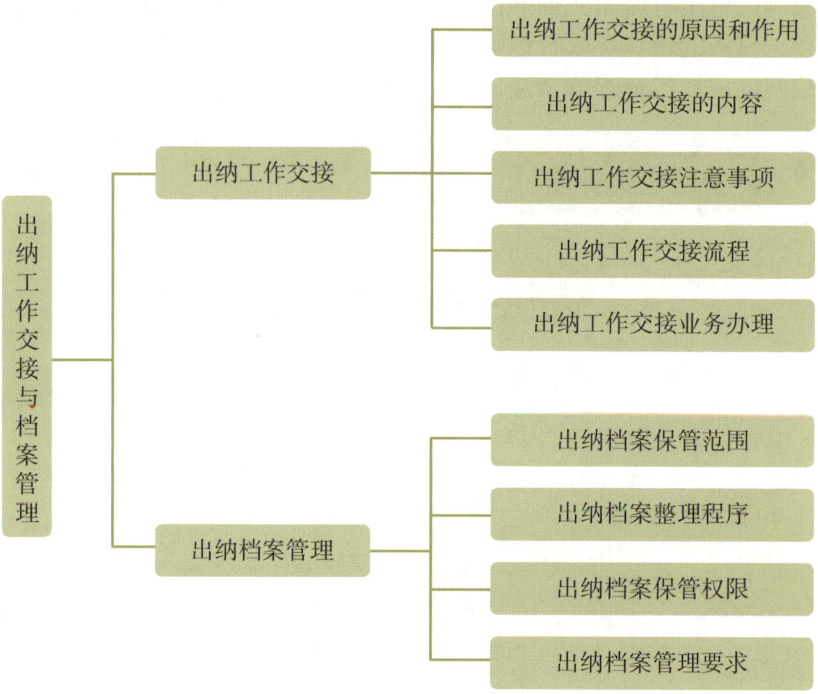

知识目标

- 熟悉出纳工作交接的内容及注意事项
- 熟悉出纳档案的保管权限与管理要求
- 掌握出纳档案的保管范围与程序
- 掌握出纳工作交接的流程
- 掌握出纳工作交接说明书的编写

能力目标

- 能规范整理出纳档案资料
- 能正确编制出纳工作交接说明书
- 能结合企业实际情况完成出纳工作交接

晓慧当出纳

2018 年 8 月，李晓慧已经在北京宏达科技有限公司做了近半年的出纳工作，现在她要把经手的出纳资料进行整理交接，形成出纳档案记录并进行妥善的保管。李晓慧需要做哪些工作呢？

8 月 30 日，公司领导经研究决定，委派李晓慧去上海培训半年，财务处决定由贺丹阳接替李晓慧的出纳工作。出纳工作交接的内容有什么？交接过程中有哪些注意事项？如何交接？李晓慧与贺丹阳能顺利完成交接工作吗？

任务 5.1　出纳工作交接

1. 出纳工作交接的原因和作用

1）出纳工作交接的原因

出纳工作交接，是指出纳人员在调动或离职时，将有关工作和资料票证移交给继任出纳人员的工作过程。

《会计法》第四十一条规定：“会计人员调动工作或离职，必须与接管人员办清交接手续。一般会计人员办理交接手续由会计机构负责人（会计主管人员）监交；会计机构负责人（会计主管人员）办理交接手续，由单位负责人监交，必要时主管单位可以派人会同监交。”

《会计基础工作规范》第二十五条规定：“会计人员工作调整或者因故离职，必须将本人所经管的会计工作全部移交给接替人员，没有办清交接手续的，不得调动或者离职。”

出纳人员办理交接手续，主要有以下几个方面的原因：

（1）出纳人员辞职或离开原单位。

（2）企业内部工作变动不再担任出纳职务。

（3）出纳岗位轮岗调换到会计岗位。

（4）出纳岗位内部增加工作人员，进行重新分工。

（5）因病假、事假或临时调用，不能继续从事出纳工作。

（6）因特殊情况如停职审查等按规定不宜继续从事出纳工作的。

（7）企业因其他情况按规定应办理出纳交接工作的，如企业解散、破产、兼并、合并、分立等情况发生时，出纳人员应向接收单位或清算组移交的。

2）出纳工作交接的作用

在实际工作中，企业单位都会遇到变更出纳员的情况。出纳人员的交接也要按《会计法》规定进行，出纳人员在调动工作或者离职时，要与接管人员办理交接手续，这是出纳人员对工作应尽的职责，也是分清移交人员和接管人员责任的重要措施。出纳人员必须按有关规定和要求办理好工作的交接手续，搞好工作的移交。出纳工作交接的作用主要有：

（1）可以明确工作责任。

（2）便于接办的出纳人员熟悉工作，能够立即进入工作角色。

（3）有利于账目清晰与账簿归档。

（4）有利于发现和处理出纳工作和资金管理工作中存在的问题。

（5）预防经济犯罪的发生。

（6）防止资金流失。

2. 出纳工作交接的内容

不同的单位由于企业规模大小、会计人员多少不同，出纳员的分工和主管的业务会有所不同，因此出纳工作交接的具体内容也会有所不同。但总的来说，出纳工作交接应该包括以下内容：

1）手工记账企业交接的内容

（1）出纳凭证：包括与现金、银行存款及其他货币资金有关的原始凭证和记账凭证。

（2）出纳账簿：包括库存现金日记账和银行存款日记账等。

（3）现金：包括库存的人民币和外币。

（4）支票：包括空白支票、支票领用备查登记簿。

（5）有价证券：包括债券、股票等。

（6）用于银行结算的各种银行汇票、银行本票、商业汇票等票据。

（7）各种收款收据：包括空白收据、已用或作废收据的存根联等。

（8）印章：包括财务专用章、银行预留印鉴以及“现金收讫”“现金付讫”“银行收讫”“银行付讫”“作废”等业务专用章。

（9）会计文件：应由出纳人员保管的相关文件、银行对账单、合同、协议等。

（10）会计用品：包括报销单据、借据等。

（11）办公室、办公桌与保险工具的钥匙，各种保密号码。

（12）本部门保管的各种档案资料和公用会计工具、器具等。

（13）各种文件资料和其他业务资料。

（14）经办未了事项。

2）实行会计电算化企业交接的内容

（1）会计软件操作以及与会计软件有关的密码或口令。

（2）存储会计数据的介质包括磁带、磁盘、U 盘、光盘等。

（3）其他资料，即有关电算化的其他资料和实物等。

3）其他资料

（1）原出纳人员工作职责和工作范围的介绍。

（2）每期固定办理的业务介绍，如按期交纳电费、水费、电话费的时间等。

（3）复杂业务的具体说明，如交纳电话费的号码、银行账户的开户地址、联系人等。

（4）历史遗留问题的说明。

（5）其他需要说明的事项。

3. 出纳工作交接注意事项

在进行出纳工作交接时，一般要注意以下几点：

（1）出纳人员进行交接时，一般应由会计主管人员监交，必要时，还可请上级领导监交。

（2）监交过程中，如果移交人交代不清，或者交接人故意为难，监交人员应及时处理裁决。移交人不作交代，或者交代不清的，不得离职。否则，监交人和单位领导人均应负连带责任。

（3）移交时，交接双方人员一定要当面看清、点数、核对，不得由别人代替。

（4）交接后，接管的出纳人员应及时向开立账户的银行办理更换出纳人员印鉴的手续，检查保险柜的使用是否正常、妥善，保管现金、有价证券、贵重物品、公章等的条件和周围环境是否安全。如不够妥善、安全，要立即采取改善措施。

（5）接管的出纳人员应继续使用移交的账簿，不得自行另立新账，以保持会计记录的连续性。对于移交的银行存折和未用的支票，应继续使用，不要把它们搁置、浪费，以免单位遭受损失。

（6）交接后，移交人应对自己经办的已经移交资料的合法性、真实性承担法律责任，不能因为资料已经移交而推脱责任。

4. 出纳工作交接流程

1）交接准备

（1）将已经受理的经济业务处理完毕。

（2）将尚未登记的账目登记完毕，结出余额，并在最后一笔余额后加盖出纳人员名章。

（3）整理应该移交的各种资料，对未了事项和遗留问题要写出书面说明材料。

（4）出纳账与现金和银行存款总账核对相符，库存现金日记账余额要与库存现金一致，银行存款日记账余额要与银行对账单一致。

（5）编制移交清册，将要办理移交的账簿、印鉴、现金、有价证券、支票簿、发票、文件、其他物品等内容列清；实行电算化的单位，移交人员还应在移交清册上列明会计软件及密码、数据光盘、磁带等内容。

（6）在库存现金和银行存款日记账扉页的启用表上填写移交日期，并加盖名章。

（7）接交人员尽早做好接管准备，特别是做好银行预留印鉴更换的准备工作，以便到岗后能立即开始工作。

2）编制移交清册

移交清册是出纳会计明确交接责任的书面证明，即出纳工作移交表，主要包括库存现金移交表、银行存款移交表、有价证券移交表、核算资料移交表、物品移交表、交接情况说明书等。

在实际工作中，移交清册一般根据财务制度和本企业管理要求编制，一式三份，交接双方各执一份，监交人存档一份。

（1）库存现金移交表

填制时先确定截止日期，按其实有数量逐项填写，其具体情况应在备注栏中反映，如已记录在有关账簿中，应注明“详见库存现金日记账（或 ×× 备查簿）”。库存现金移交表的格式见表 5–1。

表 5–1 **库存现金移交表**

移交日期：　　　　年　月　日　　　　单位：元　第　页

币别	数量	移交金额	接受金额	备注
100 元				
50 元				
20 元				
10 元				
5 元				
1 元				
5 角				
1 角				

单位负责人：　　　移交人：　　　监交人：　　　接管人：

（2）银行存款移交表

银行存款移交表的填写方法同库存现金移交表填写方法基本相同，其格式见表 5–2。

表 5–2 **银行存款移交表**

移交日期：　　　　年　月　日　　　　单位：元　第　页

开户银行	币种	期限	账面数	实有数	备注
合计					
附：（1）银行存款余额调节表一份 （2）银行预留卡片一张					

单位负责人：　　　移交人：　　　监交人：　　　接管人：

（3）有价证券、贵重物品移交表

有价证券、贵重物品是出纳会计经管的企业重要财产。移交时，移交人应根据清理核对后的有价证券和贵重物品按品种、价值等分别登记；对贵重物品较多的企业，可单独编制有价证券移交表和贵重物品移交表并分别登记。有价证券、贵重物品移交表的格式见表 5–3。

表 5–3　**有价证券、贵重物品移交表**

移交日期：　　　　年　月　日　　　　单位：元　第　页

名 称	购入日期	单位	数量	金额	备注
×× 债券					
×× 股票					
×× 票据					
×× 贵重物品					
×× 投资基金					

单位负责人：　　移交人：　　监交人：　　接管人：

（4）核算资料移交表

核算资料移交表主要包括出纳账簿、发票、银行结算凭证、收据、票据领用登记簿以及其他文件资料等。核算资料移交表的格式见表 5–4。

表 5–4　**核算资料移交表**

移交日期：　　　　年　月　日　　　　单位：元　第　页

名称	年度	数量	起止号码	备注
库存现金日记账				
银行存款日记账				
收据领用登记薄				
支票领用登记薄				
收据				
现金支票				
转账支票				

单位负责人：　　移交人：　　监交人：　　接管人：

（5）物品移交表

物品移交表所记载的内容主要包括会计用品、公用会计工具等。出纳会计可以根据具体移交的物品编制物品移交表，见表 5–5。

表 5-5　　　　物品移交表

移交日期：　　　　年　月　日　　　　单位：元　第　页

名称	编号	型号	购入日期	单位	数量	备注
文件柜						
装订机						
复印机						
打印机						
保险柜						
照相机						
财务印章						

单位负责人：　　　　移交人：　　　　监交人：　　　　接管人：

（6）出纳工作交接说明书

出纳工作交接说明书是把移交表中无法列入的或尚未列入的，以及重要项目内容进行具体说明的文件。该交接说明书至少包括单位名称、交接日期、交接双方及监交人员的职务和签名、移交清册页数、需要说明的问题和意见。出纳工作交接说明书的格式见表 5-6。

表 5-6　　　　出纳工作交接说明书

原出纳人员 ________ 因工作调动，公司已决定将出纳工作移交给接管人员 ________。现办理如下交接：

一、交接日期

________ 年 ____ 月 ____ 日。

二、具体业务的移交

1. 库存现金：____ 月 ____ 日账面余额 ________ 元，与实存相符。

2. 银行存款余额明细如下：

项次	银行账户名称	银行账号	银行存款余额	备注

以上数据与 ________ 年 ____ 月 ____ 日银行提供的银行对账单余额表核对相符。

三、移交的会计凭证、账簿、文件

1. 本年度库存现金日记账 ____ 本。分别有：____。

2. 本年度银行存款日记账 ____ 本。分别有：____。

3. 空白现金支票 ____ 张（　　号至　　号），作废现金支票 ____ 张（号码分别为　　）；

4. 空白转账支票 ____ 张（　　号至　　号），作废转账支票 ____ 张（号码分别为　　）；

5. 空白收据 ____ 本（　　号至　　号）；

6. 档案移交清单 ____ 张；
7. 托收承付登记簿一本；
8. 付款委托书一本；
9. 电汇登记簿一本；
10. 金库暂存物品明细表一份，与实物核对相符；
11. 银行对账单 ____ 月份 ____ 本；____ 月份未达账项说明一份；

四、保险箱、银行物件交接

1. 保险箱 ____ 个，锁匙 ____ 把；
2. 记账用 U 盘 ____ 个，网上银行 U 盾 ____ 个，分别为：________________________________；
3. 银行预留印鉴卡 ____ 个；
4. 支票购买证 ____ 本；
5. 银行卡 ____ 张，分别为：________________________________；
6. 电卡 ____ 张，水卡 ____ 张，天然气卡 ____ 张。

五、印鉴

1. ______________________ 印章一枚；
2. ______________________ 印章一枚；
3. ______________________ 章一枚；
4. ______________________ 章一枚；
5. ______________________ 章一枚；
6. 个人银行预留印鉴章一枚。

六、交接前后工作责任的划分

________ 年 ____ 月 ____ 日前的出纳责任事项由 ________ 负责；________ 年 ____ 月 ____ 日起的出纳工作由 ________ 负责。以上移交项均经交接双方认定无误。

七、本交接书一式三份，双方各执一份，存档一份。

移交人：

接管人：

监交人：

公司财务（公章）

年　月　日

3）办理交接

出纳工作交接一般在单位会计机构负责人、会计主管人员的监督下进行。出纳员的离职交接事项，必须在规定的期限内，向接交人员移交清楚。

（1）现金、有价证券、贵重物品要根据会计账簿有关记录由移交人向接交人逐一点交。不得短缺，接替人员发现不一致或有白条顶库现象时，移交人员在规定期限内负责查清处理。

（2）银行存款账户余额要与银行对账单核对。在核对时如发现疑问，移交人和接交人应一起到开户银行当面核对，并取得银行存款余额调节表等。

（3）在银行存款账户余额与银行对账单余额核对相符的前提下，移交有关票据、票证及印章，同时由接交人更换预留在银行的印鉴章。

（4）出纳账簿移交时，接交人应该核对账账、账实是否相符，即库存现金日记账、银行存款日记账、有价证券明细账应与现金、银行存款和有价证券总账核对相符。实行会计电算化的单位交接双方应在电子计算机上对有关数据进行实际操作，确认有关数字，正确无误后，再将账页打印出来，装订成册后，再进行交接。核对无误后，移交人在结账数字盖章，以示对前段工作的负责，最后，交接双方在账簿的经管人员一览表上签章，并注明交接的年、月、日。

（5）出纳凭证、出纳账簿和其他会计核算资料必须完整无缺。如有短缺，必须查清原因，并在移交清册中注明，由移交人员负责。

（6）工作计划移交时，为了方便接交人开展工作，移交人应向接交人详细介绍工作计划执行情况以及今后在执行过程中注意的问题，以方便出纳工作的延续性。

（7）移交人应将保险柜密码、钥匙、办公桌和办公室钥匙一一移交给接交人。接交人在交接完毕后，应立即更换保险柜密码及有关锁具。

（8）接交人办理接交完毕，应在出纳账簿启用表上填写接收时间，并签名盖章。

4）交接完毕

（1）出纳工作交接完毕后，交接双方和监交人员要在移交清册上签名盖章，要在移交清册上注明单位名称、交接日期、交接双方和监交人的职务、姓名、移交清册页数及需要说明的问题和意见等。

（2）交接人员应继续使用移交前的账簿，不得擅自另立账簿，以保证会计记录前后衔接，内容完整。

（3）填制移交清册一式三份，交接双方各持一份，存档一份。

5. 出纳工作交接业务办理

【任务案例 5-1】2018 年 8 月 31 日，李晓慧与贺丹阳办理交接手续。李晓慧为了使出纳工作移交清楚，防止遗漏，保证出纳交接工作的顺利进行，做了以下的准备工作：

（1）将出纳的相关账登记完毕，并在最后一笔余额后加盖名章。

（2）出纳日记账与库存现金、银行存款总账核对相符，现金账面余额与实际库存现金核对一致，银行存款账面余额与银行对账单核对无误。

（3）在出纳账启用表上填写移交日期，并加盖名章。

（4）整理应该移交的各项资料，对未了事项写出书面材料。

（5）编制移交清册。移交清册一式三份、交接双方各持一份。监交人存档一份。在实际工作中移交清册一般由移交表和交接情况说明书组成，各种移交表的格式见表 5-1 至表 5-5。

（6）填制出纳工作交接说明书见表 5-7。

表 5-7　　出纳工作交接说明书

出纳工作交接说明书

因出纳人员李晓慧要去上海学习半年时间，财务处已决定将出纳工作移交给贺丹阳接管。现办理如下交接手续：

一、交接日期

2018 年 8 月 31 日下午 4 点。

二、具体业务移交

（1）库存现金：8 月 31 日账面余额 1 890 元，与库存现金实存数相符，库存现金日记账月末月与总账相符。

（2）银行存款余额 569 874.32 元，银行对账单余额 558 643.32 元，经编制“银行存款余额调节表”调节后相符。

三、移交的会计凭证、账簿、文件

（1）本年度库存现金日记账一本

（2）本年度银行存款日记账一本

（3）空白支票 20 张（15 号～ 35 号）

（4）银行对账单 1—8 月份共 8 份，8 月份未达账项说明书一份

四、印鉴

（1）北京宏达科技有限公司财务专用章一枚

（2）北京宏达科技有限公司财务处现金收讫印章一枚

（3）北京宏达科技有限公司财务处现金付讫印章一枚

（4）北京宏达科技有限公司财务处转讫印章一枚

五、交接前后工作责任的划分

2018 年 8 月 31 日前（包括 8 月 31 日）的出纳工作由李晓慧负责，从 2018 年 9 月 1 日起出纳工作由贺丹阳负责。

以上移交事项均经交接双方认定无误。

六、本交接书一式三份，双方各执一份，存档一份

移交人：李晓慧（签名盖章）

接管人：贺丹阳（签名盖章）

监交人：刘志俊（签名盖章）

北京宏达科技有限公司财务处

2018 年 8 月 31 日

北京宏达科技有限公司 财务专用章

任务 5.2 出纳档案管理

1. 出纳档案保管范围

《会计档案管理办法》第五条规定：单位应当加强会计档案管理工作，建立和完善会计档案的收集、整理、保管、利用和鉴定销毁等管理制度，采取可靠的安全防护技术和措施，保证会计档案的真实、完整、可用、安全。

出纳档案是会计档案的重要组成部分，是记录出纳业务内容、明确相关经济责任的书面证明，一旦遗失或因保管不善而毁坏，将给出纳员本人和单位带来严重的影响。因此，出纳员必须按规定对有关的会计资料进行妥善的保管，保证会计档案记录的真实性、完整性、连续性和准确性。

出纳档案是指会计凭证、会计账簿和财务报告等会计核算专业材料，同时也包括相关的重要凭证等，具体包括：

（1）会计凭证类：反映资金收付业务的原始凭证、记账凭证、汇总凭证及其他出纳凭证。

（2）会计账簿类：库存现金日记账、银行存款日记账、其他货币资金明细账、辅助账簿及其他备查簿。

（3）财务会计报告类：包括月度、季度、年度的出纳报告、附注及文字说明，银行存款对账单及银行存款余额调节表，其他出纳报告。

（4）其他类：作为收付依据的合同、协议及其他文件；按规定应单独存放保管的重要票证单据，如作废的支票、作废的发票存根联与发票、作废的收据存根联与收据；出纳盘点表和出纳考核报告等。

（5）档案管理类：出纳档案移交清册、出纳档案保管清册以及出纳档案销毁清册。

2. 出纳档案整理程序

1）档案分类

出纳档案应按经济业务的性质和本单位的财务管理要求进行分类，一般应与本单位的会计分类相一致，兼顾档案装订和使用的需要。在对档案进行分类时，应当对一些无效或不需用的单据进行删除。

2）档案装订

由于原始凭证大多零落散乱，容易遗失，所以出纳人员在对档案归类后应加以装订，以保证会计资料不易散落遗失。在装订时，应当注意档案厚度以便于使用；使用活页账或卡片账的，在归档时应加以装订并编齐页码，对不宜装订的应当连号存装，防止散落；对于采用财务软件记账的单位，其打印出的纸质会计档案必须装订编号；对于具备采用磁带、磁盘、光盘、微缩胶片等磁性介质保存会计档案条件的，由国务院业务主管部门统一规定，并报财政部、国家档案局备案，保管时采用连号编排，保存在特定的档案盒中。

3）立卷成册

对于装订完毕的出纳资料，应当立卷成册，启用封面或扉页，用以记录每册的编号、所属单位、所属时期及页数、经办人员等详细内容，并加盖单位公章和经办人员私章。在保管上有特殊要求的，可以加盖骑缝章或加贴封条。

需要强调的是，出纳账簿在更换新账簿后，应将旧账归入出纳档案。移交归档前应对旧账进行整理，对编号、扉页内容、目录等项目填写不全的，应按照有关要求填写齐全；使用活页式（如用计算机记账的单位，账簿资料输出裁剪后类似活页账）或卡片式辅助账的单位，对于活页式或卡片式账，在归档时必须缩齐页码，加以装订，并要像订本账一样加上扉页，注明单位名称、所属时期、共计页数和记账人员签单等，并加盖公章。

3. 出纳档案保管权限

（1）单位的会计机构或会计人员所属机构按照归档范围和归档要求，负责定期将应当归档的会计资料整理立卷，编制会计档案保管清册。

（2）当年形成的会计档案，在会计年度终了后，可由单位会计管理机构临时保管一年，再移交单位档案管理机构保管。因工作需要确需推迟移交的，应当经单位档案管理机构同意。

单位会计管理机构临时保管会计档案最长不超过三年。临时保管期间，会计档案的保管应当符合国家档案管理的有关规定，且出纳人员不得兼管会计档案。

（3）移交本单位档案机构保管的会计档案，原则上应当保持原卷册的封装。个别需要折封重新整理的，档案机构应当会同会计机构和经办人员拆封整理，以分清责任。

（4）单位应当严格按照相关制度利用会计档案，在进行会计档案查阅、复制、借出时履行登记手续，严禁篡改和损坏。

单位保存的会计档案一般不得对外借出。确因工作需要且根据国家有关规定必须借出的，应当严格按照规定办理相关手续。会计档案借用单位应当妥善保管和利用借入的会计档案，确保借入会计档案的安全完整，并在规定时间内归还。

（5）出纳账证以外的其他出纳归档资料，主要是指各种报表和文件，如各项经费开支计划表、决算表，出纳报告单，银行对账单，资金分析报告表，作为收付依据的各种经济合同文件以及其他财务管理方面的重要凭据，如支票申请单与支票领用登记簿等。这些资料应该分类整理并妥善保管，年末集中归入会计档案。

4. 出纳档案管理要求

1）出纳档案的保管期限

会计档案的保管期限分为永久、定期两类。定期保管期限一般分为10年和30年。

会计档案的保管期限，从会计年度终了后的第一天算起。

《会计档案管理办法》规定的会计档案保管期限，具体见表5-8、表5-9。

表 5-8　　**企业和其他组织会计档案保管期限表**

序号	档案名称	保管期限	备注
一	会计凭证		
1	原始凭证	30 年	
2	记账凭证	30 年	
二	会计账簿		
3	总账	30 年	
4	明细账	30 年	
5	日记账	30 年	
6	固定资产卡片		固定资产报废清理后保管 5 年
7	其他辅助性账簿	30 年	
三	财务会计报告		
8	月度、季度、半年度财务会计报告	10 年	
9	年度财务会计报告	永久	
四	其他会计资料		
10	银行存款余额调节表	10 年	
11	银行对账单	10 年	
12	纳税申报表	10 年	
13	会计档案移交清册	30 年	
14	会计档案保管清册	永久	
15	会计档案销毁清册	永久	
16	会计档案鉴定意见书	永久	

表 5-9　　**财政总预算、行政单位、事业单位和税收会计档案保管期限表**

序号	档案名称	保管期限			备注
		财政总预算	行政单位事业单位	税收会计	
一	会计凭证				
1	国家金库编送的各种报表及缴库退库凭证	10 年		10 年	
2	各收入机关编送的报表	10 年			
3	行政单位和事业单位的各种会计凭证		30 年		包括：原始凭证、记账凭证和传票汇总表
4	财政总预算拨款凭证和其他会计凭证	30 年			包括：拨款凭证和其他会计凭证
二	会计账簿				
5	日记账		30 年	30 年	
6	总账	30 年	30 年	30 年	
7	税收日记账（总账）			30 年	
8	明细分类、分户账或登记簿	30 年	30 年	30 年	

续表

9	行政单位和事业单位固定资产卡片				固定资产报废清理后保管5年
三	财务会计报告				
10	政府综合财务报告	永久			下级财政、本级部门和单位报送的保管2年
11	部门财务报告		永久		所属单位报送的保管2年
12	财政总决算	永久			下级财政、本级部门和单位报送的保管2年
13	部门决算		永久		所属单位报送的保管2年
14	税收年报（决算）			永久	
15	国家金库年报（决算）	10年			
16	基本建设拨、贷款年报（决算）	10年			
17	行政单位和事业单位会计月、季度报表		10年		所属单位报送的保管2年
18	税收会计报表			10年	所属税务机关报送的保管2年
四	其他会计资料				
19	银行存款余额调节表	10年	10年		
20	银行对账单	10年	10年	10年	
21	会计档案移交清册	30年	30年	30年	
22	会计档案保管清册	永久	永久	永久	
23	会计档案销毁清册	永久	永久	永久	
24	会计档案鉴定意见书	永久	永久	永久	

注：税务机关的税务经费会计档案保管期限，按行政单位会计档案保管期限规定办理。

2）出纳档案的保管要求

出纳档案的保管是一个长期过程，为了保证档案在保管期限内的安全和有效，各单位必须加强档案的保管工作。出纳档案保管的具体要求如下：

（1）档案记录必须真实、完整、准确、连续，不得擅自篡改、涂抹或歪曲档案记录。

（2）档案整理、装订成册要按规定办理，做到不易散失、便于查阅。

（3）档案记录必须按照规定的保存年限进行保管。

（4）档案的使用、移交和销毁必须按照严格的程序办理。

（5）档案不得外借、撕毁或遗失。

（6）档案的存放地应当安全、防火、防盗、防潮及防虫。

（7）档案资料应能积极地为本单位所利用。

3）出纳档案的销毁

出纳档案在保管期满后，对确无保留必要的资料，经本单位主要领导审查并报经上级主管部门批准后，方可办理销毁手续。

单位档案管理机构负责组织会计档案销毁工作，并与会计管理机构共同派员监销。

监销人在会计档案销毁前，应当按照会计档案销毁清册所列内容进行清点核对；在会计档案销毁后，应当在会计档案销毁清册上签名或盖章，并将销毁情况报告本单位领导，其销毁清册由档案部门另行保存。

电子会计档案的销毁还应当符合国家有关电子档案的规定，并由单位档案管理机构、会计管理机构和信息系统管理机构共同派员监销。

保管期满但未结清的债权债务会计凭证和涉及其他未了事项的会计凭证不得销毁，纸质会计档案应当单独抽出立卷，电子会计档案单独转存，保管到未了事项完结时为止。单独抽出立卷或转存的会计档案，应当在会计档案鉴定意见书、会计档案销毁清册和会计档案保管清册中列明。

建设单位在项目建设期间形成的会计档案，需要移交给建设项目接收单位的，应当在办理竣工财务决算后及时移交，并按照规定办理交接手续。正在项目建设期间的建设单位，其保管期满的会计档案不得销毁。

能力充电宝

阳光有限责任公司是一家中外合资经营企业，2018 年 8 月发生了以下事项：

◆ 8 月 5 日，公司会计科一名档案管理人员因生病临时交接工作，公司董事长兼总经理胡某委托单位出纳员李某临时保管会计档案。

◆ 8 月 30 日，公司有一批保管期满的会计档案，按规定需要进行销毁。公司档案管理部门编制了会计档案销毁清册，档案管理部门的负责人在会计档案销毁清册上签了字，并于当天销毁。

（1）该公司由出纳员临时保管会计档案的做法是否符合法律规定？为什么？

（2）该公司销毁会计档案的做法是否符合法律规定？为什么？

职业判断与职业能力测试

职业判断测一测

◆ 单项选择题

1. 出纳对归档资料进行整理，一般包括分类、装订和（　　）3 个步骤。

A. 成册　　B. 清点

C. 核对　　D. 盘点

2. 其他单位如果因特殊原因需要使用原始凭证时，经本单位负责人批准（　　）。

A. 可以借阅　　B. 只可以查阅不能复制

C. 不可查阅或复制　　D. 可以查阅或复制

3. 下列关于会计资料销毁的说法中，正确的是（　　）。

A. 保管期满但未结清的债权、债务的原始凭证和涉及其他未了事项的原始凭证，可以销毁

B. 各单位按规定销毁会计档案时，应由档案部门和会计部门共同派人监销

C. 国家机关销毁会计档案时，只须由同级财政部门派员监销

D. 财政部门销毁会计档案时，无须同级审计部门派员参加监销

4. 下列关于出纳工作交接的说法中，错误的是（　　）。

A. 一般会计人员办理交接手续，由会计机构负责人监交

B. 会计机构负责人办理交接手续，由单位负责人监交

C. 一般会计人员办理交接手续，由单位负责人监交

D. 会计机构负责人办理交接手续，除由单位负责人监交外，必要时主管单位可派人会同监交

5. 出纳工作交接的内容不包括（　　）。

A. 财产、物品及相关印章和资料　　B. 电算化资料

C. 业务介绍　　D. 会计账册、凭证及报表

6. 下列关于会计档案保管年限的说法中，错误的是（　　）。

A. 原始凭证和记账凭证的保管年限均为 25 年

B. 银行存款余额调节表的保管年限为 10 年

C. 会计档案保管清册应永久保存

D. 会计档案销毁清册也应永久保存

7. 下列说法中，正确的是（　　）。

A. 出纳人员工作交接书是将移交表中已列入的内容进行具体说明的文件

B. 出纳工作交接后，接管的出纳人员应及时向开户银行办理更换出纳人员印鉴手续

C. 出纳人员交接账簿时，接管人应核对账账、账实是否相符，核对无误后，接管人应在结账数字下签章

D. 交接后，移交人对自己经办的已经移交的资料不再承担责任

8. 会计档案是指记录和反映经济业务事项的重要历史（　　）。

A. 凭证　　B. 资料和依据

C. 资料和证据　　D. 材料

9. 企业年度财务报告（决算）的保管期限为（　　）。

A. 5 年　　B. 15 年

C. 25 年　　D. 永久

10. 各单位每年形成的会计档案，都应由本单位（　　）负责整理立卷，装订成册，编制会计档案保管清册。

A. 人事部门　　B. 财务会计部门

C. 档案部门　　D. 指定专人

◆ 多项选择题

1. 出纳归档资料包括（　　）。
A. 会计凭证　　B. 出纳账簿
C. 出纳报告　　D. 其他财务管理类的重要凭证
2. 出纳归档整理的账簿类资料包括（　　）。
A. 库存现金日记账　　B. 银行存款日记账
C. 其他货币资金明细账　　D. 辅助账簿及其他备查账簿
3. 会计档案定期保管期限分为（　　）。
A. 1 年　　B. 30 年
C. 5 年　　D. 10 年
4. 下列关于出纳工作交接中的注意事项，正确的有（　　）。
A. 监交过程中，如果移交人不作交代，或者交代不清的，不得离职
B. 移交时，交接双方一定要当面看清、点准、核对，不得由别人代替
C. 接管的出纳人员交接后可自行另立新账
D. 交接后，移交人应对自己经办的已经移交的资料的合法性、真实性承担法律责任，不因为资料已经移交而解除责任
5. 下列会计档案中需要永久保管的有（　　）。
A. 会计移交清册　　B. 会计档案保管清册
C. 库存现金日记账和银行存款日记账　　D. 年度决算会计报表
6. 会计人员在年底结束后，必须跟账簿一起装订成册的有（　　）。
A. 备查账　　B. 各种活页账簿
C. 账簿启用及经营人员一览表　　D. 原始凭证
7. 各单位每年形成的会计档案，可以（　　）。
A. 整理立卷，装订成册　　B. 销毁，以免泄密
C. 编制会计档案保管清册　　D. 交到上级主管部门
8. 出纳工作交接的印章包括（　　）。
A. 财务专用章　　B. 现金收讫及现金付讫章
C. 银行收讫及银行付讫章　　D. 银行预留印鉴
9. 根据《会计法》的规定，下列选项中，必须办理会计工作交接手续的有（　　）。
A. 会计人员调动工作或者离职　　B. 会计人员临时离职需要接替
C. 会计人员因病不能工作需要代理　　D. 临时离职的会计人员恢复工作
10. 根据会计法律制度的规定，下列有关办理会计移交手续的表述中，正确的有（　　）。
A. 会计主管人员办理交接手续，由上级审计部门监交
B. 经单位领导人批准，委托他人代办移交的，委托人仍应承担相应责任
C. 因病不能工作的会计人员恢复工作的，也应当与接替人员办理交接手续
D. 单位会计机构负责人晋升为本单位总会计师的，因仍主管会计工作，可不办理交接手续

◆ 判断题

1. 企业档案部门可以会同会计部门对企业会计档案进行清理，编制会计档案销毁清册，将保管期已满的会计档案按规定程序全部销毁。（　）

2.《会计法》所指对本单位会计资料的真实性负责的单位负责人，是指该单位财务部门的负责人。（　）

3. 当年形成的会计档案在会计年度终了后，编制成册后必须移交本单位的档案部门保管。（　）

4. 出纳须归档整理的资料除包括凭证、账簿和报告外，还包括作废的支票、发票、收据等其他重要凭证。（　）

5. 使用活页账或卡片账的，在归档时应加以装订并编制页码，对不宜装订的应当连号顺放，防止散落。（　）

6. 出纳账簿在更换新账簿后，应将旧账归入出纳档案。（　）

7. 会计档案销毁清册应由会计部门另行保存。（　）

8. 一般会计人员办理交接手续，须由单位负责人监交。（　）

9. 在整理应移交的各种资料时，若存在未了事项，出纳人员应对其写出书面说明。（　）

10. 各单位保存的会计档案不得借出，如有特殊需要，经本单位负责人批准，可以提供查阅或者复印，并办理登记手续。（　）

职业能力测一测

◇ 实训内容

（1）熟悉出纳工作交接的基本内容。

（2）编制出纳工作交接说明书。

◇ 实训资料

陈晓阳为2018年6月毕业分配到太原昌盛有限责任公司的大学生，经培训后安排接手出纳工作，原出纳李一凡调离出纳岗位，2018年6月30日双方办理出纳工作移交手续。具体交接程序如下：

（1）单位总会计师王琴监督出纳工作移交的全过程，出纳交接时暂时停止办理现金和银行存款收支业务。

（2）李一凡清点库存现金3 165元，与库存现金日记账余额核对无误后再将保险柜钥匙及密码告诉陈晓阳，交由陈晓阳审验。陈晓阳审验完毕后在出纳交接书该项目上予以确认，并将现金存入保险柜。

（3）李一凡将银行存款日记账和开户银行确认的银行存款余额确认函交陈晓阳审验，陈晓阳审验后在出纳交接书该项目上予以确认。银行存款余额为495 336.81元。

（4）李一凡将现金支票、收据、转账支票等交陈晓阳，并将作废的支票向陈晓阳解释清楚，陈晓阳核对支票号码及相关情况，审验无误后在该项目交接书上予以确认。

（5）李一凡将支票专用印鉴、财务专用章等相关印鉴交陈晓阳，陈晓阳审验无误后予以确认。

（6）李一凡将网上银行使用的 U 盾交陈晓阳，陈晓阳审验无误后予以确认。

（7）交接双方在出纳工作交接书上签字确认，监交人王琴也在交接书上签字，出纳工作移交完毕。从 2018 年 7 月 1 日起，出纳工作相关责任将由陈晓阳承担。

◇ 实训要求

以出纳李一凡的身份拟一份出纳工作交接说明书。

◇ 实训成果及评价

填制完整规范的出纳工作交接说明书。

学习效果评价

出纳工作交接学习评价参考表见表 5-10。

表 5-10　出纳工作交接学习评价参考表

项　目	评价标准	小组评价（30%）	小组互评（30%）	教师评价（40%）	小计
素养培养（30 分）	态度端正、认真细致、有良好的沟通能力				
	依法办事，善于处理流程性事务				
	理论联系实际，操作规范				
能力提升（30 分）	能明确出纳工作交接的原因及内容				
	能规范填制出纳工作交接说明书				
	能理解出纳档案的整理程序及管理要求				
知识应用（30 分）	明确出纳工作交接的原因、内容、作用				
	明确出纳工作交接流程及交接说明书的编制				
	明确出纳档案的保管原则及管理要求				
项目成果展示（10 分）	以实物或图片展示出纳工作交接说明书				
合　计					

注：每组可将实训成果拍摄成图片，并将图片转发到班级讨论群，一方面同学之间可相互借鉴学习，另一方面可作为小组互评的依据。

项目六 出纳工作差错与防范

任务目标

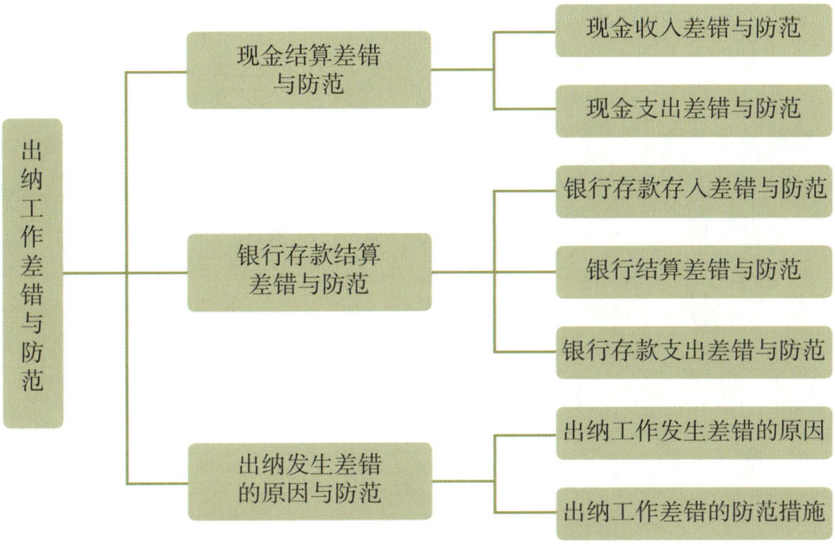

知识目标

- 熟悉现金结算常见差错与防范措施
- 熟悉银行存款结算常见差错与防范措施
- 熟悉出纳工作发生差错的原因及防范措施

能力目标

- 能及时发现现金收付结算中发生的差错并予以纠正
- 能及时发现银行存款收付结算中发生的差错并予以纠正

晓慧当出纳

湖南省农科院一出纳6年挪用公款1 501万元！其中1 485万元只干了一件事……

2018年4月，中国纪检监察报报道：湖南省农科院生产管理处财务科原出纳倪向军涉嫌挪用1 501万余元公款，已被移送检察机关。经查，倪向军在2012年至2018年期间，涉嫌利用职务之便，通过直接支取现金、虚列名目开具现金、转账支票等方式，挪用公款1 501万余元，其中1 485万余元用于购买体育彩票，15万余元用于生活开支。在此期间共归还295万余元，尚有1 205万余元未归还。

随着调查深入推进，专案组人员发现，倪向军挪用公款行为呈现四个特点：一是时间跨度大，历经6年时间；二是金额特别巨大；三是金额分散，倪向军几乎每个工作日都挪用公款，共计2 000多天，挪用金额最小的一笔仅300元；四是对账难度大，该案涉及1个对公账户、2个私人账户、4个公司账户、10家彩票站，有的彩票站因已停业无法找到。倪向军每月均制作假对账单，也给该案调查工作增加了难度。

专案组人员坚持将每个账目明细与银行、单位、彩票站等对账审核，形成12本案卷，最终查清上千笔账目的来龙去脉。

任务6.1 现金结算差错与防范

1. 现金收入差错与防范

在现金收入的会计操作中，容易出现的会计差错及其查证与防范方法如下：

（1）应通过银行转账结算的业务而用现金结算

查证与防范：可先审阅库存现金日记账收方记录金额，将超过核定限额，尤其是大幅度超过限额的收款业务与据以登账的会计凭证进行核对，根据收款业务的具体内容判断是否违反了上述规定。

（2）收到现金后未给付款方开具收据，而是将现金贪污或置入单位的“小金库”

查证与防范：可通过调查询问业务人员及其他有关人员来发现问题的线索，然后，结合该线索所涉及的经济活动及其会计反映进行追踪查证。

（3）开具阴阳收据

通过在存根联、记账联、收款联和报销联上各填具不同数量和金额的手段贪污收到的部分现金。

查证与防范：应将会计部门的现金收据存根或记账联与交款人手中的收据或作为原始凭证入账的单据进行核对，从而发现并查证问题。

（4）销毁现金收据或交款单进行贪污

查证与防范：查证人员在审阅会计资料和分析有关问题时，有时可发现被查单位收款次数和额度有异常反映。如在核对检查现金收据存根或交款单的编号时可能发现不连续，以此为线索，可调查询问出纳员、交款员及其他有关人员查证问题。

（5）收现后未及时编制收款凭证并登记入账，从而挪用公款

按照规定，对于现金业务，应及时编制收款凭证并于当日登记库存现金日记账。如果未及时制证或虽制证但未及时登账，那么，就给出纳员提供了挪用公款的机会。

查证与防范：可以将库存现金日记账中收入方记录日期与收款凭证上的制证日期进行核对，将收款凭证上的制证日期与所附的原始凭证上的制证日期进行核对来查证问题。另外，对于出纳员保存的尚未入账的收款凭证也应检查其制证日期与检查日是否相距太远，有无到检查日仍未编制收款凭证或尚未登记入账的问题。

2. 现金支出差错与防范

在现金支出的会计操作中，容易出现的会计错弊及其查证与防范方法如下：

（1）对应通过银行转账结算的业务而付以现金。

这与上述“对应通过银行转账结算的业务而收以现金”的问题是相对的。

查证与防范：可先审阅库存现金日记账付方记录金额，将超过 1 000 元，尤其是大幅度超过此限额的付款业务与据以登账的会计凭证进行核对，根据付款业务的具体内容判断是否违反了现金使用范围。

（2）在根据若干份原始凭证汇总编制的现金付款凭证上多汇总，以此贪污现金。

这种情况的发生问题在于会计的时候居多。

查证与防范：可分析其是否为数字颠倒（因为在编制记账凭证时发生，所以不会影响账户之间的平衡关系）。而证证不符尽管是一个明显的信号，但会计凭证是数量最繁多的一类会计资料，偶尔有所不相符也算正常，要想使其得到查证，无异于大海捞针。

（3）以伪造、涂改凭证的方式进行贪污

如涂改现金支出原始凭证中的金额或其他内容进行多报多支费用，伪造职工加班加点的考勤记录虚支现金等。

查证与防范：一般需在审阅会计凭证时发现线索或疑点，然后调查分析有关情况。必要时，可以对会计凭证中的有关记录进行技术鉴定来查证问题。

（4）在现金支出过程中虚报、重报、冒领等

如会计人员在没有原始凭证的情况下编制付款凭证并据以登记入账，从而贪污公款；有关人员替他人冒领工资、奖金等；将发票或收据重复报销等。

查证与防范：对这些问题，有的可以在库存现金日记账或其他有关账簿中发现问题的疑点，然后再核对账证、证证查证问题。但在很多情况下，需要在审阅、核对会计凭证时发现问题的线索。

小故事

一个公司的出纳因为账目出了差错，连续三个星期夜以继日地查账，一直也没有找到出错的地方。账面上明明有600元的亏空，就是找不出哪里出了差错。她简直就快要疯了。

财务主管看到她疲惫和焦灼的情形，向她询问了情况后，让她把账本交给了他。当主管把这个明显的差错摆在出纳面前时，出纳仔细一瞧，这才发现：原来是一根苍蝇腿正好沾在了“1 050”第一个“0”的左上角，于是1 050就变成了1 650了。

● 很多事情的成败往往取决于一个小小的细节，关注细节的人才能把握全局。

任务6.2 银行存款结算差错与防范

1. 银行存款存入差错与防范

（1）存入的现金来源不合法

查证与防范：可根据现金收入凭证上所反映的经济业务，结合现金收入金额的大小查证企业银行存款的合法性。如有疑问，可查询调查付款单位的经济业务。

（2）未将超过库存限额的现金全部、及时地送存银行

查证与防范：审阅银行存款日记账中的摘要及余额记录，分析有无收款不正常的业务内容或模糊不清的摘要叙述，如有，应进行账证核对，了解付款单位与本单位是什么关系，有无可能发生业务往来，然后在调查付款的基础上查证问题。

（3）进行假存或少存多记的舞弊行为

如会计人员将销售款贪污后，而在账上仍作银行存款和销售收入同时增加处理。

查证与防范：可将银行存款日记账与银行对账单进行核对查出问题；也可通过核对销售业务的记账凭证与原始凭证来发现问题的疑点，然后再跟踪调查。

2. 银行结算差错与防范

（1）通过银行划回的银行存款，有不属于本单位的款项错误地划到存款账户

查证与防范：可检查银行转来的有关凭证上的收款单位是否为本单位的全称；审阅

检查本单位的结算明细账户上的内容，了解与其付款单位有无业务往来关系，借以查证该笔款项是否确实为本单位所有。

（2）通过银行结算划回的银行存款不及时、不足额

查证与防范：可将应收账款明细账户中的记录与银行转来的凭证及其他会计凭证进行核对来发现问题和疑点，然后再追踪检查该经济业务的整个来龙去脉，予以调整。

3. 银行存款支出差错与防范

（1）从银行存款中提取现金的用途不合法、不合理

查证与防范：可检查提取现金的有关摘要上的说明，看其有无正当理由；提取现金后，核对其是否记入库存现金日记账；然后根据库存现金日记账和付款凭证上所反映的业务内容以及“库存现金”科目的对方科目来分析该笔现金的去向是否明确，是否合理、合法。

（2）银行存款划出不合理、不合法

查证与防范：可审阅划出银行存款的会计凭证上的付款理由是否正当，收款单位与本单位有无正常的业务往来；调查询问收款单位，从而查出问题。

（3）银行存款支出后不记账以掩盖非法开支

查证与防范：可将银行存款日记账与银行对账单进行逐笔核对，从而发现问题。

小故事

上海出纳挪用千万巨款打赏女主播 再挪用 700 万元炒股

林某今年 26 岁，在上海一家装修公司做出纳。2017 年年初，林某在“一直播”平台上喜欢上了一位人美声甜、唱校园民歌的女主播，开始给她打赏礼物。她起初用的是自己的钱，然而随着打赏的金额越来越高，每个月的工资已不足以支撑毫无节制的打赏，她逐渐动起了挪用公司钱款的歪脑筋。

凭借着自己平时工作能够接触公司财务的便利，林某开始向公司“小金库”伸出黑手。由于她和公司会计平时会相互借 U 盾，因此林某知道会计的 U 盾密码。她使用自己保管的 U 盾制单，趁会计不在的时候私自拿会计放在抽屉里的 U 盾进行审核出钱，将公司账户的钱转入个人银行账户。后来林某越发肆无忌惮，一次又一次地挪用公司钱款在直播平台给喜欢的主播打赏。她原本计划先“借用”公司的钱，日后有钱再补上，没想到窟窿越挖越大，小额逐渐累积成巨额，不知不觉就挪用了 1 000 多万元。

林某意识到自己已经无力还款时，竟选择再次挪用近 700 万元用于理财和炒股，希望能赚钱将窟窿补上……

请大家设想林某最终的结果是什么。

任务 6.3 出纳发生差错的原因与防范

1. 出纳工作发生差错的原因

（1）制度不严，无章可循

有些单位不按账款分管的原则行事，单位领导、会计人员随意经手现金，且长期不与出纳结算，出纳员对现金收支情况不明，因而常出现差错。有的单位为了逃避上级或有关部门的审计、检查、监督，采取隐瞒收入的手段，私设“小金库”，搞“账外账”，这样，不仅会造成“账内”资金与“账外”资金相互交错，而且由于这部分资金在收支上存在的不合理或不合法性，加上长期缺乏正常监管，因此，常常出现乱批、乱支、乱花现象，这也是导致出纳工作出现差错的重要原因。

（2）手续不全，疏于防范

有的出纳员填写现金支票不规范，被少数别有用心的人钻了空子，有的借款无据或领款不签字、不盖章，时间一长，借款、领款人遗忘，或有意赖账，或意外身亡，事后清查账务，出纳员又找不出对方借款、领款的其他证据，只得自己赔钱了事；有的对现金、凭证、支票、存折、印鉴等保管不善，一旦遗失或被盗，就会酿成祸患。

（3）工作不勤，粗心大意

有的出纳员一开始很认真地工作，可是时间一长，就觉得一直做着重复劳动而产生厌烦心理，在发放款项时便心不在焉，以马虎敷衍的态度做事，结果经手的现金出了差错，给公司带来了损失。

（4）监督不力，管理混乱

会计人员与出纳人员职务重叠，造成资金管理的不科学，如现金保管与现金收支是同一人，随着时间的推移，加上企业人事部安排的欠缺和管理机构监管不到位，就会出现短款的问题。

（5）动机不良，知错犯错

有一些人花钱大手大脚，进入社会后，父母不再给予经济上的支持，生活变得有些拮据，再加上物质享受的引诱，罪恶的思想在心底滋生，便把魔爪伸向了公司或企业的资金。还有一些人最初只是想借用一下公司的资金，日积月累所欠的资金非但没能如数归还反而越欠越多。

2. 出纳工作差错的防范措施

（1）健全制度，按章办事

严格执行《现金管理暂行制度》，实行库存现金、银行存款内部控制。严格执行账款分管制度，出纳员不登记会计记录，非现金出纳员一律不得经手现金。建立健全现金收支和票证管理制度，现金收取使用统一规定的收款凭证，并及时全额入账，严禁收入不上账或截留收入，私设“小金库”；现金开支要由分管财务的领导审批，严禁坐支、挪用、公款私存，库存现金不得超过规定限额；加强票证管理，严禁“出卖”账户、出借支票和擅自签发空白转账支票。

（2）规范操作，杜绝漏洞

填写支票要认真，做到字迹清晰，数码规范，大写金额前不留空，小写金额前加“￥”，避免给坏人可乘之机；编制证账凭证，要按原始单据的自然张数填写附件张数，并用胶水粘牢，以防脱落和避免原始单据被别有用心的人抽掉销毁、嫁祸于人；领款、借款要严格履行手续，领款必须由领款人签字盖章，借款必须由借款人立据、签字盖章并经分管财务领导审批。

（3）爱岗敬业，忠于职守

出纳工作是一项繁忙而又细致的工作，要真正做好这一工作，必须做到“三勤、三心”。“三勤”就是：业务生疏要勤问，重要业务工作勤向领导汇报；经办业务要手勤，做到填单认真、点钞准确、记账及时、手续清楚，尤其对每一笔收付业务，要按照时间先后逐笔记好库存现金日记账和银行存款日记账，并及时盘点现金，做到日清月结，账款相符；联系银行要腿勤，每天超过规定限额的结存现金要及时送存银行，经常与银行核对存款账目，一旦发现错账，应及时弄清情况，迅速更正。“三心”就是：学习业务要虚心，不懂的问题要虚心请教，不要不懂装懂；办理业务要细心，每一笔收付业务都要亲自过手、过目，辨别真伪，严格把关，避免粗心大意造成差错；日常工作要有责任心，任何时候都要保持高度警惕，谨慎从事，尤其对现金、凭证、支票、存折、印鉴等要妥善保管，防止遗失、被盗、被骗而酿成大祸。

（4）加强监管，接受监督

一是加强会计监督，特别是出纳员要主动接受会计人员的监督，主动为现金盘库提供条件，对账时主动为会计员报出现金库存数，只有这样，才能检查出账款是否真正相符以及避免不必要的失误。二是加强审计监督，平时对财务收支要进行定期或不定期的检查、审计，年终进行全面清理审计，对检查、审计中发现的问题，要区别情况，及时处理。

（5）廉洁自律，防微杜渐

出纳员经常与金钱打交道，一定要做到手脚干净、一尘不染，绝不能心存一丝一毫的侥幸心理，绝不能动用和侵占国家和集体的一分一厘，否则，一失足成千古恨，钱迷心窍只会自毁人生！

能力充电宝

某公司采购经办员小何，办事勤恳实在，深得领导信赖，经常被委以重任。一次在询完价填写订购单时，小何不小心犯了一个错误，将客户原先的报价500元，误填成了5 000元，多了一个“0”。接下来，财务部与客户对账时，也没有注意到这个差错，客户以5 000元的单价开了发票，并结算付款。

过了两三个月，小何又要开始采购这类物品，不经意地“重温”业务流程时发现了这个差错。但在过去的这段时间，从来就没有人关注过这个问题。于是，小何的这次采购就不知道该怎么办了，是按照 5 000 元的单价来买，还是按照 500 元的单价来采购呢？

小何公司的考核极其严格，出一次错就可能会影响到最终的年终奖金。于是，小何找来了原先的客户进行商量。原先的客户建议小何，反正都没人发现，而且，不少人都这么做，你就按照 5 000 元来采购吧，加上上次多收的钱，每件补贴你 200 元。

如果你是小何，该怎么办呢？

职业判断与职业能力测试

职业判断测一测

◆ 单项选择题

1. 出纳人员对于工作中所知悉的商业秘密，应依法保守不得泄露，这是会计职业道德中（　　）的具体体现。

A. 坚持准则　　B. 客观公正

C. 诚实守信　　D. 廉洁自律

2. 企业收到支票并填制进账单到银行办妥手续后应借记（　　）科目。

A. “库存现金”　　B. “银行存款”

C. “其他货币资金”　　D. “应收票据”

3. 某企业因内部管理混乱造成财务会计报告不合法、不真实，对此，首先应当承担责任的是（　　）。

A. 该企业的会计人员　　B. 该企业的会计机构负责人

C. 该企业的财务总监　　D. 该企业的厂长或经理

4. 张某在商场购买了生活用品，售货员小赵依照张某的要求，为张某开出了购买办公用品的发票，小赵的行为是（　　）。

A. 为客户服务，不违法　　B. 伪造会计凭证

C. 变造会计凭证　　D. 隐匿应当保存的会计凭证

5. 原始凭证应由（　　）审核。

A. 销售人员　　B. 会计机构、会计人员

C. 采购人员　　D. 经办人员

6. 在审核原始凭证时，对于内容不完整、填制有错误或手续不完备的原始凭证，应当（　　）。

A. 拒绝办理，并向本单位负责人报告

B. 予以抵制，对经办人员进行批评

C. 由会计人员重新编制或予以更正

D. 予以退回，要求更正、补充，以至重新编制

7.6 月 26 日，销售部业务员持 5 月 25 日的发票前来报销，经审核后会计人员依据该发票编制记账凭证时，记账凭证的日期应为（　　）。

A. 5 月 25 日　　B. 5 月 31 日
C. 6 月 26 日　　D. 6 月 30 日

8. 下列关于出纳工作注意事项的表述中，错误的是（　　）。

A. 每天按顺序办理各种收付款业务
B. 向有关领导及会计主管请示资金安排计划
C. 因特殊事项或情况，造成工作未完成的，列明未尽事项，留待翌日优先办理
D. 当天工作必须当天完成

9. 下列关于现金核算内部控制的内容中，说法错误的是（　　）。

A. 现金出纳和会计记录工作应该适当分离，出纳工作应由专人负责
B. 不得以白条抵冲现金
C. 收入的现金可在一周内送存银行
D. 现金的记账应根据经审核合法的收付款凭证序时逐笔登记

10. 实行回避制度的单位，会计主管人员的直系亲属不得担任本单位的（　　）。

A. 会计机构负责人　　B. 会计主管人员
C. 稽核　　D. 出纳

◆ 多项选择题

1. 某企业会计人员在审核一张购买原材料的发票时，发现发票上的单价和金额有涂改痕迹，且材料单价也明显高于市场价格，对于该凭证，下列说法中正确的有（　　）。

A. 不真实、不合法的原始凭证
B. 不准确、不完整的原始凭证
C. 会计人员有权不予接受，并向单位负责人报告
D. 应予以退回，并要求按照国家统一会计制度的规定进行更正、补充

2. 下列各项工作中，出纳人员不能兼任的有（　　）。

A. 会计档案保管　　B. 应收账款明细账登记
C. 销售收入明细账登记　　D. 固定资产明细账登记

3. 下列发票和票据中，不能作为报销凭证的有（　　）。

A. 假发票　　B. 未盖发票专用章的票据
C. 空白发票　　D. 有涂改污染的票据

4. 按照现行制度规定，下列各项中，不符合规定的行为有（　　）。

A. 用银行账户替他人收支货款或现金
B. 将现金以个人名义存入银行
C. 供应商提供的购货发票不加以认证或审核即办理入账
D. 未经审批即支付已到期的应付账款

5. 关于原始凭证审核的具体要求，下列说法中，正确的有（　　）。

A. 审核印章，主要检查印章是否符合规定
B. 审核报销联，防止重复报销

C. 审核开支标准是否符合现行财经法规、财务制度的规定

D. 审核审批，主要审核领导审批签字是否有误

◆ 判断题

1. 对于出纳人员来说，出纳业务处理的步骤和方法，根据账务处理程序的不同而有所不同。（　）

2. 领导已签字同意报销的单据，出纳在入账时不必对单据的合规性、真实性进行审核。（　）

3. 电子支付是指单位、个人直接或授权他人通过电子终端向银行发出指令，实现货币支付和资金转移的行为。（　）

4. 清点核对并开出单据后，再发现现金短缺或假钞的，应由出纳人员负责。（　）

5. 出纳人员在收取现金时，无论什么款项都可以收取，不对其合法性负责。（　）

6. 出纳小刘负责 A 公司货币资金的收付业务、收付款原始凭证的复核和收付款原始凭证的编制，符合货币资金内部控制的要求。（　）

7. 在实际工作中，业务量较少的单位可将库存现金日记账和银行存款日记账合为一本出纳日记账。（　）

8. 在现金收款业务中，单位出纳员发现假币应立即没收。（　）

9. 原始凭证一般是由会计人员取得或填制的。（　）

10. 只要是正常经营的单位和场所，一旦发生商品买卖关系，都应提供发票作为购买凭证。（　）

学习效果评价

出纳工作差错与防范学习评价参考表见表 6–1。

表 6–1　出纳工作差错与防范学习评价参考表

项目	评价标准	小组评价（30%）	小组互评（30%）	教师评价（40%）	小计
素养培养（40 分）	具备诚信正直、爱岗敬业、高度的责任感和良好的职业道德				
	熟悉国家财经政策和会计、税务法规，熟悉银行结算业务				
	具备良好的学习能力、独立工作能力和扎实的财务知识				
	工作积极主动，认真负责，能承受较大的工作压力				

续表

能力提升（30分）	能明确现金收入与支出常见差错的情形，并做好有效的防范措施				
	能明确银行存款收入与支出常见差错的情形，并做好有效的防范措施				
	能明确出纳工作的重要性，并做好防微杜渐的相关工作				
知识应用（30分）	明确现金收入与支出常见差错及有效的防范措施				
	明确银行存款收入与支出常见差错及有效的防范措施				
	明确出纳工作常见差错及有效的防范措施				
合　计					

注：每组可将实训成果拍摄成图片，并将图片转发到班级讨论群，一方面同学之间可相互借鉴学习，另一方面可作为小组互评的依据。

主要参考资料

[1] 中国人民银行 . 人民币银行结算账户管理办法实施细则（银发〔2005〕16 号）.2005.

[2] 中华人民共和国财政部 . 会计档案管理办法（ 国家档案局令第 79 号 ）.2015.

[3] 全国人民代表大会常务委员会 . 中华人民共和国会计法（ 2017 年修正 ）.2017.

[4] 全国人民代表大会常务委员会 . 中华人民共和国票据法（ 2004 年修正 ）.2004.

[5] 中国人民银行 . 支付结算办法（ 银发〔 1997 〕393 号 ）.1997.

[6] 张瑞芳 . 企业出纳实务 [M]. 北京：高等教育出版社 .2014.

[7] 魏芳 . 出纳实务 [M]. 北京：中国轻工业出版社 .2015.